# AS MARGENS DO DISCURSO

CB018333

Consulte nosso catálogo completo e últimos lançamentos em **www.editoracontexto.com.br.**

# DOMINIQUE MAINGUENEAU

Nelson Barros da Costa
Maria das Dores Mendes
José Wesley Matos

(orgs.)

# AS MARGENS DO DISCURSO

editora**contexto**

*Ilustração de capa*
José Wesley Matos

*Montagem de capa e diagramação*
Gustavo S. Vilas Boas

*Tradutores*
Adriano Souza Marinho, Artur Viana do Nascimento Neto,
Gabriel Moreira Peixoto, Janaína Muniz Cavalcanti,
José Wesley Matos, Maria Clara Gomes Mathias Cavalcante,
Maria Nielma Gonçalves Belo, Nelson Barros da Costa, Wescley Batista Lopes

*Comissão de Revisão das Traduções*
Artur Viana do Nascimento Neto, Carlos Eduardo Silva Pinheiro,
José Wesley Matos, Maria das Dores Mendes,
Nelson Barros da Costa (coordenador)

*Preparação de textos*
Lilian Aquino

*Revisão*
Daniela Marini Iwamoto

Dados Internacionais de Catalogação na Publicação (CIP)

Maingueneau, Dominique
As margens do discurso / Dominique Maingueneau ; organizado por
Nelson Barros da Costa, Maria das Dores Mendes, José Wesley Matos. –
São Paulo : Contexto, 2025.
224 p.

Bibliografia
ISBN 978-65-5541-628-2

1. Análise do discurso 2. Linguística I. Título II. Costa, Nelson Barros da
III. Mendes, Maria das Dores IV. Matos, José Wesley

25-0653                                                   CDD 410

Angélica Ilacqua – Bibliotecária – CRB-8/7057

Índice para catálogo sistemático:
1. Análise do discurso

2025

EDITORA CONTEXTO
Diretor editorial: *Jaime Pinsky*

Rua Dr. José Elias, 520 – Alto da Lapa
05083-030 – São Paulo – SP
PABX: (11) 3832 5838
contato@editoracontexto.com.br
www.editoracontexto.com.br

# Sumário

# APRESENTAÇÃO

Falar em "marginalidade" no âmbito das Análises do Discurso (principalmente as vertentes que se intitulam críticas) remete primeiramente a questões sociais de grupos excluídos. Esta coletânea não se concentra nesse tipo de discussão, mas toma o próprio campo de investigação como um universo em que algumas zonas (conceitos e *corpora*) são colocadas à margem, ignoradas ou desconhecidas.

Os textos que compõem este livro foram publicados em francês pelo autor em diversas revistas virtuais de Linguística e Análise do Discurso (AD), excetuando-se dois deles: o capítulo de livro "As duas restrições da polêmica", publicado em espanhol, e o artigo em inglês "Ampliando o campo da Análise do Discurso". Traduzidos, estudados e discutidos por membros do grupo de pesquisa Discurso, Cotidiano e Práticas Culturais (Grupo Discuta), da Universidade Federal do Ceará, seu enfeixamento em um livro surge da confluência de dois fatores: enquanto as problemáticas de nossas pesquisas deparavam-se com "lacunas" e mobilizavam e adaptavam alguns conceitos de Dominique Maingueneau pouco discutidos, encontrávamos também textos do autor em línguas estrangeiras que lançavam luz sobre os temas.

Durante os ciclos de debate do grupo, notamos que essas ausências revelam-se sintomáticas de certa tendência canônica de recepção acerca da abordagem enunciativo-discursiva de Maingueneau: a de privilegiar e fazer repercutir os conceitos supostamente mais amplos, aqueles que serviriam para todos os enunciados. O próprio autor constantemente alerta para o "risco", decorrente da institucionalização da AD, de tentar ajustar os objetos aos preceitos teóricos. É para mostrar a readequação das ferramentas que Maingueneau desenvolve as análises desses capítulos, como respostas condizentes a novas problemáticas. Desse modo, essa coletânea permite observar um procedimento singular do autor que, ao invés de consolidar certa percepção teórica cristalizando um modelo, diversifica-o com novas ferramentas para melhor compreender o discurso em atividade, o que reorganiza toda a perspectiva.

No primeiro capítulo, "Ampliando o campo da Análise do Discurso", compomos, a partir de dois artigos, um texto panorâmico em que Maingueneau mapeia algumas questões por ele já trabalhadas e outras ainda incipientes (algumas das quais exploradas nos capítulos seguintes) que demonstram sua tese de que o universo do discurso não é homogêneo. No segundo capítulo, "Enunciação e Análise do Discurso", o autor caracteriza o papel da noção de enunciação nas tendências fundadoras da Análise do Discurso, vínculo fundamental que impacta a sua própria perspectiva.

O capítulo "As duas restrições da polêmica" propõe duas abordagens complementares para a noção de polêmica. A primeira como sendo uma dimensão constitutiva da discursividade e a segunda, de ordem pragmática, que parece se relacionar com a noção de registro polêmico; diferentemente da primeira, esta última tem ainda pouca repercussão e, neste capítulo, é desenvolvida pelo autor.

O capítulo "O *ethos* discursivo e o desafio da web", por sua vez, discute a aplicação à web de um conceito já abordado pelo autor em outros trabalhos, o de *ethos* discursivo, procurando mostrar a necessidade de sua readequação a esse ambiente entendido como outro regime de enunciação.

Os capítulos "O discurso jurídico como discurso constituinte" e "Encontrar o seu lugar no ambiente filosófico" se dedicam à análise de tipos de discurso paradoxalmente fundantes da nossa sociedade e, ao mesmo tempo, pouco analisados. Enquanto, no discurso filosófico, Maingueneau detalha o desempenho dos papéis dos sujeitos (pensadores, mediadores e gestores) no funcionamento do campo, no discurso jurídico, ele defende uma análise centrada no aspecto de seu pertencimento aos discursos constituintes (por meio da paratopia, do *Thesaurus* e do código de linguagem), mas sem percebê-lo como um campo.

Os capítulos "Fazer ouvir os sem-voz" e "Uma fratura discursiva preocupante" demonstram os esforços do autor para compreender discursivamente novos fenômenos vistos, de modo geral, como de ordem puramente social. Seja para entender as relações entre porta-vozes e sem-voz ou entre locutores morais e locutores populares, Maingueneau assume a necessidade de novos aparatos interpretativos que deem conta dos fenômenos (o apelo à piedade e à fratura discursiva) e que reconheçam as especificidades e as mudanças das relações entre sujeitos e lugares historicamente situados.

Nos capítulos "Os multilocutores" e "*Slogans* e candidatos em cartazes", o autor lança mão de algumas de suas propostas mais recentes e ousadas (a multilocução, as aforizações e os enunciados aderentes), mas que, também por isso, podem causar certa relutância aos analistas do discurso ao desestabilizarem certos pressupostos teóricos já assentados, principalmente acerca da interação comunicativa e da noção de gênero discursivo.

Do ponto de vista teórico, o motor que move esta coletânea é o mesmo que parece animar e inquietar Maingueneau há alguns anos; ele se mostra como plano de fundo em todos esses trabalhos e é especialmente manifestado no primeiro capítulo: a heterogeneidade dos regimes do discurso. Os contornos da *imago mundi* que ilustra a capa deste livro é uma representação alegórica desse desejo de (re)conhecer, de mapear, que possibilita abstrair, mas que também institui um centro da percepção e relega outros territórios às periferias do olhar. Considera-se que seja o mais antigo registro de uma representação geográfica ampla, um tipo de mapa do reino babilônico e adjacências segundo a perspectiva técnica e cultural desse povo, o "primeiro" mapa-múndi. Julgamos esse desenho representativo também, para esta coletânea, por ser (possivelmente, segundo as investigações historiográficas) o imaginário de um mundo conhecido às margens de um rio, com um império dominante no centro. Desse modo, considerar essa multiformidade das manifestações também do ponto de vista metodológico é assumir um risco de instabilidade, mas que, como se demonstra nas análises, pode render discussões profícuas, redefinindo rotas e esboçando outra cartografia desse universo.

Dando acesso aos textos em nossa língua brasileira, para além de auxiliar na divulgação especializada dos desenvolvimentos teóricos de Maingueneau, esperamos chamar a atenção para objetos e conceitos pouco trabalhados pela AD e, em conformidade com o autor, conclamar seus aprofundamentos e refinamentos necessários. Se os analistas do discurso aderirem às ideias do teórico aqui apresentadas, talvez a noção de discursividade venha a corresponder em maior proporção às manifestações em sua concretude experienciada. Ainda que inalcançável, quem sabe, nesse rio vivo do discurso, comecemos a vislumbrar, no horizonte sempre distante, os contornos do que ainda não conhecemos, como se fosse aquela imagem quimérica de uma "terceira margem" fantasiada por Guimarães Rosa.

*Os organizadores*

# AMPLIANDO O CAMPO
# DA ANÁLISE DO DISCURSO

Aqueles que trabalham no vasto campo dos estudos do discurso* podem ter atitudes muito diversas em relação ao seu objeto. Já podemos distinguir aqueles que trabalham no campo da "teoria do discurso" e os "analistas do discurso" propriamente ditos, que estudam seus *corpora* apoiando-se geralmente nas ciências da linguagem (Angermuller, Maingueneau, Wodak, 2014). Dentre estes últimos, alguns utilizam a Análise do Discurso como caixa de ferramentas, um conjunto de conceitos e métodos que lhes permitem, por meio do estudo de *corpora* apropriados, responder a questionamentos definidos por outras disciplinas. Outros, movidos por um objetivo resolutamente crítico, têm um conceito que poderia ser chamado de "terapêutico": procuram remediar as disfunções sociais que o discurso torna possíveis. Enfim, outros buscam esclarecer o funcionamento do discurso, e não apenas atender demandas de outras disciplinas. Pode-se pensar que estes últimos se questionam sobre a extensão de seu campo de estudo: quais dados se

---

\* N.O.: O presente capítulo resulta de uma combinação de dois textos publicados, respectivamente, nas revistas *Palgrave Communications* (v. 3, n. 17058, 2017) e *Cadernos de Linguística* (v. 2, n. 1, p. 336, 2021).

enquadram nesse "discurso" que eles tencionam estudar? Na realidade, essa pergunta raramente é feita: seja porque os pesquisadores preferem refletir sobre a discursividade em geral e não se preocupam com a diversidade empírica de suas manifestações, seja porque trabalham com um conjunto limitado de dados (mídia, política, educação etc.) e não sentem necessidade de considerar o conjunto das manifestações do discurso.

Acho que essa problemática não atinge a maioria dos analistas do discurso porque eles pressupõem que o discurso é basicamente homogêneo. Tal pressuposição é baseada em dois postulados. Um é que o discurso deve ser modelado a partir de práticas conversacionais e/ou que a unidade básica relevante da Análise do Discurso é o par texto/gênero. Cada um desses postulados pode estar vinculado a uma tradição específica dentro dos estudos do discurso. A pesquisa norte-americana, por exemplo, tende a priorizar a conversação,[1] enquanto muitos pesquisadores europeus se concentram no texto e no gênero,[2] Em nosso atual mundo globalizado, ambos se combinam e se contaminam: de fato, a maioria dos analistas do discurso que estudam a conversação considera a conversa como um gênero ou abrangendo uma ampla gama de gêneros, enquanto, ao contrário, aqueles que estudam os gêneros a partir de contextos institucionais tendem a se concentrar na fala.[3]

No entanto, os muitos pesquisadores pertencentes a ambas as tradições (e eu me incluo aqui também) compartilham certa concepção do discurso como uma prática humana. Especificamente, eles a veem como uma interação entre pessoas de carne e osso que atuam em cenários bem definidos e desenvolvem estratégias de acordo com seus próprios objetivos e interesses, para influenciar uns aos outros ou modificar a situação. No entanto, esse modelo implícito não se ajusta a uma ampla gama de outros dados substanciais.

A questão aqui não é contestar a pertinência dessa concepção de discursividade. Contudo, é possível questionar se ela não limita *a priori* e indevidamente o campo do discurso. Se os analistas do discurso pretendem estar em contato com a sociedade, com a complexidade das práticas efetivas dos locutores, dificilmente podem deixar de se questionar a respeito. Por exemplo, não se pode ignorar a importância da religião no mundo contemporâneo, mesmo que apenas no plano geopolítico, mas bem raros são os trabalhos de Análise do Discurso que se debruçam sobre esse assunto

(Maingueneau, 2009) e, quando o fazem, muitas vezes são para responder às emergências sociais (o terrorismo, por exemplo), não se interessando pelo discurso religioso. Tampouco podemos ignorar que os humanos passam cada vez mais tempo consumindo enunciados de ordem estética. Certamente as séries da Netflix ou da Amazon não vêm do mesmo universo das obras de Pessoa ou Machado de Assis, mas como ignorá-las? E o que dizer dos *videogames*, que borram a fronteira tradicional entre jogo e literatura?

## COMO A HETEROGENEIDADE É NEGLIGENCIADA

Começarei aqui com um rápido levantamento de números anteriores da *Discourse Studies*, a revista mais importante da área, que se mostra muito revelador.[4] Essa revista se centra na fala, mesmo afirmando não estar filiada a nenhuma escola específica, definindo-se como "uma revista internacional para o estudo geral do texto e da fala" e tendo como objetivo "publicar investigações de excelência em qualquer domínio do discurso falado e escrito". Seis edições são publicadas a cada ano. Examinei os anos de 2010, 2014 e 2015 (ao todo, 98 artigos); para chegar a 100, juntei os dois primeiros artigos do ano de 2016.

Desses 100 artigos, 55 tratam de interações orais, que foram transcritas e analisadas com o auxílio de métodos do conjunto de ferramentas da Análise da Conversação. A estes, podem ser adicionados 10 artigos que tratam de enunciados orais monológicos (na verdade, a maioria desses "monólogos" foi destacada de entrevistas). No total, 65% dos artigos, portanto, tratam de dados orais. Agora, vejamos os 35% restantes:

- Cinco artigos envolvem o estudo de dados da internet, mas na forma de discussões em fóruns ou e-mails (abordados com conceitos e métodos da Análise da Conversação), e não de dados que não podem ser estudados com a ajuda do conjunto habitual de ferramentas dos analistas do discurso.
- Onze artigos ignoram a distinção entre enunciados falados e escritos: estudam os marcadores do discurso, sob a perspectiva da Pragmática linguística ou da Linguística Textual;

- Dos 19 artigos restantes, dois são dedicados ao estudo de imagens e um faz uma taxonomia de oradores políticos.

Como resultado, apenas 16 artigos abordam dados escritos, que se baseiam em diversos setores: academia, jornais, setor da saúde e política. Não há estudos sobre os discursos da Arte, da Literatura, do Direito, da Religião, da Filosofia ou da Ciência. O discurso científico não é tratado de forma específica, mas simplesmente como um tipo de discurso acadêmico (conferências ou manuais) ou como *corpora* para o estudo dos marcadores do discurso. O único artigo sobre discurso religioso (Loeb, 2014), utilizando métodos da Análise de Conversação, analisa sequências de "chamadas e respostas" em "reuniões de estudo bíblico" de uma comunidade afro-americana.

Tal restrição quanto aos dados estudados pode ser explicada pela convergência dos princípios fundadores da Linguística moderna, que supunha que apenas os dados orais eram relevantes para o estudo da linguagem, com os das tendências microssociológicas, que desempenharam um papel fundamental no desenvolvimento dos estudos do discurso. A concepção pragmática da linguagem também favoreceu a ênfase na interação oral. Significativamente, a teoria das implicaturas de Grice (1975), que se baseia no "princípio cooperativo", é organizada em torno de "máximas conversacionais".

Porém, outras razões podem ser invocadas para explicar por que a Análise do Discurso se concentra na interação oral:

- A Análise do Discurso surgiu em um determinado contexto histórico, na década de 1960, nos países ocidentais, quando a TV ganhava destaque, e pela primeira vez na história os pesquisadores tinham à sua disposição recursos técnicos para registrar com facilidade longas interações espontâneas.
- A Análise do Discurso desenvolveu-se sobretudo na área das Ciências Sociais, tendo-se mantido relativamente ausente dos departamentos que até então se dedicavam ao estudo de textos de prestígio (Literatura, Direito, Filosofia…). Em contrapartida, fazer análise do discurso implicava prestar muita atenção a áreas do discurso que antes eram consideradas periféricas e agora são consideradas como

atividade discursiva "autêntica": conversação comum, mídia, política, educação... Como costuma acontecer, isso se tornou uma rotina e uma norma para os analistas do discurso: dessa forma, eles se distanciaram da tradição e manifestaram um *ethos* específico.

• Estudar conversas, discurso político ou programas de TV facilita a ligação de fenômenos linguísticos a contextos sociais, que é o objetivo principal da maioria dos analistas do discurso. Obviamente, essa ligação é muito mais difícil quando se estudam *corpora* literários, científicos ou religiosos.

Pode-se contestar que meu diagnóstico é excessivo, que muitos analistas do discurso levam em conta a "heterogeneidade da linguagem" (Stubbs, 1993). De fato, eles estão sempre distinguindo enunciados falados e escritos, contextos formais e informais, discurso monologal e dialogal e assim por diante. Este é particularmente o caso da Linguística de *Corpus* (Biber, 1988; Sinclair, 1991), ela mesma influenciada pela teoria dos "registros", dentro da Linguística sistêmico-funcional de Halliday. Os registros são realidades híbridas: do ponto de vista extralinguístico, são identificáveis com base no tipo de situação a qual estão associados; do ponto de vista linguístico, eles são caracterizados por um conjunto de traços linguísticos distintivos. De fato, nesse tipo de abordagem, dizer que a língua é "heterogênea" é apenas uma forma de reconhecer que o sistema varia de acordo com as situações. Se, por exemplo, a literatura ou a religião são definidas como um registro ou um "estilo" (Crystal e Davy, 1969), é porque a literatura e a religião são consideradas enquanto usos específicos da língua inglesa, não porque exista um "discurso literário" ou um "discurso religioso" que fazem parte de instituições que desempenham um papel específico na sociedade. Além disso, apesar dos esforços para considerar qualquer área de uso da língua como um registro, o estatuto da conversação continua sendo um problema: "há um amplo consenso entre os linguistas de que a conversação não é apenas um registro qualquer, mas um registro proeminente por várias razões [...]. Além disso, a conversação é considerada por muitos linguistas como a base fundamental para outros registros" (Rühlemann, 2007, p. 8).

# SOBRE A NECESSIDADE DE RECONHECER A HETEROGENEIDADE DO DISCURSO

## Práticas "conversacionais" *versus* práticas "instituídas"

Considero que o tipo de heterogeneidade a que os analistas do discurso costumam se referir – quer usem ou não a noção de registro – não é suficiente. A minha própria concepção de heterogeneidade é mais forte: as práticas discursivas podem ser divididas em vários regimes, que correspondem a vários modelos de comunicação e, consequentemente, devem ser analisadas com conceitos e conjuntos de ferramentas específicos (Maingueneau, 2014). *A fortiori*, tal concepção de heterogeneidade nada tem a ver com o pressuposto filosófico da vertente althusseriana da Análise do Discurso (Pêcheux, 1975) que afirma, referindo-se à Psicanálise, que o discurso e o sujeito estão submetidos a uma "heterogeneidade radical" (Authier, 1984).

Ninguém pode negar a importância da conversação na construção da subjetividade e da ordem social, mas isso não significa que ela seja o centro e o modelo da atividade discursiva, ou que os conceitos e os métodos de análise do discurso devam se basear nesse tipo de dado.

Ao invés de enfatizar a unidade das "práticas" discursivas, podem-se distinguir dois regimes discursivos, sujeitos a diferentes constrangimentos: as práticas conversacionais, por um lado, e as práticas instituídas, por outro. As conversas estão sujeitas a restrições predominantemente locais e horizontais, ao passo que as restrições dos gêneros instituídos são predominantemente globais e verticais: estes integram os locutores em dispositivos de comunicação mais ou menos ritualizados, em que eles recebem papéis específicos. Obviamente, a distinção entre esses dois regimes não é clara, e práticas verbais que possuem as propriedades de ambos os regimes podem ser facilmente encontradas. Além disso, ambos os regimes podem ser usados no mesmo evento de fala. Mas, em geral, enquanto nas práticas instituídas a própria noção de gênero do discurso é plenamente relevante, no regime conversacional, ela é altamente problemática. A conversa não pode ser facilmente dividida em categorias distintas. É importante notar, no entanto, que devemos nos abster de hierarquizar esses dois regimes, que se entrelaçam e se complementam. A vida das pessoas é feita da interação entre essas duas formas de moldar a subjetividade.

## Cenas de enunciação

A própria noção de gênero nas "práticas instituídas" também deve ser refinada para levar em conta a heterogeneidade do discurso. Vários tipos de gêneros discursivos devem ser distinguidos de acordo com a forma como o discurso é encenado. Proponho (Maingueneau, 1998) analisar um gênero como uma "cena de enunciação", que pode ser dividida em três componentes: uma cena englobante (*grosso modo*, corresponde às principais áreas do discurso de uma sociedade), uma cena genérica (que atribui papéis aos participantes, prescreve o lugar legítimo e o momento legítimo, o *medium*, a superestrutura do texto...) e uma cenografia (textos pertencentes a uma mesma cena genérica podem encenar diferentes cenografias).

Com base nisso, pode-se fazer uma distinção entre quatro tipos de gêneros, dependendo do grau de variação e/ou originalidade que é permitido dentro do gênero:

- Gêneros do tipo 1 (não estão sujeitos a variação, ou apenas variam muito pouco);
- Gêneros do tipo 2 (os locutores produzem enunciados singulares obedecendo a um roteiro, uma rotina);
- Gêneros do tipo 3 (requerem a invenção de cenografias originais);
- Gêneros do tipo 4 (ao invés de seguir um padrão estrito, um autor com experiência individual autocategoriza sua própria produção verbal).

Os gêneros do terceiro e do quarto tipo são semelhantes em muitos aspectos: ambos devem construir cenografias estimulantes para convencer seu público e dar sentido à própria atividade discursiva ao propor um enquadramento em harmonia com o próprio conteúdo do enunciado. Mas, enquanto os textos publicitários (terceiro tipo) têm um propósito específico (principalmente fazer as pessoas comprarem algo) e estão sempre buscando a melhor maneira de atingir esse objetivo, os escritores religiosos ou romancistas não podem definir exatamente o que pretendem ao publicar seus textos: "permanecem alguns gêneros para os quais o propósito é inadequado como critério primário" e que "desafia a atribuição de propósitos comunicativos" (Swales, 1990, p. 47).

Significativamente, a maioria dos analistas do discurso concentra-se nos três primeiros tipos de gêneros que prescrevem papéis, contextos, registros... – em particular, o segundo – e ignora que os textos também podem ser criados pela invenção de cenografias originais.

Além disso, algumas categorias utilizadas pelos analistas do discurso não correspondem a gêneros. Esta distinção hierárquica entre os componentes da cena da enunciação – Cena englobante > Cena genérica > Cenografia – parece insuficiente para dar conta de categorias como "entrevista", "carta", "diário", "relatório"..., que não podem ser considerados gêneros, mas sim "hipergêneros" (Maingueneau, 1998) (ou "gêneros desencaixados" (Fairclough, 2003)). Eles podem ser usados por longos períodos, em diferentes áreas do discurso, para enquadrar textos pertencentes a uma ampla gama de gêneros. As restrições que eles impõem são muito pobres; para classificar um texto escrito como um diálogo, por exemplo, basta encenar pelo menos dois interlocutores.

## Discursos constituintes

Podemos ir além afirmando que o universo do discurso não é um espaço homogêneo onde qualquer atividade discursiva (desde conversas até textos altamente elaborados) pode ocorrer indistintamente. Os "discursos constituintes" (estéticos, religiosos, científicos etc.) (Maingueneau, Cossutta, 1995; Maingueneau, 1999)* são paratópicos, no sentido de terem que mostrar, ao mesmo tempo, que "pertencem" e não "pertencem" à sociedade comum. No

---

*    N. T.: Texto publicado no Brasil como: "Os discursos constituintes", em MAINGUENEAU, D. *Cenas da enunciação*. Trad. Nelson Barros da Costa. Org. de Sírio Possenti e Maria Cecília Pérez Souza-e-Silva. São Paulo: Parábola, 2008.

limite do indizível, devem negociar os paradoxos que tal posição implica. Para fundar outros discursos sem serem por eles fundados, devem se colocar intimamente ligados a uma fonte transcendente legitimante e mostrar que estão de acordo com ela por meio das operações que estruturam seus textos e legitimam seu próprio contexto.

Pelo fato de me interessar há muitos anos por esses discursos constituintes, pude constatar a pouca atenção dada pela maioria dos analistas do discurso ao que diz respeito ao religioso ou ao estético. Esse desinteresse, que se relaciona mais amplamente a todos os discursos constituintes, pode se explicar pela convergência de múltiplos fatores, mas, em geral, não é objeto de qualquer justificativa teórica. Como nos fenômenos de discriminação social, a exclusão é ainda mais efetiva e poderosa quando se baseia em uma evidência compartilhada, que não é explicitada. Assim, a Análise do Discurso foi mantida à distância dos departamentos universitários que tradicionalmente estudam as escritas prestigiosas (literatura, filosofia, religião...), relegando seus estudos a especialistas, que, por sua vez, ficam muito felizes em manter o monopólio do assunto. É inegável que o estudo do discurso político, da publicidade ou dos programas de televisão facilita a vinculação de fenômenos linguísticos a fatores sociais, ao passo que esse vínculo é muito mais complexo de estabelecer quando se analisam os *corpora* extraídos dos discursos constituintes. Mas não podemos dizer que isso seja uma justificativa epistemológica.

Os *corpora* extraídos dos discursos constituintes não são, no entanto, totalmente ignorados pelos analistas do discurso, mas, quando eles os abordam, o fazem através de dados que lhes são mais familiares: um programa literário na televisão e não *Madame Bovary*, um sermão e não um evangelho ou uma epístola de São Paulo, revistas de divulgação científica e não artigos sobre Física ou Medicina... É verdade que os textos de referência dos discursos constituintes causam problemas a um analista do discurso: além disso, pelo fato de seu conteúdo ser muitas vezes de difícil acesso, eles mobilizam dispositivos de enunciação inabituais. Por exemplo, Deus ou Platão, cada um à sua maneira, não são locutores comuns, os textos que lhes são atribuídos têm uma materialidade específica e só podem ser lidos através de instituições e tradições.

Consideremos, por exemplo, a noção de "palavra de Deus". As religiões do Livro (judaísmo, cristianismo e islamismo) partem do postulado de que Deus nos fala; sem ser um humano que produz enunciados, dirige-se aos homens por meio de textos sagrados que transmitem sua mensagem. Cada crente é, assim, chamado a compreender, através destes textos, as intenções de Deus para com ele. É claro que tal "fala" não se enquadra no âmbito da comunicação verbal como é comumente entendida nas ciências da linguagem. Não só o iniciador da mensagem, Deus, não é um locutor, mas ele não compartilha o mesmo mundo que seus destinatários: porque se supõe que ele pertença ao mundo sobrenatural, mas também porque os textos sagrados que contêm a sua mensagem foram escritos em um contexto histórico muito diferente daquele dos fiéis. Essa relação de comunicação muito singular implica, então, na intervenção de mediadores: por um lado, aqueles que escreveram os textos, movidos por inspiração divina; por outro, aqueles que têm por função torná-los pertinentes para destinatários que variam conforme os lugares e as épocas. Isso exige desses intérpretes não apenas o domínio dos procedimentos de interpretação, mas também uma relação privilegiada com a divindade: se não estiver de algum modo habitado pelo Espírito, o enunciado não fará realmente sentido, Deus não falará pelo texto.

Não há, portanto, uma enunciação direta de Deus, mas uma interpretação que se converte em uma enunciação indireta: "neste texto, Deus nos ensina que...". Tal dispositivo implica um "quadro hermenêutico" (Maingueneau, 2007), o postulado de que o verdadeiro sentido do enunciado não é imediatamente acessível, que é necessária uma exegese para trazê-lo à luz: mesmo os textos que parecem mais transparentes exigem do destinatário que ele deduza significados ocultos. Nenhum defeito no enunciado ou na enunciação é possível da parte de Deus; se há problemas de compreensão, eles só podem vir do homem. O texto pode parecer obscuro ou não pertinente, mas o quadro hermenêutico garante que em um nível superior a falha seja apenas aparente.

Como se pode ver, para compreender adequadamente enunciados desse tipo, é preciso distanciar-se de certos pressupostos do modelo de comunicação que prevalece na Análise do Discurso.

Para além dos problemas de análise empírica colocados pelo funcionamento dos discursos constituintes, a sua própria existência levanta questões sobre a homogeneidade do espaço onde se manifesta o discurso. Como já foi dito, uma das características fundamentais dos discursos constituintes é que eles derivam sua autoridade do fato de serem "paratópicos": seu pertencimento à sociedade é radicalmente problemático e eles se alimentam dessa posição insustentável. Como eles não se inscrevem no espaço do discurso da mesma forma que outros discursos, temos o direito de pensar que é preciso adaptar, consequentemente, nosso aparato conceitual e metodológico. Podemos nos questionar de maneira semelhante sobre discursos "atópicos", como a pornografia: a repressão a que são submetidos não é acidental, é constitutiva. Longe de ocupar legitimamente o espaço do discurso, circulam nos interstícios das palavras autorizadas, ao mesmo tempo visíveis e invisíveis. Podemos estudá-los da mesma maneira como fazemos com os *corpora* de imprensa ou de publicidade?

Quer se trate de paratopia ou atopia, o universo do discurso não parece monótono, ele não se apresenta como um imenso mapa geográfico onde as zonas de atividade discursiva seriam simplesmente justapostas, mas como um lugar de tensão entre regimes de discurso que não se inscrevem da mesma maneira no espaço.

## Os desafios da internet

Paradoxalmente, agora que o campo dos estudos do discurso tem grande visibilidade, o universo do qual eles emergiram está desaparecendo. Os novos dispositivos de comunicação subvertem a própria distinção entre oralidade e escrita, e por isso temos que repensar muitas categorias: textualidade, locutor, destinatário, enunciado, memória, armazenamento, circulação etc. Não podemos mais considerar a tecnologia apenas como um elemento do "contexto": agora ela precisa ser considerada como um verdadeiro agente no processo de comunicação. Tal transformação diz respeito aos dados – já que a internet oferece novos tipos de produções semióticas –, mas também às próprias condições de pesquisa, que dependem cada vez mais de programas e bases de dados sofisticados. O problema é que a maioria dos analistas do discurso parece viver em um mundo onde a conversa face a face tradicional ainda é a norma de comunicação. Se considerarmos os manuais e os artigos publicados na área, um papel periférico é dado aos *corpora* produzidos pelas novas tecnologias, exceto se eles puderem ser enfrentados com o uso do conjunto de ferramentas da Análise da Conversação. Este é particularmente o caso de chats, fóruns, e-mails, SMS e assim por diante. Como o foco da Análise do Discurso não está nos aspectos mais importantes da web, seu estudo cabe principalmente a especialistas de outras áreas. O *The Discourse Reader* (Jaworski; Coupland, 1999) não menciona a internet. Mas, surpreendentemente, este também é o caso, 13 anos depois, do *The Routledge Handbook of Discourse Analysis*: a introdução não menciona a existência de novas tecnologias de comunicação e nenhum dos 46 capítulos trata desse tópico.

A meu ver, a maioria dos analistas do discurso não presta muita atenção à internet porque, provavelmente, seus conceitos e seus métodos são pouco adaptados a esse tipo de dados. Esse é particularmente o caso da noção de gênero. Como dito anteriormente, o gênero é estruturado por uma dupla hierarquia: entre Cena englobante > Cena genérica > Cenografia, por um lado, e entre hipergênero e gênero, por outro. O problema é que essa dupla distinção dificilmente é compatível com a web. Em detrimento das cenas genérica e englobante, na web, a cenografia assume o papel fundamental: o principal problema para os produtores de websites é a forma como encenam a sua comunicação. Isso pode ser explicado pelo fato de que todas as unidades são do mesmo tipo (são "sites") e estão sujeitas a restrições técnicas estritas. A necessidade de circular de um site para outro reforça essa homogeneização. É claro que os sites podem ser divididos em categorias principais (blogs, redes sociais, notícias...), mas essas categorias não são gêneros no verdadeiro sentido do termo: são hipergêneros.

Um blog, por exemplo, é geralmente considerado como um "gênero ponte" (Herring *et al.*, 2005), que atravessa categorias temáticas (pessoal, institucional, comercial, educacional, entre outros (Myers, 2010)). Suas propriedades comunicativas são mínimas: algum ser (com nome próprio) fala de si para alguém que está visitando seu site. O que importa para quem administra blogs é a invenção de cenografias adequadas dentro do enquadramento imposto por esse hipergênero.

Tal transformação também impacta na textualidade. Os sites não podem mais ser reduzidos à "fala": são páginas de tela, imagens que integram textos, fotos, sons e vídeos. Enquanto a concepção clássica dos gêneros se concentra na cenografia verbal, na web, a cenografia verbal faz parte de uma cenografia "digital", que pode ser analisada como dois componentes indissociáveis:

- iconotextual: o site inclui imagens, sendo ele próprio uma imagem, limitada pela tela;
- reticular: um site é uma rede de páginas e está vinculado a outros sites.

A própria noção de "página" é questionada. Uma "página" na web não pode ser apreendida integralmente: a tela mostra apenas uma parte de um todo que não pode ser considerado como uma unidade. Na maioria dos sites, as páginas são mosaicos de módulos heterogêneos: anúncios, *slogans*, vídeos, citações, inícios de artigos, diagramas, fotos... Muitos módulos não são autônomos: são apenas fragmentos que, quando clicamos neles, dão acesso a outras páginas do mesmo site ou de outros sites. O mundo digital é cada vez mais um mundo de pedaços descontextualizados que podem ser combinados de inúmeras maneiras, independentemente de uma referência a uma totalidade textual da qual fariam parte.

Até mesmo a identidade de uma página é um problema. O que pode ser visto na tela existe apenas em um ponto específico no tempo. De acordo com o tipo de site que consideramos, os módulos podem mudar a qualquer momento: alguns permanecem estáveis por um determinado período, enquanto outros estão sempre em movimento (o placar de uma partida de tênis, a bolsa de valores...). Isso põe em questão o que se considerava uma das principais propriedades de um texto: a estabilidade.

Os pesquisadores costumam analisar o que chamo de textualidade planejada (a produção projetada de textos orais ou escritos), em oposição à textualidade imersa da interação oral. Mas a internet se caracteriza pela textualidade navegante dos hipertextos.

Isso implica novas formas de "leitura", a possibilidade de passar instantaneamente de uma "página" para outra em um espaço aberto. O "hipertexto" tem sido intensamente estudado (ver, por exemplo, Landow, 1994, 2006;

Barnet, 2013): cabe a cada usuário criar o hipertexto que está "lendo". Tal prática questiona um pressuposto que está no cerne do Humanismo tradicional: a relação constitutiva entre um Sujeito (o autor ou o leitor) e um texto bem definido que já está dado, esperando para ser decifrado.

O problema é que a concepção de textualidade que comumente prevalece na Análise do Discurso é implicitamente baseada na textualidade "imersa", nas abordagens americanas, ou na textualidade "planejada", cujo cerne é a cena genérica,[5] nas tendências europeias. Considerando que a concepção usual de gênero implica um mapa de atividades verbais (o universo do discurso pode ser dividido em várias áreas principais, que, por sua vez, podem ser divididas em instituições de fala e gêneros bem diferenciados), a web, ao atribuir um papel fundamental à cenografia e ao hipergênero, implica uma "desdiferenciação" das áreas de fala. Na tela, podem-se ver imagens mais ou menos transitórias, mosaicos móveis de módulos, nós em redes, ao invés de textos que poderiam ser ancorados em lugares específicos dentro de territórios institucionais bem definidos.

Acabo de evocar um aspecto muito limitado da web: a relevância da noção de gênero. Mas as inovações técnicas estão desafiando cada vez mais nossas categorias tradicionais. Por exemplo, nosso mundo fervilha de mensagens produzidas por seres não humanos que não se comunicam no sentido usual do termo e que, a rigor, não são locutores. Poderíamos, em vez disso, chamá-los de "locutores angélicos" (Maingueneau, 2014),* que não podem existir independentemente da produção de seus enunciados. Na verdade, esse termo abrange uma ampla gama de fenômenos distintos: mensagens que aparecem em telas de computador ou *displays* em aeroportos, estações, lojas e assim por diante; comandos de voz que ouvimos de atendentes virtuais em chamadas telefônicas; mensagens expressas por dispositivos GPS ou *check-outs* automáticos para pagamento e assim por diante. Nesses exemplos, são produzidos apenas enunciados pré-formatados, mas em outros casos podem ser geradas mensagens complexas, pertencentes a um determinado gênero (um resumo escrito, uma previsão do tempo, um relatório técnico,

---

* N.T.: Obra publicada no Brasil como: MAINGUENEAU, D. *Discurso e Análise do Discurso*. Trad. Sírio Possenti. São Paulo: Parábola, 2015.

entre outros). Alguns programas escrevem poemas ou romances. Sem ir tão longe, a tela de um smartphone ou de um computador não para de exibir mensagens que destina aos usuários.

Nessa discussão sobre os "locutores angélicos", estamos muito longe do conceito de palavra de Deus, mas em ambos os casos lidamos com uma comunicação fundamentalmente assimétrica entre não humanos e humanos, o que implica mediações complexas: institucionais e textuais para Deus, tecnológicas para máquinas. Pensando bem, a invenção da escrita há muitos séculos já oferecia a oportunidade de criar um estranho tipo de "locutor": os autores, que poderiam ser, por exemplo, fictícios, coletivos ou abstratos.

## Humanos e animais

Existe todo outro domínio de "diálogos" fundamentalmente assimétricos de um tipo bem diferente: entre humanos e animais domésticos. Há cada vez mais trabalhos sobre essa questão, na perspectiva mais ampla de um interesse pelo "não humano" proveniente, em grande parte, da Antropologia da Natureza (Descola, 2005) ou das teorias do ator-rede (Akrich; Callon; Latour, 2006; Houdart; Thiery, 2011). Os estudos sobre as relações entre humanos e animais se institucionalizaram (Arluke; Sanders, 1996; Sanders, 2003; Goode, 2007; Guillo, 2009)) e tomaram conta dos estudos do discurso (Mondémé, 2018, 2019). Em um país como a França, estima-se em cerca de 8 milhões de cachorros e em mais de 14 milhões o número de gatos: seres com os quais os humanos passam um tempo considerável interagindo verbalmente. E se somarmos cavalos e gado, temos uma população considerável. Existem até, nas culturas agrárias, práticas discursivas ritualizadas dirigidas aos animais; na França, essas práticas pertencem ao passado: a "*briolage*", por exemplo, consistia em auxiliar com a palavra o trabalho dos bois. Trata-se da voz, mais próxima possível do ritmo dos animais, que acompanha o esforço com seus sons, suas palavras e, às vezes, longas frases ou textos, tipos de poemas que cada região ou cada lavrador declina à sua maneira (Patrimoine Culturel Immatériel, 2012). O problema é saber com que justificativa se pode excluir do universo do discurso essa comunicação entre espécies. Se a integrarmos ao campo do discurso, somos forçados a levar em conta sua especificidade irredutível: para enunciar, o humano que interage com o animal é obrigado a se afastar de sua humanidade, mas também a deslocar seu "interlocutor" de sua animalidade.

## Enunciados destacados

### ENUNCIAÇÃO AFORIZANTE

De um ponto de vista muito diferente, a questão das "frases sem texto"* também nos permite questionar a forma como noções como texto, gênero e locutor são comumente usadas.

Essa questão se vale da perspectiva da "pragmática enunciativa" francesa (Angermuller, 2014), que dá destaque à distinção entre "locutor" e "enunciador". Enquanto o locutor é o indivíduo, considerado como aquele que pertence ao mundo fora da linguagem, o enunciador só existe por meio da enunciação: esse termo refere-se ao papel de apropriar-se e colocar a língua em funcionamento durante o processo de enunciação (Benveniste, 1966) ou a um ser responsável por um ponto de vista que é encenado no enunciado (Ducrot, 1984). O enunciador de provérbios, por exemplo, não é o locutor, mas a "sabedoria popular" ou o "senso comum".

Em qualquer sociedade circulam muitas "frases destacadas". Por "frase destacada" entendo uma frase que não pertence a um texto, ou seja, a uma sequência coesa de frases. Logo vêm à mente lemas ou *slogans*: são autônomos, ou seja, destacados por natureza. Mas muitos enunciados destacados foram extraídos de textos, como máximas, frases de efeito, títulos em jornais, legendas de fotos e assim por diante.

Na maioria das vezes, quem destaca um fragmento o modifica, mesmo quando o texto original está logo ao lado. Essas modificações são perfeitamente normais se assumirmos que os enunciados destacados não implicam o mesmo tipo de enunciação que os enunciados usuais e se, portanto, fizermos uma distinção entre o que chamo de "enunciação aforizante" – ou

---

* N.T.: Para aprofundamento da discussão, cf.: MAINGUENEAU, D. *Frases sem texto*. Trad. Sírio Possenti *et. al.* Parábola: São Paulo, 2014.

"aforização" – e "enunciação textualizante". Enquanto na "enunciação textualizante" os locutores produzem textos pertencentes a gêneros, as enunciações aforizantes não são textos ou fragmentos de textos, mas enunciados para os quais a própria noção de texto é irrelevante.

A essa afirmação de que são estranhas aos gêneros e aos textos, pode-se levantar a objeção de que as aforizações fazem parte dos textos, isto é, daqueles textos nos quais estão inseridas. Com efeito, não se pode negar que as aforizações sempre fazem parte dos textos, mas sua autoridade se baseia na pretensão de serem estranhas à enunciação textualizante. O que importa é a tensão entre sua inserção em um texto e sua exclusão constitutiva da textualidade.

Ao contrário dos textos, as aforizações não são produzidas por locutores. As aforizações primárias (por exemplo, provérbios, *slogans*) são basicamente polifônicas: sua responsabilidade é atribuída a outra instância anônima (por exemplo, a chamada "sabedoria das nações"). As aforizações secundárias, aquelas que foram destacadas de um texto, não são atribuídas a verdadeiros locutores, mas a aforizadores, que foram criados pelo próprio destacamento da frase. Supõe-se que os aforizadores falem independentemente de qualquer gênero e falem de maneira absoluta. Apresentam-se como Sujeitos de pleno direito: em latim, *subjectum* designa algo que não varia.[6] Nas aforizações, o Sujeito linguístico coincide com o Sujeito ético e jurídico: por sua aforização, o aforizador expressa seus valores frente ao mundo, sem deixar espaço para uma resposta. Se você considera uma frase dentro de um texto, não tem acesso a um Sujeito pleno, mas a um papel desempenhado dentro de um gênero. Os aforizadores são encenados distantes das circunstâncias e das interações imediatas, em contato com valores transcendentes. Eles não visam a um destinatário específico, definido por um gênero, mas a uma espécie de "auditório universal" (Perelman; Olbrechts-Tyteca, 1958), toda a comunidade para a qual seus enunciados devem ser totalmente significativos.

## TEXTOS QUE SÃO DESTACADOS EM "OBRAS"

Ao contrário do locutor, a categoria de "autor" não tem realmente um *status* na Análise do Discurso. Tradicionalmente, a autoria é considerada um tópico para teóricos literários. Com efeito, a noção de "autor" questiona as distinções habituais: refere-se a um ser que não é o "enunciador", isto é, uma categoria linguística, nem um ser humano de carne e osso, fora da linguagem, mas uma função que combina agência (X é a causa de um enunciado) e uma dimensão legal (X deve responder por isso). A todo enunciado monologal deve-se poder atribuir um autor, seja ele um indivíduo, um grupo ou uma abstração.

Nem todos os tipos de autores estão associados a Obras. "Obra" é uma categoria que os analistas do discurso geralmente ignoram, provavelmente porque, em suas mentes, está intimamente ligada, por exemplo, à literatura, à filosofia ou à religião. Isso é surpreendente se levarmos em conta o fato de que qualquer cultura depende de um conjunto restrito de personalidades importantes – incluindo aquelas nas quais a Análise do Discurso se baseia. "Obra" é uma unidade que reúne uma multiplicidade de textos que pretendem expressar uma visão de mundo singular. Esse é o tipo de autoria sobre o qual Foucault reflete em um famoso artigo, "O que é um autor?" (1994). Por uma questão de clareza, vamos nos referir a ele usando a palavra latina *auctor*, a fim de distingui-lo dos autores comuns, que estão associados a descrições definidas: "o autor desta carta, deste relatório...". Auctores são separados da multidão de locutores cujos enunciados não entrarão na memória coletiva. E, entre esses auctores, poucos se tornam "grandes autores" ou "autoridades". Os "grandes autores" são caracterizados pelo fato de que todos os tipos de textos seus podem ser publicados: trabalhos escolares, cartas, diários e assim por diante.

Assim como a noção de aforização, a de "Obra" empurra os gêneros discursivos para segundo plano. A "Obra" de um autor destaca os textos originais de seu contexto original para dar-lhes um novo estatuto pragmático. Como fragmento da "Obra" de um autor, um texto não é mais lido como produto de uma atividade de fala situada, mas como expressão de um Sujeito extraordinário. Quanto aos destinatários dos textos pertencentes à "Obra", eles não são especificados pelos gêneros correspondentes, mas constituem um auditório indeterminável.

Além disso, como os aforizadores, os auctores não podem se instituir como tais: essa operação requer a intervenção de terceiros, que decidem se esses ou aqueles enunciados valem a pena serem destacados de seus gêneros e apresentados em uma nova configuração, referidas ao auctor.

Como podemos ver, cada um a seu modo, aforizadores e auctores escapam da coerção imposta pelos gêneros. Os auctores escapam dela por cima, convertendo os textos em fragmentos de uma unidade superior, uma "Obra". Os aforizadores escapam por baixo: os textos são decompostos em aforizações. Em ambos os casos, a noção usual de "locutor" não é relevante. Aforização e "Obra" são produções altamente valorizadas de seus Sujeitos, e são estranhas à lógica da troca ordinária. Por meio delas, a fala é elevada a um novo patamar: as aforizações são citações; as "Obras" reapresentam textos dentro de um novo quadro. Elas não exigem a resposta de outros locutores: em vez disso, elas precisam ser comentadas. Como enunciados destacados, diferem dos inúmeros enunciados presos, aqueles que estão submetidos à lógica do texto e do gênero.

## Enunciados aderentes

Em oposição às Obras, que levam ao seu paroxismo as formas de textualidade mais clássicas, há outra massa considerável de dados que os analistas do discurso quase totalmente negligenciam: o que chamo de "enunciados aderentes"* (Maingueneau, 2020). Nós os encontramos em todos os lugares ao nosso redor: "*I love New York*" em uma caneca, uma placa de "Legumes" em um supermercado, um rótulo em uma lata de conserva ou em uma garrafa de suco de frutas, uma frase em uma camiseta, uma placa de estabelecimento comercial ("padaria", "farmácia"…), uma tatuagem, instruções de lavagem costuradas em uma roupa, um epitáfio em um túmulo, uma placa indicando o nome de uma rua, o nome da empresa no uniforme de um funcionário… Esses enunciados aderentes figuram, hoje, em uma multidão de suportes que, anteriormente, eram desprovidos deles (por exemplo, os animais de criação ou os animais domésticos) ou são cada vez mais complexos (como nas embalagens de produtos alimentícios).

---

\* N.T.: Para aprofundamento da discussão, cf.: MAINGUENEAU, D. *Enunciados aderentes*. Trad. Sírio Possenti. São Paulo: Parábola, 2022.

O enunciado aderente e seu suporte não formam um todo compacto, como fariam duas peças complementares de um mecanismo: o vinho não precisa do rótulo da garrafa para ser bebido, nem uma rua precisa da placa onde seu nome é indicado para ser uma rua. Mas ao adicionar enunciados aderentes a objetos que antes eram desprovidos destes ou ao modificar enunciados aderentes já existentes, conferimos uma nova identidade a esses objetos, os incluímos em novas redes de relacionamentos e novas práticas. Uma reflexão sobre enunciados aderentes põe, assim, em questão a ideia espontânea de que haveria dois mundos muito desconexos: o das coisas e o das palavras. Os objetos em meio aos quais vivemos mudam constantemente de acordo com os enunciados que a eles aderem.

O desinteresse da Análise do Discurso por esses enunciados aderentes pode ser explicado aqui, novamente, pelos pressupostos atrelados ao modelo dominante de atividade discursiva, que vê em toda enunciação uma interação comunicacional explícita ou implícita. Sobre tatuagens, por exemplo, Paveau salienta que "dizer não é necessariamente dizer a alguém, isto pode ser dito e nada mais, dizer para si ou simplesmente exprimir, marcar ou formular sua experiência, instalar uma relação com o real" (Paveau, 2009, p. 23 / 2010, p. 31).*

Além do fato de os enunciados aderentes não serem produzidos por locutores humanos em interação, eles se desviam do modelo dominante de comunicação por serem indissociáveis dos suportes materiais. Estamos longe dos *corpora* familiares aos analistas do discurso nos quais a dimensão verbal é preponderante e cujas questões sociais são imediatamente interpretáveis em termos de posicionamento ideológico. Além disso, como a web, mas por motivos muito diferentes, os enunciados aderentes escapam à lógica do texto concebido como uma totalidade em função da qual são avaliados os demais dados discursivos. É claro que alguns enunciados aderentes são textos curtos, sequências de frases sujeitas a restrições de coesão e coerência, mas, na maioria das vezes, são unidades não textuais

---

* N.T.: Para essa citação, utilizamos a tradução do texto publicada no Brasil: PAVEAU, M-A. "Uma enunciação sem comunicação: as tatuagens escriturais". *RUA*, Campinas, SP, v. 16, n. 1, p. 641, 2010. Disponível em: https://periodicos.sbu.unicamp.br/ojs/index.php/rua/article/view/8638829. Acesso em: 02 jun. 2024.

(grupos nominais, frases, sequências de números e letras, logos…) que são dispersas sobre um mesmo suporte e que não podemos unificar sob o foco de uma consciência dominante.

De maneira mais geral, muitos analistas do discurso se sentem desconfortáveis com os agenciamentos materiais associados às enunciações. Quando estudam uma alocução em um comício eleitoral, eles se interessam pouco pelo cenário, pelos microfones ou pelas telas gigantes e concentram a maior parte de sua atenção na argumentação. Nesse ponto, a Análise do Discurso se beneficiaria mais em considerar os problemas das ciências humanas e sociais que dão ênfase às condições técnicas da enunciação. Da mesma forma que o trabalho é cada vez menos uma atividade física, e que a linguagem se integra a todos os seus aspectos, os objetos estão cada vez menos livres de qualquer linguagem, e a Análise do Discurso dificilmente pode deixar de notar isso.

## CONCLUSÃO: UMA MUDANÇA DE PARADIGMA?

Mencionei vários problemas e conjuntos de dados que são pouco ou nada levados em conta pela Análise do Discurso: os regimes enunciativos (conversação e gêneros instituídos), os modos de genericidade, os discursos constituintes, a web e os locutores angélicos, as trocas com animais, os enunciados destacados (as aforizações e as Obras) e os enunciados aderentes. Essa lista não pretende ser exaustiva. Ela apresenta a existência de produtores de enunciados que não são "locutores" no sentido usual do termo: "enunciadores", "aforizadores", "auctores", "locutores angélicos"… Também demonstra a existência de enunciados que não têm destinatário na acepção comum do termo.

São dados muito diferentes, cujo ponto em comum é apenas a marginalização pelas abordagens usuais dos analistas do discurso. Se as mencionei dessa maneira, é claro que é porque essa situação me parece anormal, e que a Análise do Discurso deveria integrar melhor as manifestações do discurso em toda a sua diversidade, mesmo que isso signifique questionar alguns de seus pressupostos. Mas essa é uma posição que pode ser discutida. De fato, pode-se argumentar que esses fenômenos são interessantes, mas que não há razão para confiar seu estudo à Análise do Discurso. O estudo da web, por exemplo, seria um trabalho para as ciências da comunicação e os enunciados aderentes, dependendo dos tipos de enunciados relacionados, seriam da competência da Sociologia, da Sociolinguística, da Semiótica, da Antropologia, da Midiologia... Em outras palavras, os estudos do discurso não teriam nenhuma razão de se desviarem fundamentalmente da linha que têm seguido desde que emergiram na década de 1960. Essa é uma posição justificável, desde que aqueles que a defendem digam em virtude de quais princípios eles acham normal excluir esses ou aqueles dados do campo da Análise do Discurso. O que não é tão fácil, porque, como disse, a maioria dos analistas do discurso até agora evitou amplamente esse tipo de questionamento.

Mas ao não questionar seus pressupostos, ao recuar, como se diz, para sua zona de conforto, a Análise do Discurso se encontra em situação de desconforto epistemológico. Como os dados então negligenciados pelos estudos do discurso representam uma massa considerável e em constante crescimento, o campo da Análise do Discurso parece cada vez mais restrito. Essa situação seria pouco prejudicial se os tipos de atividade discursiva fossem bem separados; o problema é que esses dados ignorados ou marginalizados se misturam aos *corpora* preferidos pelos analistas do discurso. A realidade do discurso é uma interpenetração profunda e generalizada de regimes discursivos: não cessamos de combinar constantemente a oralidade espontânea, a escrita tradicional, a escrita digital, a navegação na web, os enunciados literários ou religiosos, os enunciados aderentes...

Alguns podem muito bem aceitar que o campo do discurso se estenda a novos *corpora*, considerando que isso não lhes interessa, que não vai modificar suas formas de estudar seu próprio *corpus*. Na realidade, se há, então, uma extensão do campo do discurso, é a configuração como um todo que se modifica. O que acontece se o discurso não tiver mais um centro, se for compartilhado entre vários regimes? Para dar um exemplo um tanto caricatural, a oralidade mudou de estatuto quando inventamos a escrita: não podíamos mais apreendê-la da mesma maneira; tendo se tornado uma oralidade "primária", ela se viu afetada, por seu simples confronto com a escrita, com propriedades que, por sua vez, não apareciam quando aquela reinava suprema. O fato de integrar plenamente o estudo da internet, os enunciados aderentes ou os discursos constituintes ao campo da Análise do Discurso faz com que os *corpora* tradicionais, bem como todas as ferramentas analíticas, apareçam sob uma nova luz e ganhem novas propriedades. O enriquecimento do universo do discurso nos obriga a repensar certo número de categorias e procedimentos.

Diante de tal situação, fica-se tentado a dizer que a Análise do Discurso deve mudar de paradigma, envolvendo aqui a famosa noção (*"paradigm shift"*) resultante da epistemologia antiempirista de Kuhn (1962). O paradigma, segundo ele, oscila entre uma acepção sociológica em sentido amplo (um conjunto de valores, crenças comuns aos membros de um grupo) e um sentido heurístico (um conjunto de processos de resolução de enigmas científicos). Sua ideia essencial é que, em determinada época, pesquisadores de uma mesma disciplina têm uma estrutura compartilhada, um conjunto de princípios implícitos que definem uma "ciência normal". Mas, de tempos em tempos, quando a magnitude dos problemas não resolvidos pelo sistema existente se torna grande demais, produz-se uma crise que leva ao desenvolvimento de um novo paradigma. Essa representação da história das ciências se apoia, implicitamente, sobre a Psicologia Gestáltica: de uma parte, formas que bloqueiam a percepção dos elementos divergentes (a "ciência normal"), de outra, as reestruturações globais da percepção (as "revoluções científicas").

Mas aplicar essa problemática à Análise do Discurso não é simples. Kuhn estuda a história das ciências como a Física, em que os pesquisadores apresentam soluções simultâneas para resolver problemas comuns a todos. Por outro lado, na Análise do Discurso – como, aliás, em todas as ciências sociais – os pesquisadores dispõem de múltiplos recursos para evitar que o paradigma mude. Eles podem decidir que fenômenos que não se adequam ao quadro pertençam a outras disciplinas ou, se pertencerem à mesma disciplina, que são relevantes apenas para uma determinada abordagem do discurso. Com efeito, essa é uma das características das chamadas ciências *"soft"*, em que existem múltiplas abordagens que se apresentam como incomensuráveis, ou seja, que definem o seu próprio paradigma.

Nessas condições, é muito difícil impor a ideia de que seria necessário modificar profundamente nossa concepção de discursividade. O interesse de uma ampliação da Análise do Discurso só se impõe se admitirmos dois princípios. O primeiro é que devemos considerar as manifestações do discurso em toda a sua diversidade; mesmo que trabalhemos em um setor muito limitado da atividade discursiva, devemos também nos ocupar da configuração do conjunto em que ela se inscreve. O segundo é que a Análise do Discurso está inscrita na história, sendo obrigada a levar em conta as mudanças que ocorrem nas práticas discursivas e a ajustar, consequentemente, seus conceitos e métodos. É claro que não se trata de desqualificar constantemente as problemáticas anteriores para ficar o mais próximo possível das mudanças; mas também não se trata de se apoiar nos pressupostos a que estamos acostumados, supondo que, de certa forma, tudo já teria sido dito desde o início por aqueles que contribuíram para a fundação da disciplina. Isso seria adotar uma atitude próxima à hermenêutica religiosa, que consiste em buscar, por meio de uma leitura adequada dos textos considerados fundadores, as respostas a todos os problemas. A atitude correta está entre esses dois excessos simétricos, mas como definir esse ponto de equilíbrio? Essa é uma questão que deve permanecer em aberto.

A Análise do Discurso apareceu em certa configuração histórica. Organizando seu campo em torno de conversas e gêneros institucionais, ela conseguiu se dar uma relativa homogeneidade, mas esse gesto teve um custo: empurrou uma infinidade de dados para a periferia. Com o tempo, essa situação se torna difícil de manter. A Análise do Discurso deve aceitar todas as consequências do fato de o universo do discurso ser heterogêneo e desprovido de centro se não quiser ser reduzida a um conjunto de "métodos qualitativos", utilizada em um domínio restrito das ciências sociais.

*Tradução: Adriano Souza Marinho e Janaína Muniz Cavalcanti*

## Notas

[1] Por exemplo: Garfinkel (1967); Cicourel (1974); Sacks et al. (1974); Goffman (1981); Gumperz (1982).

[2] Bakhtin (1986); Luckmann (1986); Swales (1990); Charaudeau (1995); Bronckart (1997); Maingueneau (1998); Adamzik (2000); Rastier (2001). Algumas tendências, especialmente a "etnografia da comunicação" (Gumperz; Hymes, 1972), estão na encruzilhada destas duas tradições.

[3] Essa tendência é favorecida pelo fato de que a Análise da Conversação, que fornece um conjunto de ferramentas para a maioria das pesquisas do discurso, é dividida em dois ramos principais: um estuda a

conversação ordinária, o outro, conhecido como "análise da conversação institucional", é especializado em interações em instituições como o direito ou a medicina (Heritage, 2005; Heritage; Clayman, 2010).

[4] Deve-se notar que o editor da revista, T. Van Dijk, um dos mais proeminentes pesquisadores da Análise Crítica do Discurso, tem feito pesquisas principalmente em *corpora* escritos.

[5] No caso da textualidade imersa, os textos são o produto da transcrição.

[6] É apenas um dos significados de *subjectum*, que, como *substantia*, em Filosofia corresponde ao grego *hupokeimenon*: a coisa subjacente, o que persiste através da mudança. Ver, por exemplo, o artigo *"subicio"* no *Oxford Latin Dictionary* (Glare, 2. ed., 2012).

# Referências

Adamzik, K. (2000). *Textsorten*. Tübingen: Stauffenburg.

Akrich, M.; Callon, M.; Latour, B. (Ed.) (2006). *Sociologie de la traduction*: textes fondateurs. Paris: Presses des Mines.

Angermuller, J. (2014). *Poststructuralist Discourse Analysis*. Subjectivity in Enunciative Pragmatics. Basingstoke: Palgrave Macmillan.

Angermuller, J.; Maingueneau, D.; Wodak, R. (Ed.) (2014). *The Discourse Studies Reader*. Main Currents in Theory and Analysis. Amsterdam: The Netherlands.

Arluke, A.; Sanders, C. (1996). *Regarding Animals. Animals, Culture, and Society*. Philadelphia: Temple University Press.

Authier, J. (1984). Hétérogénéité(s) énonciative(s). *Langages*; 19 (73): 99–107.

Bakhtin, M. (1986). *Speech Genres and Other Late Essays*. Translated by Vern W. McGee. Austin: University of Texas Press.

Barnet, B. (2013). *Memory Machines*: The Evolution of Hypertext. London: Anthem Press.

Benveniste, E. (1966). *Problèmes de linguistique générale*. Paris: Gallimard: Gallimard.

Biber, D. (1988). *Variation across Speech and Writing*. Cambridge: Cambridge University Press.

Bronckart, J-P. (1997). *Activité langagière, textes et discours*. Pour un interactionisme socio-discursif. Paris: Delachaux et Niestlé.

Charaudeau, P. (1995). Une analyse sémiolinguistique du discours. *Langages*; 29 (117): 96–111.

Cicourel, A. (1974). *Cognitive sociology*: Language and Meaning in Social Interation. New York: Free Press.

Crystal, D.; Davy, D. (1969). *Investigating English Style*. London: Longman.

Descola, P. (2005). *Par-delà nature et culture*. Paris: Gallimard.

Ducrot, O. (1984). *Le Dire et le dit*. Paris: Minuit.

Fairclough, N. (2003). *Analysing Discourse*. Textual Analysis for Social Research. London; New York: Routledge.

Foucault, M. (1994). Qu'est-ce qu'un auteur?. In: *Dits et écrits I*. 1954-1988. Paris: Gallimard, p. 789-821.

Garfinkel, H. (1967). *Studies in ethnomethodology*. Englewood Cliffs: Prentice Hall.

Gee, J.P.; Handford, M. (Ed.) (2012). *The Routledge Handbook of Discourse Analysis*. London, New York: Routledge.

Goffman, E. (1981). *Forms of talk*. Philadelphia: University of Pennsylvania Press.

Goode, D. (2007). *Playing with my dog Katie*. West Lafayette (Indiana): Purdue University Press.

Grice, H.P. (1975). Logic and conversation. In: Cole, P.; Morgan, J. L. (Ed.) *Syntax and Semantics III*. New York: Academic Press, pp. 43-58.

Guillo, D. (2009). *Des chiens et des humains*. Paris: Le Pommier.

Gumperz, J. (1982). *Discourse strategies*. Studies in Interactional Sociolinguistics 1. Cambridge: C.U.P.

Gumperz, J.; Hymes, D. (Ed.) (1972). *Directions in Sociolinguistics*. The Ethnography of Communication. New York: Holt, Rinehart and Winston.

Heritage, J. (2005). Conversational Analysis and Institutional Talk. In: Sanders, R.; Fitch, K. (Ed.). *Handbook of Language and Social Interadtion*. Mahwah: Erlbaum, pp. 103-148.

Heritage, J.; Clayman, S. E. (2010). *Talk in Action*: Interaction. Identities and Institutions. Boston: Wiley Blackwell.

Jaworski, A.; Coupland, N. (1999). *The Discourse Reader*. London; New York: Routledge.

Houdart, S.; Thiery, O. (Ed.). (2001). *Humains, non-humains*: comment repeupler les sciences sociales?. Paris: La Découverte.

Kuhn, T. S. (1962). *The Structure of Scientific Revolutions*. Chicago: University of Chicago Press.

Landow, G. (1994). *Hypertext*. The Convergence of Contemporary Critical Theory and Technology. Baltimore: The John Hopkins University Press.

Landow, G. (2006). *Hypertext 3.0*. Critical Theory and New Media in an Era of Globalization. Baltimore: The Johns Hopkins University Press.

Loeb, L. (2014). Call and Response: An Anatomy of Religious Practice. *Discourse Studies*; 16 (4): 514-533.

Luckmann, T. (1986). Grundformen der gesellschaftlichen Vermittlung des Wissens: Kommunikative Gattungen. *Kölner Zeitschrift für Soziologie und Sozialpsychologie*, Special issue; 27, 191-211.

Maingueneau, D.; Cossutta, F. (1995). L'Analyse des discours constituants. *Langages*; 29 (117): 112-125.

Maingueneau, D. (1998). *Analyser les textes de communication*. Paris: Dunod.

Maingueneau, D. (1999). Analysing Self-constituting Discourses. *Discourse Studies*; I (2): 175-200.

Maingueneau, D. (2007). L'idéologie: une notion bien embarrassante. *COnTEXTES*, n. 2, 2007.

Maingueneau, D. (2009). La difficile émergence d'une analyse du discours religieux. *Langage et Société*, n. 130, p. 5-13.

Maingueneau, D. (2014). *Discours et analyse du discours*. Introduction. Paris: Armand Colin.

Maingueneau, D. (2020). *Variações sobre o ethos*. São Paulo: Parábola.

Mondémé, C. (2018). Comment parle-t-on aux animaux? Formes et effets pragmatiques de l'adresse aux animaux de compagnie. *Langage et Société*, n. 163: 77-99.

Mondémé, C. (2019). *La socialité interspécifique*. Pour une analyse multimodale des interactions hommes-chiens. Limoges: Lambert-Lucas.

Myers, G. (2010). *Discourse of Blogs and Wikis*. London, New York: Continuum.

Patrimoine Culturel Immatériel. (2012). *Le chant de plein air des laboureurs*. Dariolage, briolage... Recherches sur une tradition au Pays de la Châtaigneraie. Paris: L'Harmattan.

Paveau, M-A. (2009). Une énonciation sans communication: les tatouages scripturaux. *Itinéraires*, 2009-1: pp. 81-105.

Pêcheux, M. (1975). *Les vérités de La Palice*. Paris; Maspéro.

Perelman, C.; Olbrechts-Tyteca, L. (1958). *Traité de l'argumentation*. La nouvelle rhétorique. Bruxelles: Editions de l'Université de Bruxelles.

Rastier, F. (2001). *Arts et Sciences du texte*. Paris PUF.

Rühlemann, C. (2007). *Conversation in Context*. A corpus Driven Approach. London, New York: Continuum.

Sacks, H.; Schegloff, A.; Jefferson, G. (1974). A Simplest Systematic for the Organization of Turn-taking in Conversation. *Language*; 40 (4): 696-735.

Sanders, C. (2003). Action Speak Louder than Words: Close Relationship Between Humans and Non-Human Animals. *Symbolic Interaction*, v. 26, n. 3, pp. 405-426.

Sinclair, J. McH. (1991). *Corpus, Concordance, Collocation*. Oxford: Oxford University Press.

Stubbs, M. (1993). British Traditions in Text analysis: From Firth to Sinclair. In: Baker, M.; Francis, G.; Tognini-Bonelli, E. (Ed.). *Text and Technology*. In Honour of John Sinclair. John Benjamins: Amsterdam, The Netherlands; Philadelphia, PA: 1-33.

Swales, J. M. (1990). *Genre Analysis*: English in Academic and Research Settings. Cambridge: Cambridge University Press.

# ENUNCIAÇÃO E ANÁLISE DO DISCURSO

Tratar das relações entre Análise do Discurso e teorias da enunciação* não é uma tarefa fácil, especialmente pela extrema heterogeneidade do que pode designar o termo "Análise do Discurso" (AD). Esta contribuição diz evidentemente respeito apenas às abordagens da Análise do Discurso cuja metodologia integra o estudo dos fatos da língua.

Uma forma eficaz de mapear esse vasto campo de investigação é considerar quais correntes da Linguística são mobilizadas pelos aparelhos metodológicos. À primeira vista, em escala global, destacam-se três grandes tendências: a Linguística sistêmico-funcional de Halliday, a análise das interações conversacionais decorrente da etnometodologia e dos trabalhos de Sacks e as teorias da enunciação linguística. Originalmente, essas tendências estavam ligadas às fronteiras nacionais (Grã-Bretanha, EUA e França, respectivamente), mas, com a globalização da pesquisa, elas são amplamente praticadas em muitos países. De fato, uma das características mais salientes do que denominei de "tendências francesas" em Análise do

---

\*     N.O.: Texto originalmente publicado na revista *Corela – Cognition, Représentation, Langage* (v. 19, 2016).

Discurso é explorar constantemente as teorias da enunciação. Mas, curiosamente, não é essa característica que geralmente atrai a atenção daqueles que refletem sobre a questão: eles preferem enfatizar a dimensão política ou mais amplamente a dimensão crítica da análise, a relação com a história, a concepção de Sujeito ou do sentido etc. No entanto, parece-me que sem as teorias da enunciação a existência de uma corrente específica de Análise do Discurso seria impossível.

Em um primeiro momento, vou considerar o lugar ocupado pela enunciação na emergência da AD francesa e, em um segundo momento, muito mais rapidamente, será questionado que interesse a AD francesa teve ao se apoiar sobre a enunciação.

## ENUNCIAÇÃO E EMERGÊNCIA DA AD

O aparecimento na França, na segunda metade dos anos 1960, de um campo de investigação caracterizado como "a Análise do Discurso" não se fez a partir de um fundador único e no interior das fronteiras de uma disciplina bem identificada. Podem-se distinguir três empreendimentos extremamente diferentes, mas que contribuíram para a constituição desse novo campo: Jean Dubois, linguista que dirigia simultaneamente um departamento de Linguística e a revista *Langages*; Michel Pêcheux, filósofo ligado a um laboratório de Psicologia Social; Michel Foucault, filósofo e historiador das ciências.

Na França, se 1966 foi o ano mais importante no desenvolvimento do estruturalismo, 1969 foi o grande ano da Análise do Discurso: é o momento em que a *Langages* publicou um número especial, organizado por Dubois e Sumpf, intitulado "A Análise do Discurso", em que Pêcheux publicou sua "Análise automática do discurso" e Foucault, sua "Arqueologia do saber".

## Jean Dubois e a revista *Langages* n° 13

Como se pode ver, duas dessas publicações, as de Dubois e Pêcheux, reivindicavam explicitamente pertencerem à "Análise do Discurso". Mas o número de *Langages* utilizava o termo "análise do discurso" de forma ambígua: ao mesmo tempo como título do conjunto do volume e como título do seu artigo principal, tradução em francês de um longo texto ("Discourse Analysis", 37 páginas) que Harris havia publicado em *Language\** em 1952. Na verdade, as outras contribuições do número não partilhavam a mesma concepção de discurso e de análise do discurso que Harris, que, no entanto, deu nome à nova disciplina.

Em Harris (1952), "*discourse*" designa uma unidade de dimensão superior à frase; aliás, como ele era estruturalista, utiliza "análise" no seu sentido etimológico, o de uma decomposição. Harris não fez outra coisa senão estender aos textos, ao "discurso", o processo de comutação, de modo a obter regularidades a fim de relacioná-las com fenômenos de ordem social:

> A análise distribucional no interior de um único discurso, considerado individualmente, fornece informações sobre determinadas correlações entre a língua e outras formas de comportamento. A razão é que cada discurso é produzido numa situação específica – quer se trate de uma pessoa que fala, ou de uma conversa, ou de alguém que vai de vez em quando ao seu escritório por certo número de meses para escrever determinado tipo de livro, em certa tradição literária ou científica (Harris, 1952 / 1969, p. 11).

A atitude de Harris lembra a do estruturalismo literário francês da década de 1960, que procedeu a uma análise "imanente" do texto para só eventualmente relacioná-lo com um extratextual sócio-histórico. Estamos aí muito longe das pesquisas que hoje se reivindicam discursivas: elas recusam até mesmo a oposição entre um "interior" e um "exterior" do texto, considerado como uma estrutura monológica fechada.

De todo modo, na França, essa referência a Harris revelou-se largamente ilusória; até o final dos anos 1970, nesse país, o "método harrisiano" não foi utilizado para decompor textos, mas para estudar conjuntos de frases extraídas de textos. Em *Langages* nº 13, como nos anos que se seguiram, a "análise do discurso" foi entendida como um território com fronteiras

---

\*  N.T.: A revista norte-americana *Language* é uma importante publicação acadêmica dedicada ao campo das ciências da linguagem. Foi fundada em 1925 e é publicada trimestralmente pela Linguistic Society of America (LSA).

pouco nítidas, no qual se estudavam 1) textos de qualquer natureza ("não literários"), 2) com ferramentas emprestadas da Linguística, 3) para melhorar a nossa compreensão das relações entre os textos e as situações sócio-históricas. Nessa concepção, o termo "análise" funcionava como um simples equivalente de "estudo".

Jean Dubois, o principal responsável pelo número de *Langages*, desempenhou um papel decisivo no desenvolvimento da Análise do Discurso na França. No plano institucional, ele legitimou o novo espaço de pesquisa, dando-lhe acesso a tal revista, cujo prestígio era então considerável. Parece que viu na Análise do Discurso uma maneira de renovar os trabalhos sobre as relações entre o léxico e a sociedade, caminho largamente já traçado por Matoré (1953) ou Wagner (1967; 1970). Ele mesmo foi autor de uma importante tese sobre o vocabulário social e político no final do século XIX (Dubois, 1962); o desenvolvimento de uma análise do discurso parecia-lhe, sem dúvida, o meio de associar as suas preocupações de linguista da língua (ele publicou, a partir de 1965, uma série de manuais de Linguística francesa, inicialmente de inspiração estruturalista e, depois, gerativista) e o seu interesse pela inscrição social da língua. Aliás, ele orientou trabalhos emblemáticos nessa perspectiva de Análise do Discurso emergente: em particular, a tese de Maldidier (1970) sobre os jornais durante a guerra da Argélia e os trabalhos de Provost-Chauveau (1969) sobre o vocabulário de Jean Jaurès. Pode-se considerar que, nos seus primórdios, a fundação do laboratório da Escola Normal Superior de Saint-Cloud inscrevia-se em uma abordagem semelhante (Tournier, 1969).

O que importava, antes de tudo, a Dubois era explorar com certo ecletismo os recursos oferecidos pela Linguística. É assim que, nesse mesmo número de *Langages*, em que atribui um lugar central à abordagem distribucionalista de Harris, sua contribuição incide sobre os processos de enunciação; ele pretende romper com certos pressupostos fundamentais do estruturalismo linguístico:

> Até agora a tônica tinha sido colocada no enunciado como forma realizada, mas a menos que se identifique abusivamente sua estrutura com a enunciação, não se diz tudo do enunciado falando sobre a estrutura realizada. Através de tentativas sucessivas, retomou-se a análise da enunciação, sobre o que faz do texto não apenas parte integrante do mundo, mas também parte

do sujeito falante. A substituição do contínuo pelo discreto nas imagens que servem de suporte à análise testemunhava uma mudança nas perspectivas.

Era, sem dúvida, necessário que uma teoria linguística modificasse totalmente os modos de análise, invertendo alguns dos axiomas estabelecidos: o dos níveis e das classificações, das unidades discretas e da combinatória, para lhe substituir o ordenamento, a sequência das transformações e que fosse deixado espaço para uma intervenção contínua do sujeito sobre o objeto em via de realização, para que a enunciação retomasse um lugar fundamental no estudo linguístico (Dubois, 1969, p. 110).

Além disso, neste número 13 de *Langages,* encontra-se um artigo da psicanalista Irigaray ("O enunciado em análise") que também coloca no centro a interação assimétrica entre os interlocutores das sessões de análise e os processos de interpretação. Aqui, o "discurso" assume uma inflexão muito diferente, que dá centralidade à enunciação. Já o longo artigo de Méleuc ("Estrutura da máxima") se concentra em fenômenos enunciativos como os determinantes, a negação, os pronomes pessoais, os tempos verbais etc., integrados em uma abordagem tipológica. A conclusão é reveladora:

> Esta investigação se inscreve, portanto, em uma perspectiva crítica geral em que, a partir dos conceitos oferecidos pela ciência linguística e a partir de certo *corpus*, tenta-se definir um tipo de discurso, tendo em vista uma tipologia mais geral, e onde se é levado a falar de um determinado enunciado em termos de regularidade (Méleuc, 1969, p. 98).

Caracterizar um gênero do discurso pelas regularidades enunciativas é uma abordagem que será, em seguida, amplamente explorada pela Análise do Discurso francófona.

Esse número de *Langages* é enquadrado cronologicamente, de um lado, pelo *Problemas de Linguística Geral*, de Benveniste (1966), e do outro, por mais um número especial de *Langages*, nº 17, "Problemas de enunciação", publicado apenas um ano depois, em março de 1970. Assim, apesar da presença ostensiva de Harris, a enunciação "trabalha" a AD nascente. Pouco depois, em 1973, em livro que dedica às relações entre Análise do Discurso e História, Robin escreveria: "A tentativa mais importante de ultrapassar os limites da linguística da língua é, sem dúvida, o campo aberto pelo que se convencionou chamar de enunciação" (Robin, 1973, p. 9).

## Michel Pêcheux

Poderíamos pensar que o caso de Pêcheux é muito diferente, na medida em que sua problemática não necessitava da enunciação. E é verdade que, em seu livro de 1969, a enunciação é marginalizada. Com efeito, em sua obra, o termo "análise do discurso" inseria-se essencialmente na Linguística estrutural e na Psicanálise: a corrente lacano-althusseriana estava então no seu apogeu. Desse ponto de vista, Pêcheux aparecia como uma espécie de psicanalista do discurso: a decomposição da continuidade textual devia permitir revelar processos ideológicos que os textos estavam destinados a dissimular. Não esqueçamos que a palavra "analista" designava também os psicanalistas, e "análise", a psicanálise.

No entanto, alguns meses depois, em 1970, ele coassina com Fuchs e Culioli um fascículo de 50 páginas centrado na enunciação: "Considerações teóricas sobre o tratamento formal da linguagem. Tentativa de aplicação ao problema dos determinantes". Essa familiaridade com as problemáticas culiolianas da enunciação manifestar-se-á um pouco mais tarde, quando se associa a Fuchs, aluna de Culioli, para escrever a maior parte do número 37 (1975) dedicado à Análise do Discurso. A sua contribuição intitula-se "A propósito da análise automática do discurso: atualização e perspectivas".* O título da segunda seção é "A Linguística como teoria dos mecanismos sintáticos e dos processos de enunciação". Note-se que, nesse mesmo número, os outros dois artigos, de Henry e de Grésillon, estão centrados nos problemas da enunciação colocados pelos pronomes relativos. Daí em diante, ele coloca a enunciação no "centro" da Análise do Discurso que está construindo, apoiando-se em uma concepção da língua de inspiração nitidamente culioliana:

> o estudo das marcas ligadas à enunciação deve constituir um ponto central da fase de análise linguística da AAD, e [...] este estudo induz modificações importantes na concepção da língua. Antes de mais nada, o léxico não pode ser considerado como um "estoque de unidades lexicais", simples lista de morfemas sem conexão com a sintaxe, mas, pelo contrário, como

---

*   N.T.: Utilizaremos, para as citações e referências a esse texto, a tradução brasileira de Péricles Cunha publicada em: GADET, Françoise; HAK, Tony (Org.). *Por uma análise automática do discurso*: uma introdução à obra de Michel Pêcheux. 3. ed. Campinas: Editora da Unicamp, 1997, p. 163-252.

um conjunto estruturado de elementos articulados sobre a sintaxe. Em segundo lugar, a sintaxe não constitui mais o domínio neutro de regras puramente formais, mas o modo de organização (próprio a uma determinada língua) dos traços das referências enunciativas. As construções sintáticas, deste ponto de vista, têm, pois, uma "significação" que convém destacar (Pêcheux; Fuchs, 1975, p. 20 / 1997, p. 176).

Todavia, esse recurso massivo à enunciação suscita-lhe dificuldades de ordem teórica. O perigo é introduzir, sob o disfarce da enunciação, o lobo do "idealismo" no rebanho marxista:

> Se definimos a enunciação como a relação sempre necessariamente presente do sujeito enunciador com o seu enunciado, então aparece claramente, no próprio nível da língua, uma nova forma de ilusão segundo a qual o sujeito se encontra na fonte do sentido ou se identifica à fonte do sentido: o discurso do sujeito se organiza por referência (direta, divergente), ou ausência de referência, à situação de enunciação (o "eu-aqui-agora" do locutor) que ele experimenta subjetivamente como tantas origens quantos são os eixos de referenciação (eixo das pessoas, dos tempos, das localizações). Toda atividade de linguagem necessita da estabilidade destes pontos de ancoragem para o sujeito, se esta estabilidade falha, há um abalo na própria estrutura do sujeito e na atividade de linguagem [...]. Em texto anterior, M. Hirsbrunner e P. Fiala (1972, p. 26-27) observavam a propósito disto, comentando as propostas de Benveniste: "[...] Opondo a liberdade do sujeito individual à necessidade do sistema da língua, colocando a língua como mediação entre o sujeito e o mundo, e o sujeito como se apropriando do mundo por intermédio da língua, e da língua por intermédio do aparelho de enunciação, Benveniste apenas transpõe em termos linguísticos noções filosóficas que, longe de serem neutras, se ligam diretamente à corrente idealista" (Pêcheux; Fuchs, 1975, p. 18 / 1997, p. 175).

Essa desconfiança incita Pêcheux a propor uma concepção de enunciação que seja compatível com o postulado da primazia do interdiscurso sobre o discurso:

> Diremos que os processos de enunciação consistem em uma série de determinações sucessivas pelas quais o enunciado se constitui pouco a pouco e que têm por característica colocar o "dito" e em consequência rejeitar

o "não-dito". A enunciação equivale pois a colocar fronteiras entre o que é "selecionado" e tornado preciso aos poucos (através do que se constitui o "universo do discurso"), e o que é rejeitado. Desse modo se acha, pois, desenhado num espaço vazio o campo de "tudo o que teria sido possível ao sujeito dizer (mas que não diz)" ou o campo de "tudo a que se opõe o que o sujeito disse". Esta zona do "rejeitado" pode estar mais ou menos próxima da consciência e há questões do interlocutor visando a fazer, por exemplo, com que o sujeito indique com precisão "o que ele queria dizer" que o fazem reformular as fronteiras e reinvestigar esta zona. Propomos chamar este efeito de ocultação parcial esquecimento nº 2 e identificar aí a fonte da impressão de realidade do pensamento para o sujeito ("eu sei o que eu digo", "eu sei do que eu falo") (Pêcheux e Fuchs, 1975, p. 19 / 1997, p. 175-176).

É significativo que duas importantes questões da enunciação exploradas pela AD tenham sido o pré-construído/pressuposição e o discurso reportado, integrados na problemática mais ampla da heterogeneidade enunciativa. O estudo da enunciação permite, assim, traduzir em termos de método o postulado do primado do interdiscurso, cujo vínculo com a subjetividade é bem conhecido através da fórmula de Pêcheux: "'isso fala' sempre 'antes e em outro lugar independentemente'". Citando essa fórmula, Maldidier* apressou-se em acrescentar a propósito do interdiscurso:

> O conceito introduzido por Michel Pêcheux não se confunde com a intertextualidade de Bakhtin, mas trabalha o espaço ideológico-discursivo no qual se desenvolvem as formações discursivas, em função das relações de dominação, subordinação e contradição (Maldidier, 1993, p. 113 / 2016, p. 51).

Trata-se de "de-subjetivar" a noção em prol do conceito de "formação discursiva".

---

* N.T.: Utilizamos para esta citação a tradução presente em: MALDIDIER, D. "A inquietude do discurso. Uma trajetória na Análise do Discurso: o trabalho de Michel Pêcheux", em SARGENTINI, V.; PIOVEZANI, C. (Orgs.). *Legados de Michel Pêcheux: inéditos em Análise do Discurso*. São Paulo: Contexto, 2016, p. 39-62.

# Michel Foucault

A influência da *Arqueologia do saber*\* de Foucault na Análise do Discurso francesa foi muito mais indireta do que a de Dubois ou de Pêcheux; foi, porém, considerável. Também ele escreve em uma fase de desinteresse pelo estruturalismo, que é a fase da problemática de *As palavras e as coisas* (1966). Se Dubois pretendia se apoiar na Linguística, o autor da *Arqueologia do saber* a recusa. O caminho de Foucault contrasta com o de Pêcheux que, fortemente marcado pela Psicanálise, quebrava a continuidade dos textos para revelar o trabalho de uma espécie de inconsciente textual. Com efeito, Foucault pretendia distanciar-se dessas abordagens "alegóricas" das quais Pêcheux representa uma das correntes:

> A análise do pensamento é sempre *alegórica* em relação ao discurso que utiliza. Sua questão, infalivelmente, é: o que se dizia no que estava dito? A análise do campo discursivo é orientada de forma inteiramente diferente; trata-se de compreender o enunciado na estreiteza e singularidade de seu *acontecimento*;\*\* de determinar as condições de sua existência, de fixar seus limites da forma mais justa, de estabelecer suas correlações com os outros enunciados a que pode estar ligado, de mostrar que outras formas de *enunciação* exclui. Não se busca, sob o que está manifesto, a conversa semi-silenciosa de um outro discurso: deve-se mostrar por que não poderia ser outro [...] (Foucault, 1969, p. 40 / 2008, p. 31).

Destacamos duas palavras ("acontecimento" e "enunciação") que aparecem quando se trata de se distanciar da busca de um sentido oculto. Apesar disso, Foucault não se refere à Linguística da Enunciação, a nenhuma Linguística, aliás. Ele fala incessantemente de "discurso", mas não pretende interessar-se pela língua. Estas linhas são reveladoras:

---

\* N.T.: Utilizamos, para as citações e referências a esse texto, a tradução brasileira de Luiz Felipe Baeta Neves, publicada em: FOUCAULT, Michel. *Arqueologia do saber*. Rio de Janeiro: Forense Universitária, 2008.

\*\* N.T.: O responsável pela tradução brasileira de tal obra de Foucault preferiu usar, ao invés dessa palavra, "acontecimento", o termo "situação". No entanto, preferimos a primeira dado que traduções posteriores, especialmente em Análise do Discurso, usaram-na para traduzir a palavra em sentido amplo e o conceito foucaultiano estrito de "événement", como exemplificam o título da tradução em português da obra "Le discours: structure ou événement?", de Michel Pêcheux: PÊCHEUX, M. *O discurso*: estrutura ou acontecimento. Campinas: Pontes, 2002, e o texto "A noção de acontecimento", em POSSENTI, S. *Questões para analistas do discurso*. São Paulo: Parábola, 2009.

> O que se descreve como "sistemas de formação" não constitui a etapa final dos discursos, se por este termo entendemos os textos (ou as falas) tais como se apresentam com seu vocabulário, sintaxe, estrutura lógica ou organização retórica. A análise permanece aquém desse nível manifesto, que é o da construção acabada [...] se ela estuda as modalidades de enunciação, não põe em questão nem o estilo, nem o encadeamento das frases; em suma, deixa em pontilhado a disposição final do texto (Foucault, 1969, p. 100 / 2008, p. 83-84).

Ora, esse tipo de afirmação é dificilmente compatível com os postulados usuais dos analistas do discurso, que só podem recusar essa concepção estratificada do discurso em que a organização textual seria apenas um fenômeno de superfície, em que as estratégias interacionais seriam reduzidas ao estatuto de acessório: "estilo", "retórica". Ao restringir a Linguística ao estudo da frase, a *Arqueologia* nega qualquer contribuição da Linguística, que Foucault reduz a uma ciência da "língua", no sentido saussuriano, ou da "competência", no chomskyano. Ao se valer de uma concepção tão pobre da Linguística, confere a si o direito de reservar o campo do "discurso" à arqueologia que ele parece promover, enquanto a conjuntura atual reforça a ideia de que se deve estudar o discurso recorrendo às ciências da linguagem.

No entanto, paradoxalmente, a abordagem de Foucault mina a concepção estruturalista que prevalecia em *As palavras e as coisas*. Ao articular estreitamente discurso e instituição em dispositivos de enunciação que, a um só tempo, permitem que ocorram os acontecimentos enunciativos e constituem, por sua própria existência, os acontecimentos, Foucault desestabiliza também aqui as separações tradicionais. A esse respeito, o capítulo central intitulado "A função enunciativa" é revelador. Ele apoia-se sistematicamente, sem que seja feita qualquer referência precisa, sobre os conceitos da enunciação linguística, sem dúvida baseando-se em *Problemas de linguística geral,* de Benveniste, publicado na mesma coleção.

> Um enunciado não tem diante de si (e numa espécie de conversa) um correlato – ou uma ausência de correlato, assim como uma proposição tem um referente (ou não), ou como um nome próprio designa um indivíduo (ou ninguém). Está antes ligado a um "referencial" que não é constituído de "coisas", de "fatos", de "realidades", ou de "seres", mas

de leis de possibilidade, de regras de existência para os objetos que aí se encontram nomeados, designados ou descritos, para as relações que aí se encontram afirmadas ou negadas. O referencial do enunciado forma o lugar, a condição, o campo de emergência, a instância de diferenciação dos indivíduos ou dos objetos, dos estados de coisas e das relações que são postas em jogo pelo próprio enunciado; define as possibilidades de aparecimento e de delimitação do que dá à frase seu sentido, à proposição seu valor de verdade. É esse conjunto que caracteriza o nível enunciativo da formulação, por oposição a seu nível gramatical e a seu nível lógico (Foucault, 1969, p. 120-121 / 2008, p. 104).

A diferença entre 1966, ano emblemático do estruturalismo, e 1969, ano do aparecimento da Análise do Discurso, é sintomática. A Análise do Discurso nasce através de uma espécie de indecisão, de uma zona transitória que a faz aderir massivamente às teorias da enunciação, sem abraçá-las integralmente. Quer se trate da corrente de inspiração linguística de Dubois ou daquela de inspiração filosófica de Pêcheux, parece que a Análise do Discurso emerge em um entremeio, entre a dominação do estruturalismo e a das perspectivas pragmáticas e enunciativas. No final dos anos 1960 e logo no início dos anos 1970, a enunciação está fortemente presente, mas ainda não está no centro do dispositivo conceitual. Alguns anos mais tarde, isto vai se efetivar.

## O PAPEL DA ENUNCIAÇÃO

Essa instabilidade não é certamente um fenômeno contingente. Ela diz algo sobre a própria AD. Com efeito, não podemos deixar de nos interrogar sobre o fato de que a maior parte das correntes de Análise do Discurso no mundo prescinde dela. A enunciação, longe de ser um instrumento que a AD escolheria livremente, parece necessária ao funcionamento desse tipo de AD. Ora, na França, verificou-se um desenvolvimento simultâneo entre as problemáticas enunciativas em Linguística e o desenvolvimento da Análise do Discurso.

Destacarei alguns traços importantes que permitem compreender por que os fenômenos enunciativos são tão importantes para a Análise do

Discurso. Vou fazer a distinção entre o que diz respeito ao funcionamento das pesquisas e as razões de ordem mais teórica.

## Razões institucionais

Aqui há que se ter em conta as limitações institucionais da atividade de pesquisa. Uma vantagem das teorias da enunciação é que elas permitem constituir uma espécie de "*koinè*" metodológico, de caixa de ferramentas partilhada. Mesmo atendo-se ao espaço francófono, há uma grande distância entre a abordagem comunicativa de Charaudeau, que desenvolve uma teoria da "influência" apoiada na Psicossociologia, e as abordagens que prolongaram as ideias de Pêcheux, passando por estudos que associam Linguística Textual e gêneros do discurso; mesmo assim, todas podem manipular categorias enunciativas, misturando mais ou menos rigorosamente Culioli, Benveniste, Ducrot ou Bakhtin. Trata-se de um típico caso de uma espécie de caixa de ferramentas comum. Sabe-se, por exemplo, que Henry e Pêcheux desenvolveram o conceito de pré-construído como alternativa à pressuposição, enquanto Ducrot, no início dos anos 1970, começava a trabalhar em uma perspectiva pragmática. O pré-construído é pensado como o sinal da presença anterior de segmentos de discurso "já lá" cujas origens estão apagadas. O pré-construído serve então para analisar um assujeitamento ideológico. No entanto, no uso dominante, esse tipo de distinção não é feito. É próprio de um "*koinè*" metodológico apagar os pontos de irredutibilidade entre as várias correntes. O que é indispensável para manter a estabilidade de um campo, de uma disciplina. Portanto, é uma força de convergência que vem equilibrar um pouco as poderosas forças de divergência que impelem ao tribalismo (cf. Schaeffer).

Esse fenômeno é favorecido pela imprecisão que envolve a própria noção de enunciação, que é interpretada por alguns, Culioli em particular, na órbita das operações estritamente linguísticas; por outros, ao contrário, no conjunto da atividade comunicacional, em sua dupla dimensão social e psicológica; por outros ainda, como Kerbrat-Orecchioni, como a associação dos dêiticos e da modalização:

A problemática da enunciação (a nossa) pode ser assim definida: é a pesquisa dos processos linguísticos (*shifters*, modalizadores, termos avaliativos etc.) através dos quais o locutor imprime a sua marca no enunciado, inscreve-se na mensagem (implicitamente ou explicitamente) e se situa em relação a ele (problema da "distância enunciativa") (Kerbrat-Orecchioni, 1980, p. 32).

Encontramos aí a problemática de Dubois (1969), justamente aquela de que Pêcheux desconfia.

É inegável que essa deformabilidade da noção de enunciação contribui para manter a unidade relativa de um campo de investigação.

## Razões de ordem teórica

O uso privilegiado das problemáticas da enunciação também pode ser explicado pelo próprio projeto que subjaz à concepção da AD que prevalece na França, aquela já encontrada em Harris: relacionar os arranjos textuais com situações de ordem sócio-histórica revela-se um impasse em uma abordagem puramente estruturalista, que se reduz a invocar "isomorfismos". Uma abordagem etnometodológica ou, mais amplamente, o trabalho de Análise do Discurso que se concentra na construção das identidades não está de modo algum preocupada com isso nem se baseia em teorias da enunciação linguística.

Com efeito, invocando a enunciação pode-se introduzir um nível de articulação entre texto e instituição. A título de comparação, podemos ver que o outro modelo linguístico que teve êxito na AD, o de Halliday, introduz, ao lado de uma função "ideacional", uma função "interpessoal" que integra fenômenos relacionados à modalização, em um sentido muito amplo, e uma função "textual". É evidente que as questões da enunciação abrangem um espaço comparável. De fato, é preciso admitir que é muito mais satisfatório trabalhar a partir de uma Linguística da língua de tipo enunciativo do que a partir de uma Linguística (por exemplo, a Gramática estrutural ou a Gramática gerativa) cujas categorias são totalmente heterônomas em relação ao discurso.

Tomando o exemplo dos meus próprios trabalhos, fica claro que, sem uma reflexão em termos de enunciação, eles não teriam sido possíveis. Quando se trabalha sobre o envolvimento recíproco da instituição e do discurso, a enunciação está no coração do dispositivo. Não é apenas um instrumento conveniente disponível para o analista, ao lado da Sintaxe ou da Lexicologia, mas o próprio motor da reflexão.

Uma segunda razão está mais propriamente ligada ao contexto teórico em que se desenvolveu a AD na França. Uma das características notáveis da AD francesa é a sua insistência na questão do Sujeito. Ora, nesse ponto, ela encontra-se em uma situação muito delicada. Por um lado, ela herda do estruturalismo o *leitmotiv* de processo "sem sujeito"; por outro lado, desenvolve-se em uma conjuntura dominada por aquilo a que além do Atlântico se chamará "pós-estruturalismo" e, no que diz respeito às ciências da linguagem, pelo sucesso das correntes pragmáticas. O problema que se apresenta é o de se reservar um espaço entre uma concepção imanentista do texto sem Sujeito e uma concepção da atividade discursiva que relaciona "atores" estrategistas em interação, dotados de atributos psicológicos e sociais. O recurso às teorias da enunciação permite resolver eficazmente a dificuldade, uma vez que possibilita ao pesquisador manipular categorias que são fronteiras, ao mesmo tempo dentro e fora do sistema linguístico. Isso é particularmente evidente para uma categoria como a de enunciador, que designa um ponto exorbitante na linguagem, mas que só existe como suporte de uma atividade enunciativa. O enunciador não é o sujeito que fala fora da linguagem nem é um marcador no enunciado.

Os debates muito sofisticados provocados pelo famoso artigo de Benveniste que opõe "discurso" e "história" são, a esse respeito, significativos: no nível do gênero do discurso, o narrador pode estar massivamente presente enquanto o enunciador é apagado. A desconexão entre sujeito e enunciador possibilita toda uma série de deslocamentos, de jogos entre o sujeito falante e a heterogeneidade da enunciação. Para conseguir gerir esse tipo de problema, os analistas do discurso de outras correntes são levados, por exemplo, a raciocinar em termos de "identidades" múltiplas, mas vê-se que essa noção de identidade não tem uma relação estreita com as formas linguísticas; é uma categoria de ordem psicossociológica.

## CONCLUSÃO

A questão da enunciação, como eu dizia, revela-se paradoxal, uma vez que coincide, *de facto*, com o espaço da Análise do Discurso francesa, sem, no entanto, ser assim apresentada. O problema deveria ser encarado como tal, mais frontalmente. A dificuldade é que as teorias da enunciação são teorias de linguistas destinadas a analisar a língua; não são teorias do discurso, que, no entanto, as consomem massivamente. A enunciação surge assim dividida entre duas tendências:

- Utilizá-la como uma caixa de ferramentas linguísticas integrada a uma teoria do discurso que é independente e que recorre, como se vê, por exemplo, em Charaudeau, a categorias comunicacionais de outra ordem.
- Trabalhar as categorias da enunciação de modo a que elas funcionem nos dois níveis: o da língua e o do texto e do discurso. É sobretudo esta a abordagem que eu sigo.

Mas é provável que essas duas opções se destinem a coexistir duradouramente. Com efeito, enquanto nos mantivermos no quadro estritamente linguístico é, se não possível, pelo menos necessário pensar que se pode demonstrar a superioridade de uma modelização em termos enunciativos em relação a outras. Em contrapartida, no nível dos estudos de discurso, que são por natureza heterogêneos e interdisciplinares, isto é, governados por interesses que ultrapassam largamente o quadro linguístico, dificilmente se pode impor certa modelização da língua em vez de outra. Não esqueçamos que existem metodologias de Análise do Discurso que não se apoiam na Linguística, mas desenvolvem as suas próprias categorias e que são massivamente encontradas em correntes hegemônicas.

*Tradução: Wescley Batista Lopes*

# Referências

Culioli, A.; Fuchs, C.; Pêcheux, M. (1970). *Considérations théoriques à propos du traitement formel du langage.* Tentative d'application au problème des déterminants. Paris: Dunod.

Dubois, J. (1962). *Le Vocabulaire social et politique en France de 1869 à 1872.* Paris: Larousse.

Dubois, J. (1969). Énoncé et énonciation. *Langages*, nº 13, p. 100-110. DOI: 10.3406/lgge.1969.2511.

Dubois, J.; Sumpf, J. (Ed.) (1969). L'Analyse du discours, *Langages*, nº 13.

Foucault, M. (1969). *L'Archéologie du savoir.* Paris: Gallimard.

Guiraud, P. (1954). *Les Caractères statistiques du vocabulaire.* Presses Universitaires de France.

Harris, Z. S. (1969). L'Analyse du discours. trad. fr. *Langages*, nº 13, p. 8-45.

Irigaray, L. (1969). L'énoncé en analyse. *Langages*, nº 13, p. 111-122. DOI: 10.3406/lgge.1969.2512.

Kerbrat-Orecchioni, C. (1980). *L'Énonciation.* De la subjectivité dans le langage. Paris: Armand Colin.

Maldidier, D. (1970). *Analyse linguistique du vocabulaire politique de la guerre d'Algérie d'après six quotidiens parisiens,* Thèse de 3e cycle, Paris X-Nanterre.

Maldidier, D. (1993). L'inquiétude du discours. Un trajet dans l'histoire de l'analyse du discours: le travail de Michel Pêcheux. *SEMEN*, nº 8, 1993. DOI: 10.4000/semen.4351.

Matoré, G. (1953). *La Méthode en lexicologie.* Paris: Didier.

Meleuc, S. (1969). Structure de la máxime. *Langages*, nº 13, p. 69-99. DOI: 10.3406/lgge.1969.2510.

Pêcheux, M. (1969). *Analyse automatique du discours.* Paris: Dunod.

Provost-Chauveau, G. (1969). Approche du discours politique: "Socialisme" et "Socialiste" chez Jaurès. *Langages*, nº 13, p. 51-68. DOI: 10.3406/lgge.1969.2509.

Robin, Régine. (1973) *Histoire et linguistique.* Paris: A. Colin.

Wagner, R-L. (1967, 1970). *Les Vocabulaires français.* 2 vol. Paris: Didier.

Tournier, M. (1969) Eléments pour l'étude quantitative d'une journée de 48. *Cahiers de Lexicologie*, nº 14, p. 77-114.

# AS DUAS RESTRIÇÕES
# DA POLÊMICA

Minha situação a respeito da polêmica* é um pouco particular, já que meu interesse por essa questão não é recente. Foi durante os anos 1970 que realizei uma extensa pesquisa sobre esse tema,[1] na qual me debrucei principalmente sobre o discurso religioso. Naquela época, a relação polêmica era ainda pouco estudada. Contudo, com a crescente influência das correntes pragmáticas e interacionistas, esse tema se encontra atualmente no coração da reflexão sobre os textos e, mais amplamente, da reflexão sobre o sentido. Compreende-se, facilmente, que a afirmação multiforme de um dialogismo inerente à linguagem imprime a essa questão uma intensidade considerável.

Reveladora desse momento é a epígrafe com a qual Oswald Ducrot encabeçou a revista *Semantikos*, que defende uma concepção pragmática da semântica: "O homem é o lobo do homem". Vale ressaltar que a reflexão

---

\* N.O.: Texto publicado, primeiramente, na coletânea *La polémique en philosophie* (Bouacha, A.; Cossutta, F. (Orgs.), 2000). A presente tradução se apoia na republicação que se encontra na coletânea *El análisis del discurso polémico: disputas, querellas y controversias* (Montero, A. S. (Org.), 2016). Agradecemos a autorização de publicação prontamente cedida por Frédéric Cossutta.

atual sobre a polêmica se desenvolve em um marco bastante diferente daquele dos anos 1970.

De modo simplificado, pode-se dizer que minha pesquisa se interessava, principalmente, pela identidade semântica de um posicionamento, a partir do princípio segundo o qual essa identidade se constitui, em um campo discursivo determinado, através do interdiscurso. Tal tarefa neutralizava a dimensão diacrônica das interações polêmicas, que faziam referência a um sistema estabilizado de operações e categorias semânticas. Se Cossutta (2000) propõe distinguir entre polemismo (nível constitutivo de uma relação estrutural de confronto entre dois posicionamentos) e polemicidade (as múltiplas manifestações textuais desse confronto estrutural), em nossa pesquisa, a polemicidade se enraizava na própria constituição dos posicionamentos antagonistas, ainda que sua instalação no tempo fosse deixada de lado. A distinção entre "polemismo" e "polemicidade" atenuava-se.

Os desenvolvimentos atuais, ao contrário, tendem a privilegiar a dinâmica das controvérsias, o encadeamento interativo das intervenções, que são submetidos a uma rede ajustada de normas do discurso constantemente renegociadas. Particularmente significativa é a maneira como a pragmática filosófica de Marcelo Dascal propõe o caráter constitutivo das polêmicas.[2] Aqui a polemicidade passa ao primeiro plano e a relação agonística é reconhecida como tal pelos interactantes, tomada em rituais inscritos em um tipo de "história conversacional". Tal perspectiva leva a desprestigiar os textos – "disputas", "discussões" e "controvérsias", nos termos de Dascal – que não apresentam marcas de polemicidade.

Encontramos aí duas perspectivas muito diferentes, porque uma se orienta ao dialogismo constitutivo dos posicionamentos e a outra, ao dialogismo mostrado. Alguns poderiam ver-se tentados a pensar que de uma a outra há "progresso": depois de uma fase estrutural, havíamos finalmente aprendido a considerar o caráter interativo da relação polêmica, evolução que havia participado da passagem de uma concepção "monológica" a uma concepção "dialógica" da linguagem. Na verdade, parece-me pouco sensato escolher entre essas duas perspectivas, que põem em evidência duas dimensões irredutíveis de toda polêmica. A questão é, melhor dizendo, saber como essas duas perspectivas podem se articular.

## A ORDEM SEMÂNTICA

Para compreender o que se segue, devo expor brevemente as linhas gerais da perspectiva que vem guiando minha pesquisa sobre esse tema. Só considerarei as polêmicas incluídas dentro do que Dascal chama de "controvérsias", isto é, as polêmicas que envolvem amplos desafios, "extensas, inconclusivas, recicláveis no curso da história, polêmicas que não ficam nunca nos detalhes, mas que tocam imediatamente os fundamentos, que põem em jogo uma diferença profunda" (1995, p. 105).

Empenhado em estudar a controvérsia entre as duas correntes religiosas mais importantes da França no século XVII, o humanismo devoto e o jansenismo,[3] foi-me sendo imposta progressivamente a ideia de que a unidade de análise pertinente não era cada posicionamento considerado em si mesmo (uma "formação discursiva", uma "doutrina" etc.), mas o interdiscurso através do qual estes se constituem e se mantêm em um campo discursivo determinado. Não se podia tratar, então, de distinguir entre uma semântica "interna" – de cada posicionamento tomado em sua ipseidade – e uma semântica "externa" – a relação que um posicionamento mantém com o posicionamento adversário, com o qual se encontraria de maneira contingente. Em um modelo que responde a essa exigência de interdiscursividade radical, cada um dos posicionamentos se constrói de maneira regulada a partir do outro (ou dos outros, se o interdiscurso mobiliza mais de dois posicionamentos), e cada enunciado produzido por um é "traduzível" nas categorias daquele outro (ou daqueles outros). Esse é um fenômeno que propus denominar de "interincompreensão": os adversários não podem mais do que traduzir o discurso do seu Outro em suas próprias categorias, anular sua alteridade. Estão condenados a entrar em conflito, porque se constituem reciprocamente; condenados a não se compreenderem, porque seus enunciados são, entre si, como o verso e o anverso.

Consequência maior: a distinção entre enunciados abertamente polêmicos e enunciados não polêmicos, inclusive sem referência a um posicionamento oposto, tende a passar a um segundo plano: todo enunciado, desde o momento em que remete ao modelo de um posicionamento P1, é *ipso facto* a rejeição de um enunciado correlato que remeteria a um posicionamento

P2, que só define sua identidade através da rejeição de P1, e assim reciprocamente. O desaparecimento de um desses dois termos, P1 ou P2, implica, portanto, a desaparição de seu Outro, a menos que esse último consiga entrar em uma nova configuração interdiscursiva.

Não acredito que seja particularmente iluminador detalhar a modelização semântica que utilizei para dar conta desse interdiscurso formado pelo humanismo devoto e o jansenismo.[4] Só especificarei que ela repousa sobre alguns operadores que, ao aplicar-se a certo número de categorias sêmicas, engendram os semas necessários para estabelecer o pertencimento de um enunciado a um posicionamento e sua relação polêmica constitutiva a respeito de outro posicionamento: semas "positivos" e semas "negativos" (os quais retornam aos enunciados do adversário).

Essa modelização permite, especialmente, pôr em evidência uma assimetria interessante. Espontaneamente, pensamos que a relação polêmica é independente dos posicionamentos que ali se enfrentam, que tem propriedades estáveis. Na realidade, o modo como um posicionamento entra em relação com seu Outro é uma modalidade de sua relação consigo mesmo. Enquanto a atitude do jansenismo a respeito do humanismo devoto é muito polêmica, no sentido usual do termo, o mesmo não acontece inversamente: o humanismo devoto não ataca com violência o jansenismo, inclusive busca, frequentemente, evitar o conflito. A relação polêmica está, de fato, restringida pelo universo semântico de cada posicionamento.

De modo que a dureza do jansenismo não é mais que uma modalidade de sua identidade: constrói-se sobre um sistema binário em que toda forma de combinação entre as categorias positivas e negativas retorna à oposição simples. Esse processo se apresenta, além disso, como o signo mesmo da conformidade a Deus: as forças do mal se caracterizam precisamente pelo seu poder de conciliação, e é a reação violenta contra tal atitude que prova o pertencimento ao registro positivo.

Se, ao contrário, o humanismo devoto é pouco polêmico, não é devido ao espírito de tolerância que animaria seus partidários, independentemente de sua doutrina, mas às regras que governam seu universo semântico. O humanismo devoto, em seu registro positivo, organiza-se, com efeito, em torno de unidades que denomino "ORDENS", que integram diversos constituintes em uma complementaridade hierarquizada submetida a uma economia: ORDENS do corpo humano, do cosmos, da sociedade, do exército, das estações, dos humores etc. Em um universo semelhante, os jansenistas são integrados a uma ORDEM dos diversos modos de devoção: por seu extremo zelo religioso, participam, mas junto a outros, da harmonia universal, que distribui as atitudes religiosas em uma diversidade irredutível.

Essa integração do adversário em uma ORDEM pode traduzir-se de múltiplas formas. Se nos colocamos, por exemplo, na ORDEM dos humores, o jansenista devoto aparece como aquele que domina o humor melancólico, que não é mais que um dos humores fundamentais. Se nos colocamos na perspectiva da ORDEM do desenvolvimento temporal da Igreja, pode-se reduzir o jansenismo ao período da Igreja primitiva, que é só uma das fases da economia da Revelação, e não um ideal inviolável. Em um sistema como esse, é claro que o humanismo devoto vai evitar as polêmicas "frontais". Como é evidente, a controvérsia causou danos entre os dois posicionamentos, porém, ao mesmo tempo que a dimensão agonística se encontrava no coração do sistema jansenista, este repugnava o humanismo devoto, que visava a integrar elementos diversos em uma unidade superior.

Ilustrarei essa diferença comentando duas citações em "língua natural" representativas, uma (T1) jansenista, a outra (T2) humanista devota, que tratam sobre a Igreja primitiva:

> (T1) Desde o começo, Deus separou tão perfeitamente os primeiros cristãos do mundo que podia ver-se o mundo de um lado e a Igreja que eles formavam do outro, em um mesmo Templo, como é destacado nos Atos dos Apóstolos. Porém, agora que o mundo se misturou com a Igreja e a maioria dos cristãos se tornou mundana, é preciso que aqueles que querem pensar em si mesmos e em sua salvação uma vez na vida se separem, se puderem, dessa parte da Igreja impregnada de pessoas mundanas para recolherem-se em alguma mansão particular onde Deus seja oferecido em espírito e em verdade como era naquela primeira Igreja de Jerusalém, sem nenhuma mistura de mundanidade (Saint-Cyran, 1690, p. 27).

(T2) Ao julgar o gênero humano nos diversos séculos, parece possível discernir algumas distinções, como se distingue a diferença de idades em um só homem ou a mudança de estações em um só ano. Porque as diferentes idades têm seus diferentes méritos, e cada estação tem seu caráter [...]. Nada nos impede de afirmar, da mesma forma, Theophrón, que a primeira felicidade do cristianismo em seus anos brandos, próximos ao seu nascimento, era a pureza dos costumes inocentes, com os milagres da simplicidade da Fé, ainda nova [...]. Agora, o verdadeiro legado da antiguidade de nossa Igreja até o fim do mundo é a plenitude da doutrina e a orientação da direção e da conduta (Bonal, 1668, p. 140).

Em T1, como se pode ver, a Igreja primitiva tem o *status* do ideal semântico do discurso jansenista, para o qual o conflito é a resistência a misturar-se com o "mundo" pecador. Nesse universo, a única temporalidade válida, a que é necessário esforçar-se para voltar constantemente, é a Origem. Ao contrário, em T2, a temporalidade da Igreja é a de uma ORDEM que se reduz, por sua vez, à ordem das estações e à ordem das idades da vida: trata-se, então, de estar em harmonia com o lugar que ocupamos nas ORDENS naturais às quais pertencemos, e não de colocar o conflito no centro.

Esse exemplo não deve induzir-nos ao erro: a divergência semântica entre esses posicionamentos não é apenas um assunto de doutrina, de ideias. Ela rege de igual modo os dispositivos enunciativos (as cenas enunciativas próprias dos gêneros do discurso investidos e aquelas construídas pelo próprio discurso, que denomino "cenografias"), o *ethos* dos enunciadores (a imagem que eles oferecem de si mesmos através de sua maneira de expressar-se), as relações de intertextualidade, incluindo os distintos funcionamentos institucionais que mobilizam os distintos posicionamentos. A relação "polêmica" excede aqui seu sentido corrente: ela deriva de um polemismo constitutivo que vai muito além da controvérsia considerada como troca de argumentos.

## A ORDEM PRAGMÁTICA

Podemos voltar agora à polêmica considerada como controvérsia, como sequência de unidades textuais que se respondem submetendo-se mais ou menos a normas de intercâmbio diferido. Essa perspectiva das controvérsias, como dissemos, implica, inevitavelmente, uma visão "estrategista" do discurso, em que os interactantes estão em busca de dar o golpe ganhador, do argumento decisivo, do suporte, do modo de difusão mais apropriado, do procedimento adequado para a desqualificação do adversário. Isso nos leva a desenvolver uma espécie de pragmática da troca controversial.

Ao contrário do que se poderia pensar, uma leitura "estrategista", que apreenda a série de acontecimentos discursivos como inscritos em um contexto incessantemente reconfigurado, não é independente das restrições semânticas que fundam a identidade dos dois posicionamentos. Em outras palavras, podemos demonstrar que as duas abordagens – o estudo dos universos semânticos e o das dinâmicas da controvérsia –, longe de serem independentes, podem combinar-se: o encadeamento dos atos discursivos da polêmica não só obedece a restrições estratégicas, mas também às restrições semânticas próprias do posicionamento. A polêmica permitiria satisfazer de uma só vez as exigências estratégicas e as exigências semânticas.

Isso é o que queremos ilustrar com *As provinciais*, de Pascal.

É conhecido que a unidade desses textos se estabeleceu *a posteriori*. Trata-se, de fato, de uma série de 18 libelos* jansenistas que foram publicados no período de 13 meses. Eles não apresentam realmente uma estrutura orgânica,[5] mas foram compilados, porque pertenciam ao mesmo autor[6] e porque haviam sido publicados, de modo que, para o grande público, compunham uma série. O ponto que me interessa destacar aqui é que a evolução desses libelos pode ser analisada não só em função de fatores de ordem estratégica, mas também em termos de sua conformidade crescente com as restrições do sistema semântico jansenista, que funciona como uma espécie de "atrator".

*As provinciais* se apresentam, em linhas gerais, como a sucessão de duas séries de cartas. As cartas de 1 a 10 foram escritas por um homem parisiense que se dirige a um amigo da província; aqui nos encontramos com uma ficção narrativa homodiegética,** na qual se colocam em cena diversos personagens que expõem argumentos teológicos ou debatem sobre a moral.

---

\*    N.T.: No discurso jurídico, o libelo corresponde a uma peça de acusação.

\*\*    N.T.: Trata-se de uma narração que parte do ponto de vista de um personagem secundário da história, o "narrador testemunha".

As cartas 11 a 18 são cartas abertas dirigidas aos padres jesuítas (11 a 16) e ao padre jesuíta Annat (17 e 18).

Se observarmos os atores que intervêm nas 10 primeiras "provinciais", constatamos que, ao longo das cartas, sua quantidade diminui de forma regular:

1ª carta: 5 atores
2ª carta: 4 atores
3ª carta: 2 atores
4ª carta: 3 atores
5ª a 10ª carta: 2 atores

A terceira carta parece contrariar essa tendência. De fato, ela se afasta um pouco das demais, já que só expõe o ponto de vista jansenista e não há verdadeiramente um diálogo.

Essa redução quantitativa só adquire sentido se a colocamos em relação com o estatuto desses personagens. A diversidade dos intervenientes se concentra em benefício da dupla jesuítas/jansenistas; portanto, a partir da terceira carta, excluem-se os defensores de posições comprometedoras, em particular os neotomistas, que não se encaixam na categorização fundamentalmente binária do discurso jansenista.

Quanto ao dispositivo enunciativo, este segue também uma evolução que se orienta no sentido de uma crescente conformidade a respeito das restrições do universo semântico. As 10 primeiras cartas introduzem uma relação indireta entre os adversários:

- porque o enunciador não se posiciona como jansenista, mas como alguém exterior ao debate que ignora as questões teológicas;
- porque apresenta a "distração" de uma ficção (uma narração epistolar) para pôr em cena posições antagonistas.

Porém, a partir da décima primeira carta, a relação se torna direta. O escritor se posiciona como jansenista e interpela os adversários do jansenismo mais ativos e mais notórios, sem disfarçar de ficção narrativa.

A última etapa na evolução desse dispositivo enunciativo: nas cartas 17 e 18, o adversário já não é um ser coletivo, a Companhia de Jesus, mas um destinatário singular (o padre Annat), apresentado como alguém que concentra em sua pessoa as propriedades de toda a Companhia.

Essa evolução é acompanhada por uma brutal mudança de *ethos* quando passamos das 10 primeiras cartas à série seguinte: ao *ethos* mundano irônico sucede um *ethos* violento, claramente profético, no qual o escritor se apresenta como inspirado pela palavra de Deus, ao modo dos profetas bíblicos. A ironia é, de fato, pouco compatível com a semântica jansenista: aquela supõe um escritor que compartilha os valores do "mundo" (entendido, por sua vez, como espaço de mundanidade e como universo do pecado, como no prólogo do Evangelho de São João), ocupando-se, ao mesmo tempo, dos temas religiosos mais graves e que dá prova da duplicidade (porque finge não ser jansenista). A violência do *ethos* da segunda parte permite ao enunciador restabelecer a fronteira que separa o "mundo" de Deus, isto é, reafirmar performativamente, com sua palavra, seu pertencimento ao registro divino. A polêmica, com efeito, não é só a expressão de ideias ou a defesa de uma doutrina, mas uma atividade pela qual se amplia e se reinventa incessantemente a própria identidade discursiva.

Assim, da primeira à última carta, constatamos uma evolução que se pode caracterizar por sua vez como fenômeno de concentração multiforme que se orienta para o reforço do antagonismo direto, do cara a cara sem intermediários. Movimento que se pode analisar facilmente como uma conformidade crescente com as operações e as categorias fundamentais do sistema semântico jansenista. Tudo acontece como se, ocultamente, a evolução das cartas permitisse aproximar-se progressivamente de um *optimum* em que se eliminariam todas as configurações actanciais e enunciativas não compatíveis com o posicionamento que o texto evoca.

Isso se pode verificar também no modo como, no texto, negociam-se as trocas de estratégias e, em particular, a designação do adversário. No início da quarta carta, o escritor justifica deste modo o estatuto de adversário privilegiado que atribui aos jesuítas:

> Nada há como os jesuítas. Já vi muitos jacobinos, doutores e todo tipo de gente, mas uma visita dessas faltava à minha instrução. Os outros apenas os copiam. As coisas sempre valem mais na origem. Vi, portanto, um dos mais hábeis deles (Pascal, 1965, p. 39 / 2016, p. 44).*

Esse jesuíta, "um dos mais hábeis deles", será apresentado como equivalente ao conjunto, como o porta-voz da totalidade dos livros de casuística. Essa é uma operação que resulta possível na medida em que a multiplicidade dos jesuítas é construída pelo enunciador como unidade compacta. Trata-se, com efeito, de construir o adversário em máxima conformidade com a semântica jansenista, que aspira a reduzir as pluralidades a unidades homogêneas concentradas em torno de um centro:

> Há muita diferença entre os jesuítas e os que os combatem. Formais realmente um Corpo unido sob um único chefe; e vossas regras, como mostrei, vos proíbem de imprimir qualquer coisa sem o aval de vossos superiores, que se tornam responsáveis pelos erros de todos os particulares (Pascal, 1965, p. 294 / 2016, p. 228).

Princípio também válido para concentrar a imagem dos Jesuítas na única figura do padre Annat: "Vós, que todo o vosso partido considera o chefe e o primeiro motor de todos os vossos conselhos e que conheceis o segredo de toda essa conduta" (Pascal, 1965, p. 319 / 2016, p. 245).

Essas justificações, aparentemente tácitas do ponto de vista da dinâmica da controvérsia, podem, então, ser lidas como operações características do sistema jansenista: a redução da multiplicidade dos adversários aos jesuítas-"fonte", da multiplicidade de textos a um representante único, da multiplicidade dos jesuítas ao padre Annat, não são mais que exemplificações da redução da multiplicidade a uma unidade compacta e da redução dessa unidade a um foco único, operações fundamentais que o sistema jansenista mobiliza em todas as dimensões da discursividade.

Não pretendemos sustentar que a controvérsia é só uma manifestação contingente de um sistema de restrições semânticas, como se uma força

---

\*    N.T.: Aqui utilizamos o texto da edição brasileira traduzido por Roberto L. Ferreira: PASCAL, M. *As provinciais*. São Paulo: Filocalia, 2016.

oculta e onipotente dirigisse, apesar de si, até as mais ínfimas produções textuais. Melhor dizer que a controvérsia se manifesta como uma negociação entre duas redes de restrições: restrições de ordem pragmática sobre a controvérsia em diferentes níveis (estratégias argumentativas, estratégias de investimento genérico – isto é, a decisão de empregar estes ou aqueles gêneros discursivos –, leis do discurso...) e restrições de ordem semântica que regulam o pertencimento dos enunciados a um determinado território de sentido, constituído e mantido através do interdiscurso. Desde essa perspectiva, podemos descrever a evolução de *As provinciais* como um investimento de dominação: enquanto as 10 primeiras cartas privilegiam as restrições pragmáticas de mobilização de um público favorável à causa defendida, as seguintes privilegiam a conformidade ao universo de sentido. Porém, não se trata mais do que uma predominância, já que as duas ordens interagem permanentemente.

Encontramo-nos aqui com a noção que Frédéric Cossutta elaborou para a análise do discurso filosófico: trata-se da noção de gênero canônico, isto é, o gênero que se encontra em máxima conformidade com um determinado posicionamento filosófico. Nesse sentido, em Descartes, a meditação é canônica, mas o diálogo não; este, ao contrário, é canônico em Platão. De maneira comparável, a ficção epistolar mundana das 10 primeiras cartas é menos canônica que as violentas críticas das cartas que se seguem. Porém, nem o *corpus* cartesiano nem o *corpus* jansenista podem reduzir-se aos seus textos canônicos. É preciso pensar justamente essa tensão.

## CONCLUSÃO

É possível, porém, que esse princípio geral deva ser moldado em função dos tipos de discurso envolvidos. De fato, dificilmente poderíamos falar de polêmica sem considerar o estatuto dos discursos em questão. Dado que a implicação de processos de "vulgarização" (em um sentido amplo) e a integração de registros de discursos heterônimos são operações características dos discursos "constituintes",[7] se queremos trabalhar de maneira precisa, é necessário dispor de categorias muito mais refinadas que as de "discurso religioso" ou "discurso filosófico": uma controvérsia teológica, em muitos aspectos, remete a um funcionamento de mesma ordem que uma controvérsia filosófica. Esse é um programa de investigação que seria interessante desenvolver.

A modelização semântica que elaborei para dar conta da identidade dos dois posicionamentos considerados pode realizar-se sem levar em conta a dinâmica temporal da querela, e sem considerar distinções como as de polemismo/polemicidade, dialogismo constitutivo/dialogismo mostrado etc. No entanto, não é indiferente que esse modelo se aplique a discursos religiosos, que por natureza se propõem a estabelecer marcos semânticos suscetíveis de reger os atos de amplas coletividades e integrar as representações e as atividades dos sujeitos envolvidos em múltiplas experiências. Essa integração só é possível mediante o recurso a operações e categorizações semânticas suficientemente vagas e polivalentes. É bastante razoável pensar que acontece de outro modo com o discurso filosófico, cuja elaboração favorece os debates fechados com outros posicionamentos e leva a uma verdadeira coerência conceitual. Em um universo como esse, não é pertinente esperar o mesmo tipo de modelização da identidade dos posicionamentos. Isso se manifesta, por outro lado, no plano do investimento genérico. As controvérsias religiosas que não se limitam a um círculo de teólogos profissionais e que põem em jogo questões políticas em sentido amplo podem inscrever-se em uma grande diversidade de gêneros e mobilizar formas agonísticas diversificadas; ao contrário, as controvérsias científicas ou filosóficas tendem a mobilizar dispositivos de comunicação mais pobres e ritualizados.

*Tradução: José Wesley Matos*

## Notas

1. Investigação que culminou em uma tese de doutorado em Linguística em 1979: *Sémantique de la polémique. Du discours à l'interdiscours. Etude d'un intertexte religieux de XVII° siècle* (Université Paris X-Nanterre).
2. Ver, por exemplo, Dascal (1989, 1995).
3. Esta noção de "humanismo devoto" foi introduzida por Henri Brémond em sua *Histoire littéraire du sentiment religieux* (*História literária do sentimento religioso*) (1921) para designar uma corrente religiosa cuja figura mais relevante é São Francisco de Sales. Como seu nome indica, essa corrente, que na França dominou durante o final do século XVI e a primeira metade do século XVII, buscava conciliar o humanismo do Renascimento com o catolicismo. Por isso, deu grande importância à liberdade humana. O jansenismo se desenvolveu em reação ao humanismo devoto; sua principal figura, o abade de Saint-Cyran, inspirava-se no

livro *Augustinus* do teólogo Jansenius para defender a ideia de que é a graça de Deus que dá aos homens a possibilidade de garantir sua salvação e que o homem, entregue a suas próprias forças, só pode pecar.

[4] Sobre o assunto, pode-se consultar *Sémantique de la polémique* (1983) e *Genèses du discours* (1984). [N. T.: Este último publicado no Brasil como: MAINGUENEAU, D. *Gênese dos discursos*. Trad. Sírio Possenti. São Paulo: Parábola, 2008].

[5] Aqui simplificamos consideravelmente. De fato, pode-se pôr em evidência múltiplas operações "retroativas" e algumas vezes "proativas", destinadas a ligar as distintas cartas entre si. Isso não impede que seja possível distinguir duas grandes séries, cada uma delas subdivisível em dois grupos sucessivos de cartas, dos quais nenhum implica realmente o seguinte. O ponto importante aqui é que o texto não pode ter sido planejado, que é o resultado de respostas a uma situação política que evolui de forma imprevisível.

[6] Para dizer a verdade, teríamos que colocar entre aspas essa noção de "autor", porque esses libelos constituem sobretudo o produto de uma equipe – na qual figuram, em particular, Antoine Arnauld e Pierre Nicole – do que de Pascal; a documentação e os argumentos são retomados de escritos jansenistas anteriores.

[7] Sobre esta noção, consultar Maingueneau e Cossutta (1995) ou Maingueneau (1999). [N. T.: Texto publicado no Brasil como: "Os discursos constituintes", em MAINGUENEAU, D. *Cenas da enunciação*. Trad. Nelson Barros da Costa. Organização de Sírio Possenti e Maria Cecília Pérez Souza-e-Silva. São Paulo: Parábola, 2008].

# Referências

Bonal, F. [1655] (1668). *Le Chrétien du temps*. Lyon: F. Comba.

Bremond, H. (1921). *Histoire littéraire du sentiment religieux*. Paris: Bloud et Gay.

Cossutta, F. (2000). Typologie des phénomènes polémiques dans le discours philosophique. In.: Bouacha, A.; Cossutta, F. *La polémique en philosophie*. Dijon: Editions Universitaires de Dijon.

Dascal, M. (1989). Controversies as quasi-dialogues. In: Weigand, E.; Hundsmurcher, F. *Dialoganalyse* II/1, 147-159. Tübingen: Niemeyer.

Dascal, M. (1995). Observations sur la dynamique des controverses. *Cahiers de Linguistique Française*, 17: 99-122.

Maingueneau, D. (1983). *Sémantique de la polémique*. Lausana: L'âge d'homme.

Maingueneau, D. (1984). *Genèses du discours*. Liège: Mardaga.

Maingueneau, D. (1999). Analysing self-constituting discourses. *Discourse Studies*, 1(2): 175-200.

Maingueneau, D; Cossutta, F. (1995). L'analyse des discours constituants. *Langages* 117, 112-125.

Pascal, B. (1965). *Les Provinciales*. Paris: Garnier.

Saint-Cyran, Abate de (1690). *Lettres chrétiennes et spirituelles de Messire Jean Duvergier de Hauranne*. Paris: Veuve M. Durand.

# O *ETHOS* DISCURSIVO E O DESAFIO DA WEB

Um dos problemas colocados pelo *ethos*,\* considerado como ferramenta de análise, é que a concepção que se tem dele depende, em grande medida, dos tipos de discurso aos quais o aplicamos de forma privilegiada. Foi o que eu tentei mostrar recentemente (Maingueneau, 2014),\*\* tomando como material de investigação produções de locutores não especialistas, dados que contrastam com os *corpora* usuais de análises realizadas em termos de *ethos*. Essa dificuldade fica ainda mais evidente quando se trata da web, cujo funcionamento não pertence ao regime do discurso em e para o qual a noção do *ethos* foi elaborada, tanto na Retórica quanto na Análise do Discurso. Esse novo tipo de material, que levanta a questão essencial da "identidade digital" (Perea, 2010), só pode ter impacto sobre a própria noção de *ethos*.

## O *ETHOS* DISCURSIVO

A própria noção de *ethos* está longe de ser evidente. Vou apontar duas dificuldades. A primeira é que não é "um conceito teórico claro" (Auchlin, 2001,

---

\* N.O.: Texto originalmente publicado na revista *Itinéraires* (v. 3, 2016).
\*\* N.T.: Texto publicado no Brasil como: MAINGUENEAU, D. "Retorno crítico à noção de *ethos*". Trad. Maria da Glória Corrêa di Fant e Liz Feré. *Letras de Hoje*, v. 53, n. 3, p. 321-330, 2018. Disponível em: https://revistaseletronicas.pucrs.br/fale/article/view/32914. Acesso em: 20 jun. 2024.

p. 93), mas uma noção baseada no senso comum: ao enunciar, qualquer locutor necessariamente ativa no interlocutor a construção de certa representação de si mesmo, que ele deve tentar controlar. Para transformá-lo em um conceito operacional, é necessário inscrevê-lo em uma problemática que só explora certas facetas dele, em função da disciplina e dos pressupostos do pesquisador. A segunda dificuldade diz respeito ao deslizamento constante do *ethos* discursivo ao *ethos* não discursivo. A noção de *ethos* é fundamentalmente híbrida, como outros conceitos em Análise do Discurso – a começar pelo de "discurso" ou de "gênero de discurso" – e isso lhe confere uma instabilidade essencial. Essa fluidez já é visível na obra de Aristóteles. Frequentemente citamos a passagem da *Retórica* na qual Aristóteles define o *ethos* propriamente discursivo: "persuade-se pelo caráter quando o discurso é proferido de tal maneira que deixa a impressão do orador ser digno de fé. [...] É, porém, necessário que esta confiança seja resultado do discurso e não de uma opinião prévia sobre o caráter do orador" (1967, grifo nosso).* No entanto, como bem mostrou Woerther (2007), na mesma *Retórica* e em outras obras de Aristóteles (sobre a música, a política, a Zoologia etc.), a noção de *ethos* é usada para descrever fenômenos que não são da alçada das ciências da linguagem. Muito mais próximo de nós, existe, na Sociologia, uma reflexão sobre o *ethos* ilustrada por nomes como Max Weber, Norbert Elias ou Pierre Bourdieu; a Microssociologia de Goffman e sua "apresentação de si" constituem uma espécie de ponte entre as duas tradições, a retórica e a sociológica. Isso é particularmente evidente no livro de Amossy (2011), de título revelador: *La présentation de soi: ethos et identité verbale* (*A apresentação de si:* ethos *e identidade verbal*).

De minha parte, é como analista do discurso que abordo o *ethos*, consequentemente em termos de *ethos* discursivo. Isso envolve tanto o *ethos* dito (o que o locutor diz sobre si mesmo, por exemplo, que ele é um homem simples) e o *ethos* mostrado (o que sua maneira de enunciar mostra). Essa distinção é expressa em Ducrot (1984) por meio da oposição entre o locutor-L (o locutor no momento em que enuncia) e o locutor-λ (o locutor

---

\* N.T.: Utilizamos a tradução para o português de Manuel Alexandre Júnior, Paulo Farmhouse Alberto e Abel do Nascimento Pena, publicada em: ARISTÓTELES. *Retórica*. v. 1. São Paulo: Publifolha, 2015, p. 63. (Coleção Folha - Grandes nomes do pensamento.)

enquanto ser no mundo, fora da enunciação). O *ethos* discursivo se mostra no ato de enunciação, não é dito no enunciado; é percebido, mas não é objeto do discurso. Enquanto o *ethos* discursivo é uma dimensão constitutiva de qualquer enunciação, o *ethos* dito não é obrigatório. Ducrot menciona apenas o chamado *ethos* não discursivo, aquele que diz respeito à personalidade do locutor; mas há também um chamado *ethos* verbal, isto é, que incide sobre as propriedades da própria enunciação ("não sei me expressar em público", "não gosto de discursos longos" etc.).

Os analistas do discurso distinguem ainda "*ethos* discursivo" e "*ethos* prévio" (ou "pré-discursivo"), porque muitas vezes os destinatários têm uma representação do locutor antes de sua fala, especialmente quando se trata de pessoas que ocupam a cena midiática. Para a web, as coisas são muito mais complicadas, já que muitas vezes os participantes estão invisíveis (como os designers de um site), anônimos ou usando pseudônimos.

Mas o que a noção de *ethos* discursivo abrange está longe de ser claro. Quando percorremos os trabalhos que fazem uso dele, vemos que seu conteúdo é instável. Questiona-se, por exemplo, o que seria o *ethos* de "camponês", de "mulher", de "especialista" etc., ou mesmo o *ethos* "calmo", "comunista", "rural", "profético" etc. Para introduzir o mínimo de ordem, propus (Maingueneau, 2014) especificar mais, distinguindo no *ethos* três dimensões (categorial, experiencial e ideológica), que seriam mais ou menos salientes conforme os textos considerados.

a.  A dimensão "categorial" abrange papéis discursivos ou *status* extradiscursivos. Os papéis discursivos são aqueles relacionados à atividade de fala: animador, contador de histórias, pregador etc. Os *status* extradiscursivos podem ser de naturezas muito variadas: pai de família, funcionário público, médico, aldeão, americano, solteiro etc.

b.  A dimensão "experiencial" abrange caracterizações sociopsicológicas estereotipadas: o bom senso e a lentidão do sertanejo, o dinamismo do jovem gestor etc.

c.  A dimensão "ideológica" remete a posicionamentos em um campo: feminista, esquerdista, conservador ou anticlerical, no campo político; romântico, surrealista ou naturalista, no campo literário etc.

Essas três dimensões interagem fortemente. Por exemplo, o camponês (categorial) tem afinidades estereotípicas com o bom senso (experiencial) e o conservadorismo (ideológico); o especialista, com a calma e a neutralidade etc.

*A priori*, a lista de predicados que podemos considerar para caracterizar um *ethos* é aberta. Mas, na maioria das vezes, em função do gênero e do tipo de discurso em questão, o analista filtra drasticamente os elementos que considera relevantes. Se ele abordar um gênero político eleitoral, vai privilegiar os predicados que se enquadram no posicionamento ideológico (de direita, pró-europeu, anarquista etc.) e alguns predicados psicológicos (competência, autoridade, honestidade, coragem etc.). Dessa forma, Charaudeau (2005) procurou identificar as categorias de *ethos* que seriam específicas dos atores políticos. Ele os agrupa em torno de dois eixos: "credibilidade" e "identificação". O primeiro, por exemplo, abrange predicados experienciais como "sério", "virtuoso", "competente" etc.

Em meus próprios trabalhos, enfatizei o *ethos* experiencial na medida em que elaborei minha concepção de *ethos* estudando *corpora* religiosos (Maingueneau, 1984), depois literários (1993) e publicitários (1998),* em que a relação entre a fala e um imaginário do corpo é forte. Nesse modelo, o destinatário constrói a figura de um fiador dotado de propriedades físicas (corporalidade) e psicológicas (caráter) apoiando-se em um conjunto difuso de representações sociais estereotípicas avaliadas positiva ou negativamente, que a enunciação ajuda a reforçar ou a transformar. O poder de persuasão de um discurso deve-se, portanto, em grande parte, ao fato de levar o destinatário a se identificar com o movimento de um corpo, ainda que muito esquemático, investido de valores historicamente especificados. As "ideias" suscitam adesão por parte do leitor porque o modo de dizer implica um modo de ser. Essa concepção de *ethos* é evidenciada pelo conceito de "incorporação", que joga em três registros:

---

* N.T.: Obras publicadas no Brasil, respectivamente, como: MAINGUENEAU, D. *Gênese dos discursos*. Trad. Sírio Possenti. São Paulo: Parábola, 2008; MAINGUENEAU, D. *O contexto da obra literária*: enunciação, escritor e sociedade. Trad. Marina Appenzeller. 2. ed. São Paulo: Martins Fontes, 2001; MAINGUENEAU, D. *Análise de textos de comunicação*. Trad. Maria Cecília Souza e Silva e Décio Rocha. 6. ed. (ampliada). São Paulo: Cortez, 2013.

- a enunciação confere uma "corporalidade" ao fiador, ela lhe dá corpo;
- o destinatário incorpora, assimila, através da enunciação, um conjunto de esquemas que correspondem a uma forma específica de se relacionar com o mundo;
- essas duas primeiras incorporações permitem a constituição de um *corpo*, da comunidade imaginária daqueles que aderem ao mesmo discurso.

A incorporação do destinatário implica um "mundo ético" (Maingueneau, 2000) do qual o fiador participa. Esse "mundo ético" engloba certo número de situações estereotípicas associadas a comportamentos verbais e não verbais (o mundo ético dos profissionais dinâmicos, dos esnobes, das estrelas de cinema etc.).

Qualquer que seja a concepção que tenhamos do *ethos*, não se deve torná-lo autônomo. Ele não é senão uma dimensão da cena de enunciação. Admitindo nossa tripartição em cena englobante/cena genérica/cenografia (Maingueneau, 1998), o *ethos* opera nesses três níveis, que interagem. Por exemplo, em uma entrevista na televisão entre um/a jornalista e um/a político/a, a cena englobante (neste caso, o discurso político) vai exigir, da parte do entrevistado, tipos de *ethos* semelhantes às categorias descritas por Charaudeau. Também no nível da entrevista televisiva, na cena genérica, intervêm restrições específicas, como: ser claro, polido etc. A isso, somam-se as restrições ligadas ao posicionamento ideológico (um homem ou uma mulher de um partido de esquerda deve mostrar que é um homem ou uma mulher de esquerda), o que deve ser compatível com a cenografia escolhida nessa entrevista: relação intimista, monólogo oratório etc.

## O QUE A INTERNET MODIFICA

O desenvolvimento da internet desafiou a concepção de gênero do discurso que serve de base implícita à maioria dos trabalhos sobre *ethos* (Maingueneau, 2013).* Essa concepção clássica do gênero está estruturada pela hierarquia

---

* N.T.: Texto publicado no Brasil como: MAINGUENEAU, D. "Gêneros do discurso e web: existem os gêneros web?". Trad. Érika de Moraes e Roberto Leiser Baronas. *Revista da ABRALIN*, v. 15, n. 3, 2017. Disponível em: https://revista.abralin.org/index.php/abralin/article/view/1274/1197. Acesso em: 03 jun. 2024.

cena englobante > cena genérica > cenografia, em que a cena genérica desempenha o papel central. Nessa configuração, o hipergênero[1] é periférico. Na internet, a situação é bem diferente. Na medida em que estamos lidando com sites que compartilham um conjunto de restrições técnicas, produz-se uma homogeneização das produções. São, portanto, a cenografia e o hipergênero que passam ao primeiro plano. Os sites se dividem em grandes categorias, como "sites de comércio", "blogs", "sites de informação" etc., que não possuem as características de gêneros discursivos, mas sim de hipergêneros, dentro dos quais se desenvolvem cenografias muito variadas. O principal problema dos que elaboram e administram os sites é definir escolhas em matéria de encenação da enunciação, mobilizando tanto recursos verbais e multimodais (imagem fixa, em movimento, som) quanto operações hipertextuais.

De fato, a própria noção de cenografia deve se tornar mais complexa para dar conta das especificidades da web, onde a cenografia é dupla: verbal e digital. A cenografia "verbal" é aquela em que estão implicados enunciados que aparecem na tela; quanto à cenografia "digital", ela comporta duas dimensões:

- Iconotextual (o site contém imagens e se apresenta como um conjunto de imagens delimitadas pela tela).
- Reticular: interno (o site é um agenciamento de páginas) e externo (o site estabelece links com o exterior), cujas relações são geridas por diferentes tipos de instruções.

Em princípio, os desenvolvedores e gestores de um site se esforçam para manter certa coerência entre a cenografia verbal e os vários componentes dessa cenografia digital. O que deve permitir estabilizar um *ethos* relativamente unificado. Um blog intimista, por exemplo, vai privilegiar algumas cores, certo tipo de recorte da página, optar por uma iconografia sugestiva, evitar links internos e externos muito didáticos etc.

O enfraquecimento da cena genérica na web também se manifesta no plano da textualidade. A concepção clássica de gênero do discurso associa cada texto – considerado uma totalidade estabilizada que pode ser apreendida globalmente – a um gênero. No caso do internauta, ele se depara não com um texto, mas com uma tela que se apresenta como um mosaico mais ou menos denso de módulos heterogêneos, que o impede de colocar em simples correspondência um texto e uma cena de enunciação. Nesse mosaico, podemos encontrar textos no sentido usual do termo, mas também listas, diagramas, *slogans*, títulos, vídeos, *banners* etc. Além disso, o que aparece na tela é apenas um estado transitório; a maioria dos módulos é renovada, mas em ritmos diferentes, dependendo do tipo de site em questão. Por fim, a tela propõe apenas uma visão parcial de uma totalidade que nunca se dá integralmente: há discrepância entre as digitalizações da internet e a paginação impressa. Também sabemos que a hipertextualidade implica uma "leitura" que se pode dizer navegante, sendo o texto, na verdade, o produto contingente do percurso do internauta, que fabrica o hipertexto que "lê".

Em tal configuração, a análise em termos de *ethos* não pode ser feita como quando se trata de produções que remontam à genericidade clássica.

O uso sistemático de pseudônimos abre a possibilidade de multiplicar as identidades, desvinculando-as de um corpo e de uma inscrição social.[2] É certo que o pseudônimo não é um fenômeno novo, mas o que antes era um privilégio reservado a um grupo limitado de profissionais da escrita é agora a norma para todos. Quando falamos de *ethos* na web, muitas vezes é o *ethos* de uma instância cuja relação com um indivíduo extradiscursivo é problemática.

A própria possibilidade de relacionar essa ou aquela página ao *ethos* de uma fonte torna-se incerta, pois o número de intervenientes em um site é potencialmente alto: além daqueles que produzem textos, devemos levar em conta aqueles que, em diversos níveis, contribuem para construir o site e alimentá-lo.

A possibilidade de uma análise em termos de *ethos* depende do tipo de módulo considerado: há módulos constituídos por textos no sentido mais tradicional, que implicam um *ethos* consistente, e módulos para os quais a consideração do *ethos* não faz muito sentido se não os relacionarmos com o conjunto do site, como é o caso dos títulos, das listas de notícias em um site de informação ou das vinhetas alinhadas em um site comercial etc. Isso é consequência do fato de que o *ethos* propriamente verbal perde sua importância em prol de um *ethos* global, muito mais vago, que ultrapassa as caracterizações em termos de locutor e de texto individual. Anteriormente, a hierarquia entre uma pluralidade de textos e uma identidade que os dominava era característica da mídia impressa, em que cada artigo era submetido por um "metaenunciador" a um *ethos* específico, nesse caso o jornal ou a revista. Atualmente, essa é a situação de qualquer site, em que o *ethos* atribuído pelo internauta ao enunciador de um módulo é dominado pelo *ethos* que ele atribui ao metaenunciador responsável pelo conjunto do site.

## *ETHOS* E WEBSITES: VÁRIOS PARÂMETROS

Para analisar o funcionamento do *ethos* na web, examinando mais de perto a complexidade dos dados, também é necessário levar em conta vários parâmetros: a focalização ou não do enunciado na produção de um *ethos,* a distinção entre *ethos* "enquadrante" e "enquadrado", a diferença entre os próprios textos e seus comentários, a possibilidade de apagar o *ethos*.

## A focalização no *ethos*

Podemos distinguir enunciados focalizados na produção de um *ethos* e aqueles em que o *ethos* não está no centro da atenção do produtor. Assim, no caso de anúncios de sites de relacionamento, o *ethos* discursivo é o próprio objetivo do enunciado, que se empenha em mostrar a personalidade do enunciador. Consideremos, por exemplo, este anúncio, retirado do site Meetic (Maingueneau, 2015, p. 293), de uma mulher que adota o pseudônimo de Lola472 (38 anos):

> "Eu gostaria apenas que me domassem, que me domassem
> sem me julgar, sem me ferir
> sem me caçar, sem me prender"
> Este é o meu lado romântico; não tenho o direito de citar os autores dessa canção, mas, se você os conhece, marcará um ponto!
> Enfim, eu sou uma garota superindependente, que gosta de esportes (por diversão), viagens (para outras culturas) e música (qdo. meu coração bate no ritmo da bateria e minhas têmporas no do baixo) e, nesses aspectos, preciso de alguém que se pareça comigo. Para caso vocês ainda sejam curiosos, anticonformistas, otimistas, realistas, sonhadores.........
> sim, eu sei que é muito......

O texto dá uma série de informações sobre a anunciante, como se vê, em particular, no parágrafo central (de "Enfim, eu sou…" a "se pareça comigo"). Mas o texto tenta mostrar também um *ethos* pessoal, como podemos ver por diversos indícios: o recurso, no início do texto, a uma citação literária, o manuseio de parênteses com função metaenunciativa, o jogo com significantes ("anticonform*ista*, otim*ista*, real*ista*"), todos no âmbito de uma enunciação que mantém um delicado equilíbrio entre o escrito e o oral espontâneo. O *ethos* deve mostrar, em ato, a conjunção harmoniosa, na enunciadora, de qualidades complementares: uma pessoa ao mesmo tempo realista e imaginativa, prosaica e literária, séria e fantasiosa etc.

Essa focalização no *ethos* é característica, em graus variados, de todas as páginas pessoais. Por exemplo, a tipologia das cenografias que Lotta Lehti (2011) estabelece para os blogs de homens ou mulheres da política francesa aparece intimamente ligada à construção dos respectivos *ethos*, essencial para profissionais da política. E isso especialmente porque esses blogs são frequentemente gerenciados por especialistas em comunicação. Mas se considerarmos, por exemplo, os *corpora* de sites comerciais ou administrativos, o destaque de um *ethos* pessoal dificilmente pode ser a principal preocupação de seus designers. O que, obviamente, não significa que não haja, de qualquer forma, certo *ethos* que emerja dos sinais de naturezas diversas espalhados na tela, particularmente em termos de clareza, simplicidade, conveniência etc.

## *Ethos* enquadrante e *ethos* enquadrado

Para caracterizar um site apreendido globalmente, podemos falar de *ethos* enquadrante, que impregna difusamente cada um dos módulos que contém. A relação entre esse *ethos* enquadrante e o *ethos* dos módulos que ele integra é muito variável. A situação mais simples é quando os módulos e seu enquadramento são gerenciados pela mesma instância produtora; é o caso, por exemplo, de muitos blogs pessoais. Por outro lado, podemos citar sites que contêm muitos módulos, heterogêneos, nos quais múltiplos intervenientes inserem sua contribuição em uma estrutura predefinida; é o que acontece, por exemplo, em sites de informação. Entre esses dois extremos existem todos os tipos de intermediários.

A noção de enquadramento é, no entanto, muito vaga. É necessário distinguir pelo menos três níveis em constante interação: a) aquele associado ao software com o qual o site é projetado; b) aquele que resulta da concepção do site; c) aquele das escolhas locais (nomes das seções, tamanho e fonte dos títulos, tamanho do texto etc.). Cada um desses níveis é uma fonte de *ethos*; o menos rico é o do software. Pude assim evocar (Maingueneau, 2013) o exemplo de dois blogs muito diferentes (o de uma prostituta e o de um clube de futebol rural) que usam o mesmo software sem que isso induza ao mesmo *ethos*.

## Textos e intervenções

Dentre os módulos predominantemente verbais contidos em um site, podemos contrapor os "textos" no sentido tradicional do termo (compostos por várias frases e pertencentes a um gênero identificado) e as "intervenções" (Roulet, 1981) associadas que fazem parte de uma cadeia comunicacional que o locutor não iniciou. Consideremos este início do artigo do site do jornal *Libération*, que se encontra na rubrica "Désintox".

DESINTOX

Convidado pela France Info, Pierre Gattaz acumulou as aproximações sobre a duração do tempo de trabalho e o impacto da possível eliminação de dois feriados: "Dois feriados removidos permitiriam fazer dois dias [a mais] em 225 dias, ou seja, 1% de trabalho a mais por funcionário [no final das contas] entre 0,5 e 1% do PIB" a mais.

INTOX. Quarta-feira, Pierre Gattaz foi convidado por France Info. Balanço: surgiram uma torta cremosa feita em seu próprio molho (o tempo de trabalho dos franceses) e uma promessa falsa (um crescimento impulsionado pela remoção de dois feriados). "É preciso dizer aos franceses que trabalhamos 1660 horas por ano, *enquanto a média para os europeus e para os alemães é de 1850 horas. Trabalhamos 200 horas a menos por pessoa, o que é muito*", pronunciou-se o chefe dos chefes. Antes de acrescentar: "*Dois feriados removidos permitiriam fazer dois dias [a mais] em 225 dias, ou seja, 1% de trabalho a mais por funcionário*", resultando "*entre 0,5 e 1% do PIB*" a mais.

DESINTOX. Vamos começar pelo tempo de trabalho. Como faz, muitas vezes, com esse assunto complexo, no qual as fontes são tão numerosas quanto as formas de interpretá-las, Gattaz pega o número que lhe convém... e o faz dizer o que não diz. O número de 1660 horas de trabalho que ele cita existe. Ele vem do último estudo sobre o tema de Coe-Rexecode, realizado com o Eurostat. Lemos ali que a duração do tempo de trabalho anual é de 1661 horas na França. A uma boa distância dos alemães (1847) e da média europeia. Apenas a Finlândia trabalha menos.

Podemos, contudo, com base nisso, afirmar que na França *"trabalhamos 200 horas a menos por pessoa?"* Não.

Conforme indicado no estudo, o valor se refere apenas aos funcionários de tempo integral, excluindo os trabalhadores autônomos e especialmente os trabalhadores de meio período. Uma escolha – que Gattaz tem o cuidado de não especificar – que muda muita coisa, especialmente porque o trabalho em tempo parcial (que um estudo do INSEE assimilou, em alguns casos, a uma forma de divisão do tempo de trabalho) é muito variável no âmbito dos diferentes países. Testemunha o exemplo da Alemanha, invocado por Pierre Gattaz. Os alemães são mais propensos a trabalhar em tempo parcial do que os franceses (27,3% dos empregados *versus* 18,4%). E os funcionários franceses de meio período trabalham mais, em média (993 horas), do que os trabalhadores alemães em tempo parcial (851 horas) [...].[3] Cédric Mathiot e Juliette Deborde.

Esse texto associa o *ethos* específico do *Libération*, claramente perceptível na seção "Intox" (em particular com o uso de um léxico familiar e as variações de planos enunciativos) e um *ethos* de especialista que predomina na seção "Désintox". Estamos lidando com um *ethos* híbrido facilmente identificável, característico do posicionamento do jornal.

Se nos voltarmos agora para os comentários que seguem esse artigo, é muito difícil fazer emergir dessas intervenções um *ethos* consistente. Estamos lidando com trechos de escrita no estilo falado, como é de regra nesse tipo de enunciado.

COMENTÁRIOS

– pipopatakes 26 de setembro de 2014, às 10h21:
Quando Yvon Gattaz, desculpe Pierre, o filho fala, sempre tenho a impressão que ele acaba de chegar de uma noite de bebedeira (seu pai era igual). Não se entende nada, ele não diz coisa com coisa, tudo e seu contrário... em uma palavra, o chefe dos chefes!

e quanto menos os empregados ganham, mais vai pro bolso do patrão. Um cara dizia, trabalhe mais para ganhar ainda mais! É... desde então os funcionários ganham muito menos, e os patrões muito mais.

– alain31 26 de setembro de 2014, às 9:53:
Esse cara ficará satisfeito quando trabalharmos como em Bangladesh.

– seppel84 26 de setembro de 2014, às 9h33:
Fazer a média misturando tempo parcial e tempo integral é uma questão de má-fé.

Essa dificuldade em identificar um *ethos* consistente diz respeito a todas essas trocas que fazem parte de um fluxo ininterrupto: comentários nas redes sociais, fóruns, tweets etc. que fazem parte do "*clavardage*",\* para usar um neologismo de Quebec.

## SALIÊNCIA E APAGAMENTO DO *ETHOS*

A última distinção que gostaria de apresentar é ao mesmo tempo trivial e difícil de administrar. Em consonância com a retórica antiga, os estudos em termos de *ethos* favorecem, em geral, locutores em carne e osso, totalmente individualizados. A realidade, como sabemos, é muito mais complexa. E principalmente na internet. É assim que alguns sites associados ao nome de um indivíduo são, na verdade, a máscara de uma instituição. O "blog de Mélanie",[4] por exemplo, embora mostre a foto de uma jovem que supostamente é Mélanie, é a vitrine da Faculdade de Direito de Montpellier I. O site não seria diferente se tivesse sido intitulado: "Site da Faculdade de Direito de Montpellier I".

**Le Blog de Mélanie**
Actualités juridiques et de la faculté de droit de Montpellier I, par une docteur en droit privé.

Accueil   Colloques & Conférences   Soutenances de thèse   Actualités Faculté Droit Montpellier
Autres actualités   Prix & récompenses   Ouvrages & parutions   Le blog en tweets   Contact   Recherche...

---

\* N.T.: Esse neologismo canadense é originado pela combinação das palavras "*clavier*" ("teclado") e "*bavardage*" ("tagarelice"), significando "troca de mensagens escritas síncronas via internet" (Disponível em: https://www.lalanguefrancaise.com/dictionnaire/definition/clavardage#1. Acesso em: 25 jun. 2024).

As fontes enunciativas podem ter um grau de concretização muito variável. Mas é muito difícil elaborar uma tipologia a partir dos rótulos usuais. Se, por exemplo, falarmos de "*ethos* de marca", recorremos a uma categoria que, de fato, pode abranger realidades muito diferentes. No caso da publicidade, a marca está associada a um *ethos* fortemente antropomórfico, cuja dimensão "experiencial" é saliente. Por outro lado, no caso de um site comercial, a marca geralmente não está associada a um *ethos* identificável. O site pretende, acima de tudo, ser funcional: termos avaliativos como "amigável", "complicado", "confuso" etc. caracterizam o modo de circulação no site, não a fonte.

Podemos, no entanto, distinguir diferentes tipos de fontes enunciativas, dependendo do tipo de *ethos* que favoreçam, tendo em conta que não são categorias claras: os jornais on-line, por exemplo, contribuem tanto para o *ethos* coletivo quanto para o *ethos* de marca; os sites universitários combinam *ethos* institucional e *ethos* de marca etc. Entre esses *ethé*, podemos distinguir dois conjuntos: o primeiro é caracterizado pela saliência; o segundo, pelo apagamento do *ethos*. Introduzi a noção de apagamento do *ethos* (Maingueneau, 2014) com base no modelo de "apagamento enunciativo" (Vion, 2001; Rabatel, 2004), que designa a estratégia que consiste para o locutor em "dar a impressão 'de que se retira da enunciação', de que ele 'objetiviza' seu discurso 'apagando' não apenas as marcas mais explícitas de sua presença (os embreantes), mas também a marcação de qualquer fonte enunciativa identificável" (Vion, 2001, p. 334).

a. Saliência do *ethos*

- O *ethos* pessoal é o de um indivíduo com nome próprio; dotado de uma "corporalidade" e de um "caráter", ele pode desempenhar plenamente o papel de "fiador" para o enunciado. Prospera em blogs pessoais e redes sociais. Somos, porém, obrigados a distinguir entre o *ethos* pessoal extradiscursivo (o indivíduo é identificado no mundo externo à web) e o *ethos* pessoal puramente discursivo, ou seja, o *ethos* de indivíduos que só existem como correlato de seus enunciados (no caso de pseudônimos). Esse fenômeno leva naturalmente à heteronímia, a possibilidade de um mesmo indivíduo extradiscursivo ter várias personalidades na web.

- O *ethos* coletivo (um partido, uma associação, um sindicato etc.) conserva certo número de traços do indivíduo, nas três dimensões do *ethos*: categorial, experiencial e ideológica.
- O *ethos* da marca emerge da comunicação feita pela marca. O que, em grande medida, diferencia as formas inovadoras da publicidade contemporânea e as formas mais tradicionais é justamente imprimir prioritariamente um *ethos* à marca, em vez de focalizar nas qualidades dos produtos vendidos.

b. Apagamento do *ethos*

O uso do apagamento do *ethos* não significa que o site não produz *ethos* (qualquer produção semiótica relacionada a uma fonte implica um *ethos*), mas apenas que a fonte desaparece por trás do gerenciamento dos percursos dos usuários (veja, por exemplo, o site www.impots.gouv.fr,[5] que, como o próprio nome sugere, é dedicado ao pagamento de impostos). Falamos aqui do que se passa no conjunto do site; isso não exclui que um ou mais módulos sejam associáveis a um *ethos* identificável: logotipo, fotos, mensagem do diretor etc. É assim que a página inicial do site da Universidade Paris-Est Créteil (http://www.u-pec.fr/),[6] em outubro de 2014, deu acesso a uma entrevista com o presidente intitulada "Rumo a uma nova universidade".

Esse apagamento do *ethos* diz respeito aos sites institucionais (ministérios, prefeituras, universidades etc.), sites comerciais ou pornográficos (Perea, 2012) que tendem, de diferentes modos, à funcionalidade pura. É certo que estão associados a um nome próprio de marca ou instituição, mas procuram mostrar que respondem o mais eficazmente possível às necessidades dos internautas. Colocam, assim, em primeiro plano, os recortes e instrumentos que devem facilitar a navegação do visitante, em função de suas prováveis motivações.

No entanto, quando há uma concorrência genuína, esses sites ficam sujeitos a duas injunções simultâneas nem sempre fáceis de conciliar. Por um lado, tendem a um apagamento do *ethos*, privilegiando a funcionalidade; por outro lado, estão sujeitos a uma lógica de imagem de marca, que os encoraja a produzir um *ethos* identificável. As páginas iniciais dos sites da Universidade de Paris-Est Créteil[7] e da Universidade de Paris IV,[8] por exemplo, são organizadas de maneiras comparáveis: nome e logotipo, escolha do idioma, lugar para a função "pesquisar", seções em listas horizontais e verticais, oposição entre uma parte estável e uma parte variável (seção "à la une"/ "destaques") etc. Porém, nessas páginas, também se pode perceber os indícios de todos os tipos que expressam um desejo de produzir um *ethos* característico.

Essa dupla injunção é bem marcada na pesquisa de Barats, Leblanc e Fiala (2013), que estudaram, através de métodos quantitativos, a evolução das páginas iniciais de 21 estabelecimentos de ensino superior na Île-de-France, entre 2007 e 2011, levando em conta, ao mesmo tempo, o texto, as imagens e a composição das páginas. Eles chegaram à conclusão de que esses sites estão cada vez mais parecidos, mas que também procuram produzir um *ethos* identificável: "essa visualização dos resultados tende a confirmar o surgimento de padrões na retórica da recepção acadêmica, ao mesmo tempo em que enfatiza a importância que as universidades dão à autoapresentação e aos fatores de diferenciação" (2013, p. 114). Vemos, assim, aparecerem "lógicas de comunicação e de marca, até então ausentes do campo acadêmico" (2013, p. 117).

## CONCLUSÃO

O *ethos* permanece, no momento, uma categoria de análise insuficientemente especificada para ser proporcional à diversidade das situações de comunicação em que está envolvida. Enquanto se tratava de um conceito puramente retórico, cuja relevância se limitava à arte oratória, uma espécie de "prova" a serviço de uma estratégia argumentativa unívoca, estava-se pouco consciente de seu conteúdo exato e de seus limites. Estendendo, a partir da década de 1980, seu campo de validade para todas as produções discursivas, a Análise do Discurso adquiriu uma ferramenta valiosa, mas tem sido gradualmente levada a questionar-se sobre os problemas levantados por sua aplicação a *corpora* diferentes daqueles para os quais foi concebida. Enquanto se trata de textos relativos a uma genericidade "clássica", é possível minimizar esses problemas; mas isso se torna impossível quando nos confrontamos com a web, que desestabiliza uma série de pressupostos imemoriais relativos à textualidade e à autoria. É, portanto, um vasto caminho que se abre.

*Tradução: Artur Viana do Nascimento Neto*

## Notas

[1] Um "hipergênero" não é um gênero, mas uma formatação com restrições pobres (carta, diálogo, entrevista etc.) que pode abranger gêneros muito diversos. Esse conceito recebeu outros nomes; assim, Fairclough fala de "gêneros desencaixados" (2003, p. 68), que ele opõe a "gêneros situados".

[2] Ficou-se sabendo que, em 2 de outubro de 2014, o Facebook passou a autorizar que seus usuários utilizassem nomes fictícios. Oficialmente, isso é para não prejudicar "a comunidade *drag queen* e *kings*, pessoas transgênero e o grupo maior de nossos amigos, vizinhos e membros da comunidade LGBT,

segundo as palavras da empresa, porque essas pessoas usam constantemente pseudônimos na 'vida real'" (Disponível em: http://www.lefigaro.fr/flashactu/2014/10/02/97001-20141002FILWWW00020-facebook-vai-relaxar-uas-regras-na-identidade.php. Acesso em: 2 out. 2014). Mas é claro que a própria lógica da web entra no sentido de uma dissociação entre identidade social e identidade digital.

3    Disponível em: http://www.liberation.fr/politiques/2014/09/26/au-medef-l-intox-ne-connait-pas-de-jour-ferie_1108091. Acesso em: 26 set. 2014.
4    Disponível em: http://leblogdemelanie.over-blog.com/. Acesso em: 26 set. 2014.
5    Acesso em: 15 out. 2014.
6    Acesso em: 3 out. 2014.
7    Disponível em: http://www.u-pec.fr/. Acesso em: 8 mar. 2016.
8    Disponível em: https://www.sorbonne-universite.fr/. Acesso em: 8 mar. 2016.

# Referências

Amossy, R. (2011). *La Présentation de soi*. Ethos et identité verbale. Paris: PUF.

Aristote (1967). *Rhétorique*. Trad. M. Dufour. Paris: Les Belles Lettres.

Auchlin, A. (2001). Ethos et expérience du discours: quelques remarques. In.: Wauthion, M.; Simon, A.-C. (Ed.), *Politesse et idéologie. Rencontres de pragmatique et de rhétorique conversationnelle*. Louvain: Peeters, p. 75-93.

Barats, C.; Leblanc, J-M.; Fiala, P. (2013). Approches textométriques du web: corpus et outils. In.: Barats, C. (Ed.). *Manuel d'analyse du web*. Paris: Armand Colin, p. 100-124.

Charaudeau, P. (2005). *Le Discours politique. Les masques du pouvoir*. Paris: Vuibert.

Ducrot, O. (1984). *Le Dire et le dit*. Paris: Minuit.

Fairclough, N. (2003). *Analyzing Discourse. Textual Analysis for Social Research*. Londres: Routledge.

Lehti, L. (2011). Blogging Politics in Various Ways: A Typology of French Politicians' Blogs. *Journal of Pragmatics*, v. 43, n° 6, p. 1610-1627.

Maingueneau, D. (1984). *Genèses du discours*. Liège: Mardaga.

Maingueneau, D. (1993). *Le Contexte de l'oeuvre littéraire*. Paris: Dunod.

Maingueneau, D. (1998). *Analyser les textes de communication*. Paris: Dunod.

Maingueneau, D. (2000). Lecture, incorporation et monde éthique. *Études de Linguistique Appliquée*, n° 119, p. 265-276.

Maingueneau, D. (2013). Genre de discours et web: existe-t-il des genres web?. In.: Barats, C. (Ed.). *Manuel d'analyse du web en sciences humaines et sociales*. Paris: Armand Colin, p. 74-93.

Maingueneau, D. (2014). Retour critique sur l'ethos. *Langage et Société*, n° 149, p. 31-48.

Maingueneau, D. (2015). De l'ethos au style: la présentation de soi sur les sites de reencontre. In.: Bordas, E.; G. Molinié, G. (Ed.). *Style, langue et société*. Paris: Champion, p. 283-298.

Perea, F. (2010). L'identité numérique: de la cité à l'écran. Quelques aspects de la représentation de soi dans l'espace numérique. *Les Enjeux de l'information et de la Communication*, 1/ 2010, p. 144-159.

Perea, F. (2012). Les sites pornographiques par le menu: pornotypes linguistiques et procédés médiatiques. *Genre, Sexualité et Société*, n° 7, mis en ligne le 1er juin 2012. Disponível em: http://gss.revues.org/2395. Acesso em: 26 set. 2014.

Rabatel, A. (2004). L'effacement énonciatif dans les discours rapportés et ses effets pragmatiques. *Langages*, n° 156, p. 3-17.

Roulet, E. (1981). Échanges, interventions et actes de langage dans la structure de la conversation. *Études de Linguistique Appliquée*, n° 44, p. 7-39.

Vion, R. (2001). Effacement énonciatif et stratégies discursives. In.: De Mattia, M.; Joly, A. (Ed.). *De la syntaxe à la narratologie énonciative*. Gap-Paris: Ophrys, p. 331-354.

Woerther, F. (2007). *L'Ethos aristotélicien. Genèse d'une notion rhétorique*. Paris: Vrin.

# O DISCURSO JURÍDICO COMO DISCURSO CONSTITUINTE

A bibliografia sobre o discurso jurídico só pode causar vertigem.\* Portanto, minhas observações neste trabalho serão duplamente limitadas. Em primeiro lugar, tratar-se-á apenas, em uma perspectiva de Análise do Discurso, de assinalar algumas de suas características enquanto "discurso constituinte" (Maingueneau e Cossutta, 1995; Maingueneau, 1999).\*\* Está pressuposto evidentemente que a noção de "discurso constituinte" possui um valor heurístico e que o discurso jurídico se enquadra nessa categoria (duas coisas que não terei o prazer de discutir aqui). Em segundo lugar, não será o caso de propor uma comparação sistemática entre o discurso jurídico e cada um dos demais discursos constituintes, abordados em suas diversas facetas. Vou, então, me contentar em insistir sobre o estatuto do *Thesaurus* no discurso jurídico.

A fim de facilitar a exposição, este capítulo está dividido em cinco partes. A primeira parte ("A constituência") interessa-se pela noção de

---

\* N.O.: Texto publicado originalmente na revista *Actes Sémiotiques* (v. 128, 2023).

\*\* N.T.: Texto publicado no Brasil como: "Os discursos constituintes", em MAINGUENEAU, D. *Cenas da enunciação*. Trad. Nelson Barros da Costa. Organização de Sírio Possenti e Maria Cecília Pérez Souza-e-Silva. São Paulo: Parábola, 2008.

"discurso constituinte"; na segunda ("Paratopia e autoralidade"), reflito sobre o pertencimento paradoxal dos discursos constituintes à sociedade e sobre a especificidade do discurso jurídico em matéria de autoralidade; a terceira parte ("A pluralidade dos textos") aborda a maneira pela qual os discursos constituintes gerenciam a irredutível diversidade de gêneros de que são feitos e o papel fundamental que desempenham os *Thesaurus* de textos em torno dos quais eles são organizados; na quarta parte ("O campo e seus autores"), insisto na relação problemática do discurso jurídico com a conflitualidade e a temporalidade; enfim, na última parte ("Do código de linguagem à exegese"), evoco a relação do discurso jurídico com a língua na qual o *Thesaurus* é formulado e as restrições próprias ao seu estilo, mas também o tipo particular de exegese que ele requer dos juristas.

## A CONSTITUÊNCIA

Introduzi a noção de "discurso constituinte" em um artigo produzido com Cossutta (Maingueneau; Cossutta, 1995). Depois disso, tive a oportunidade de explorá-la em diversos trabalhos, em particular no estudo do discurso religioso, do discurso literário e do discurso filosófico, mas ainda não do discurso jurídico, embora seu lugar estivesse inscrito no artigo de 1995. Este trabalho acerca do discurso jurídico me oferece ocasião para avançar um pouco nesse domínio.

Confrontado com o discurso jurídico,[1] um analista do discurso pode intervir de diversas maneiras. Vou distinguir três:

1. Ele pode se interessar pelas características lexicais, sintáticas, enunciativas de textos relevantes da esfera jurídica, levando em conta a diversidade dos gêneros discursivos concernentes. A cada gênero corresponde uma série de modos de organização textual específicos, que na escrita são rigorosamente controlados.

2. Ele pode adotar uma atitude mais antropológica a fim de colocar tais textos em relação com os autores e as comunidades em que se apoiam e cuja coesão contribuem para reforçar. Isso diz respeito tanto à sua redação quanto à sua validação, sua publicação, seu arquivamento, os usos que fazem deles.

3. Ele pode apreender o discurso jurídico como uma região no interior do universo do discurso; é neste nível que se situa a presente contribuição, que inscreve essa região em uma mais vasta, aquela dos "discursos constituintes".

A própria noção de discurso constituinte não é estranha ao Direito. Como recorda Bordron (2016, p. 21) a propósito precisamente dos "discursos constituintes": "a noção de constituição é essencialmente jurídica e fundacional. Ela é jurídica porque se apoia sobre o estabelecimento de regras. Ela é fundacional porque essas regras fixam o quadro a partir do qual outras regras poderão ser estabelecidas". De fato, o adjetivo constituinte implica um gesto primário: fixar firmemente sobre o solo um objeto vertical que instaura uma marca sobre um território. Em latim,[2] *constituere* é "colocar em pé, erguer"; daí, "situar, estabelecer", "elevar, construir, fundar" e, através de um gesto institucional, "fixar alguém em um determinado lugar": o de rei, por exemplo. Há constituência na medida em que um dispositivo enunciativo funda de maneira performativa sua própria possibilidade, ancorando tal legitimidade em um Destinador. Os enunciados constituintes devem estabelecer sua legitimidade através de sua própria enunciação, ativar e validar as normas que presidem sua implantação. Certamente, um texto jurídico é bem diferente de um texto científico ou de um texto filosófico, mas eles têm em comum definirem por si mesmos as condições de sua própria autoridade.

O que permite definir no universo do discurso uma zona específica, a dos "discursos constituintes", com efeito, é que em toda sociedade existem discursos que "exercem autoridade", que podem dar sentido à existência e aos atos da coletividade, porque ocupam uma posição última. Tais discursos possuem, portanto, um funcionamento singular: zonas de fala entre outras, e falas que pretendem prevalecer sobre todas as outras, discursos situados em um limite e tratando do limite, eles devem gerir enunciativamente os paradoxos implicados por seu estatuto. Para não se autorizarem apenas por si mesmos, devem se mostrar ligados a um Absoluto que colocam como preexistente, mas que reconfiguram através das próprias enunciações pelas quais obtêm autoridade. Os enunciados decorrentes disso, por suas próprias características, devem legitimar sua própria emergência, o acontecimento de fala que as manifesta.

Poder-se-ia objetar que o discurso jurídico não se funda realmente por si mesmo: para assentar seus pressupostos, muitas vezes apela a considerações de ordem religiosa ou filosófica. Na França, a Declaração dos Direitos do Homem e do Cidadão, de 1789, baseada na filosofia iluminista, serve de ponto de apoio ao preâmbulo da Constituição Francesa de 1958: "o povo francês proclama solenemente sua adesão aos Direitos do Homem e aos princípios da soberania nacional tais como foram definidos pela Declaração de 1789". Nos países teocráticos, em contrapartida, a lei é submissa ao nome de Deus. Mas isso não deve iludir: a máquina jurídica tem sua lógica própria e pode se acomodar a legitimações diversas, que não afetam os recursos que ela mobiliza para construir sua ontologia, sua sintaxe e seus procedimentos de validação.

Os "discursos constituintes" têm por natureza um caráter global, seus enunciados pretendem dizer respeito a toda a comunidade. Mas eles são elaborados localmente, em ambientes muito restritos. Eles se põem acima da sociedade, mas esta os envolve por todos os lados. Seu papel é articular aquilo que se pode chamar de *archeion*. Em grego antigo, o *archeion* é tanto a sede da autoridade, um corpo de magistrados, como os arquivos públicos. O termo vincula, portanto, estreitamente, a fundação no e pelo discurso, associada a um corpo de enunciadores consagrados encarregado de uma memória.

Uma das maiores dificuldades levantadas por essa noção de "discurso constituinte" é que ela integra, em uma mesma categoria, discursos que, evidentemente, são heterogêneos. Cada "discurso constituinte" se caracteriza com efeito por uma maneira própria de se inscrever na constituência. Há uma grande distância, por exemplo, entre a Revelação implicada pelas religiões do Livro* e o modo como cientistas e filósofos validam suas afirmações. É preciso se equilibrar em uma corda bamba: não procurar reduzir suas diferenças, sempre mantendo em evidência o fundo de invariância sobre o qual elas se destacam. Desse modo, podem ser reveladas propriedades que, de outra forma, seriam ignoradas ou minoradas e, além disso, refletir sobre a maneira como este ou aquele tipo de sociedade maneja uma constituência incontornável.

---

\* N.T.: "Religiões do Livro" são aquelas que têm suas crenças e práticas baseadas em textos que são tidos como ligados a um único Deus. O judaísmo (Torá), o cristianismo (Bíblia) e o islamismo (Corão) são as principais delas.

No Ocidente, desde a Antiguidade grega, os "discursos constituintes" são plurais. Nenhum deles dispõe de monopólio. Eles não estão simplesmente justapostos, mas são inseparáveis da gestão incerta de suas fronteiras, cujo traçado se modifica em função das épocas, das conjunturas, das doutrinas. Um evento como o julgamento de Galileu testemunha de maneira dramática e memorável essas tensões que, na maioria das vezes, são exercidas discretamente entre discursos que também se atravessam de mil maneiras. O discurso jurídico testemunha isso. Existe assim uma Filosofia do Direito, mas os filósofos são, na condição de cidadãos, submetidos ao Direito, e a Filosofia é por natureza fortemente preocupada com a juridicidade. A esse respeito, o "tribunal da Razão" kantiano é bem mais que uma metáfora: podemos conceber uma Filosofia que escape do *quid juris*? A Igreja católica instituiu um Direito Canônico e desenvolveu uma casuística para uso dos confessores. Mas essa "judiciarização" da Igreja testemunha em si mesma certa concepção da instituição em questão: não existe um Direito Canônico dentro dos movimentos evangélicos.

## PARATOPIA E AUTORALIDADE

Os "discursos constituintes" estão presos a um pertencimento paradoxal à sociedade, uma paratopia. Certamente, um "discurso constituinte" não é incomensurável diante dos outros domínios de atividade: ele se apresenta como um emaranhado de instituições e práticas, e pode-se analisar a trajetória de seus locutores em termos de estratégias ou de carreiras. Mas devemos também assinalar o excesso que dá a ele sua razão de ser. A sociedade só pode se apresentar como uma rede de lugares legítimos se atravessada por "lugares" problemáticos, que só podem ser colocados entre aspas: aqueles que pressupõem os "discursos constituintes". Sem localização não há instituições que permitam legitimar e gerar os enunciados, mas sem deslocalização não há constituência verdadeira.

Essa paratopia, que podemos chamar constitutiva, concernente a todos os "discursos constituintes", distingue-se das paratopias que os indivíduos devem elaborar para se autorizarem. Cabe, de fato, a cada produtor de enunciação constituinte construir suas próprias modalidades de pertencimento/

não pertencimento à sociedade, de engajar-se em uma perigosa negociação entre o lugar e o não lugar. Para definir seu "lugar" paradoxal, ele deve organizar uma vida que lhe permita definir a paratopia através da qual serão produzidos os enunciados capazes de legitimar as condições que os tornaram possíveis (Maingueneau, 2004b;* 2012; 2016).

Ora, desse ponto de vista, o discurso jurídico se singulariza. Não é exigido daqueles que fazem ou aplicam a lei que elaborem um pertencimento impossível para produzir uma fala singular; não se espera que sejam "autores" no sentido de Michel Foucault:

> Na verdade, se se fala com tanto prazer e sem maiores questionamentos sobre a "obra" de um autor, é porque a supomos definida por uma certa função de expressão. Admite-se que deve haver um nível (tão profundo quanto é preciso imaginar) no qual a obra se revela, em todos os seus fragmentos, mesmo os mais minúsculos e os menos essenciais, como a expressão do pensamento, ou da experiência, ou da imaginação, ou do inconsciente do autor, ou ainda das determinações históricas a que estava preso (Foucault, 1969, p. 35 / 2008, p. 27).**

Certamente, é bom que os homens da lei, os juízes em particular, sejam exemplares, da mesma forma, por exemplo, que os policiais, mas isso é algo bem diferente da conexão profunda entre uma doutrina e uma existência singular. Os servidores da lei podem ter modos de vida e convicções muito diversas.

O discurso científico também se apresenta como um discurso fundamentalmente coletivo, onde a fala que se quer legítima deve obedecer às regras que se materializam dentro de formatações textuais restritivas. Nos dois discursos, essas regras pretendem servir a uma ética: respeito pelos procedimentos que permitem garantir a conformidade com a Justiça, respeito pelos métodos que permitem acessar a Verdade. Assim como no discurso jurídico, não se espera que o cientista elabore uma vida singular, na medida de uma fala singular. Contudo, e esta é uma diferença essencial entre os dois discursos, o cientista

---

\*   N.T.: Obra publicada no Brasil como: MAINGUENEAU, D. *O discurso literário*. Trad. Adail Sobral. São Paulo: Contexto, 2006.

\*\*  N.T.: Aqui utilizamos a tradução brasileira de Luiz Felipe Baeta Neves, publicada em: FOUCAULT, Michel. *Arqueologia do saber*. Rio de Janeiro: Forense Universitária, 2008.

assina seus textos. Certamente, por um contrato tácito, cada locutor que se afirma como dessa ou daquela disciplina que se apresenta como científica renuncia a manifestar uma singularidade enunciativa para poder se beneficiar do reconhecimento de seu valor pelos outros membros. No entanto, o discurso científico é inteiramente ligado aos nomes próprios que figuram no cabeçalho das publicações. Estamos distantes do discurso jurídico, que deve apagar a singularidade dos redatores. A "Lei Scrivener" não é uma lei escrita pela secretária de Estado Christiane Scrivener, nem a "Emenda Charasse" é uma emenda redigida pelo ministro do mesmo nome. A "Lei Scrivener" é apenas uma maneira cômoda para os profissionais designarem uma seção do Código do Consumidor, e a "Emenda Charasse", uma disposição fiscal sobre os encargos financeiros ligados à aquisição de uma empresa. O verdadeiro responsável por esses enunciados é esse ator sem rosto que é "o Legislador".

Isso é verdade, em um nível superior, para um conjunto de leis. O Código de Napoleão possui o nome daquele que apoiou sua conclusão e que o promulgou. É fato que, por razões políticas, o Código Civil dos franceses por muitos anos teve esse nome, durante o Império, evidentemente. Mas é apenas uma paternidade mítica. Traçar a gênese de tal monumento não é encontrar a figura soberana de um autor, mas retroceder de comissão em comissão para observar como ele foi feito a partir de códigos anteriores. Os próprios historiadores latinos não julgaram necessário atribuir o *corpus* de leis a um fundador singular: a Lei das Doze Tábuas, o primeiro *corpus* de leis romanas escritas, é o trabalho de um coletivo, dois colégios de 10 membros: os decênviros.

A autoridade da escrita jurídica é reforçada pelo fato de que, precisamente, seus redatores são um grupo de anônimos, na medida da "isonomia" que tais códigos pretendem fazer valer. Um texto da lei é produzido por grupos de homens e mulheres particulares inscritos dentro de um contexto particular, mas ele deve apagar em sua enunciação toda ancoragem dêitica (Barraud, 2021). Sua responsabilidade pode, assim, ser atribuída a este "hiperenunciador" (Maingueneau, 2004a)* que é o "Legislador", cujo *ethos*

---

* N.T.: Texto publicado no Brasil como: "A noção de hiperenunciador", em MAINGUENEAU, D. *Cenas da enunciação*. Trad. Bethania Sampaio e Sírio Possenti. Organização de Sírio Possenti e Maria Cecília Pérez Souza-e-Silva. São Paulo: Parábola, 2008.

manifesta valores tais como imparcialidade e universalidade, indexados à "Justiça". Podemos falar aqui de um *ethos* "descorporado" (Maingueneau, 2022), característico dos gêneros de discurso (artigos em revistas científicas, códigos de leis, dicionários, atas de reuniões, laudos periciais etc.) cujos redatores pertencem a um corpo, uma comunidade com normas restritivas. Produz-se uma transferência da responsabilidade da enunciação para esse corpo, que é supostamente animado pelos valores dos quais a enunciação adquire sua autoridade. No discurso científico, cada signatário abre mão de sua singularidade enunciativa em favor desse ser sem rosto que, em retorno, confere autoridade máxima aos seus enunciados; por outro lado, no discurso jurídico, a tensão entre o indivíduo e o grupo é muito mais fraca, uma vez que a autoria é anônima e coletiva.

De toda forma, ao longo do seu percurso, o texto da lei desafia qualquer autoralidade simples: desde sua elaboração em uma comissão até a sua promulgação, passando por sua formatação, as propostas de emendas e sua discussão no Parlamento, ele não poderia remeter à figura plena de um autor singular. Os interesses dos diversos grupos que participam da sua produção não convergem necessariamente, mas, sejam funcionários eleitos, advogados ou agentes administrativos, devem conformar-se às normas comuns de redação (expressas em termos de "inteligibilidade", "precisão", "clareza"…) que encarnam os valores atribuídos ao Destinador do discurso jurídico. Ao fazer isso, eles também constroem sua unidade: a produção da Lei é um trabalho que envolve instituições cujas coesão e legitimidade ela ao mesmo tempo garante.

## A PLURALIDADE DOS TEXTOS

O fato de enfatizar a elaboração da lei não nos deve fazer esquecer que, mesmo preso a um *Thesaurus* de textos primários, o discurso jurídico, a exemplo de outros discursos constituintes, apresenta-se como um emaranhado de práticas discursivas – escritas, mas também orais – que se exercem dentro de espaços institucionais muito diversos cuja rede define um setor delimitado da atividade discursiva de uma sociedade.

O *Thesaurus* em que se apoiam essas práticas, no entanto, não forma de modo algum um bloco intangível. Seja qual for o "discurso constituinte", há um constante debate para determinar quais textos fazem parte dele e como estão hierarquizados. Em matéria de Filosofia ou de Literatura, não existe nenhuma instituição que tenha por função hierarquizar os textos para toda a comunidade, mas a *doxa* da literatura considera que existem os "grandes autores", que, mais do que outros, merecem ser comentados e transmitidos de geração em geração, homens e mulheres cujo gesto criativo é objeto de fascínio. Ninguém contesta a ideia de que, entre todos os textos de um autor, alguns são considerados mais cruciais que outros. Para Gueroult, por exemplo, "toda a interpretação da metafísica cartesiana deve repousar, antes de tudo, sobre o pequeno tratado das Meditações. Não porque as Meditações contenham toda a matéria da filosofia [...], mas porque elas comportam os elementos essenciais apresentados segundo sua verdadeira justificação" (Gueroult, 1953, v.1, p. 23 / 2016, p. 27).* Quando lidamos com o discurso religioso ou com o discurso jurídico, a coisa é diferente porque as questões são de natureza totalmente diversa. Se tomarmos o exemplo do islamismo, esse *Thesaurus* que é a Suna contém obviamente o Corão, mas também os *hadiths*, que remetem às ações e palavras do Profeta. Uma dupla hierarquia é estabelecida: de um lado, entre o Corão, revelado diretamente por Deus, e os *hadiths*; e, por outro lado, entre os próprios *hadiths*, que são cuidadosamente classificados em função de sua fiabilidade. Mas essa classificação é objeto de constante discussão entre os especialistas. O Corão em si não é poupado de discussão, uma vez que o exegeta se depara com versículos contraditórios. Porém, é obrigatório hierarquizar esses versículos, pois eles servem de base para decisões de ordem jurídica.

O *Thesaurus* do Direito francês contém textos como os Códigos Escritos, a Constituição, a Declaração dos Direitos do Homem e do Cidadão; essas fontes diretas também estão associadas a fontes indiretas que deveriam iluminá-las, mas não conseguem desempenhar esse papel. Mesmo que integre elementos centenários, até mesmo milenares, esse *Thesaurus*, à diferença dos

---

\*    N.T.: Utilizamos aqui a tradução de Eneias Forlin *et al.* publicada em: GUÉROULT, Martial. *Descartes segundo a ordem das razões*. Coord. da tradução de Érico Andrade. São Paulo: Discurso, 2016.

discursos religioso, filosófico ou literário, que acumulam "obras-primas" ao longo dos séculos, está em constante evolução. Os Códigos são constantemente atualizados e não podemos estar seguros do conteúdo da lei em vigor senão consultando a última edição impressa ou os sites a respeito na internet. No site "Légifrance", em 18 de março de 2022, podemos verificar que o Código Civil é precedido dos dizeres "Versão em vigor em 18 de março de 2022".[3] Várias Constituições se sucederam e a última sofreu nada menos que 24 modificações entre 1958 e 2008. A última revisão modificou mais da metade dos artigos. Somente a Declaração dos Direitos do Homem e do Cidadão, de 1789, parece fugir à regra. Ela é, na verdade, considerada como um monumento, vestígio de um ato fundador; na realidade, se pertence de fato ao Direito Positivo, é de maneira indireta, pela referência que lhe é feita no início do Preâmbulo da Constituição de 1958.

Essa atualização permanente é possibilitada pela relação singular que o discurso jurídico mantém com a autoralidade. Adicionar ou subtrair um parágrafo do Evangelho, provar que um texto foi falsamente atribuído a Kant ou a Marx, atribuir a Pasteur uma descoberta de Koch são tarefas extremamente desafiadoras. Por outro lado, de um Concílio para outro, a Igreja não tem escrúpulos em reformular o Direito Canônico, o *corpus* doutrinário ou regulamentar, porque, a despeito da variedade de textos que produz, a instituição deve permanecer a mesma ao longo dos tempos: além do Destinatário, a comunidade de fiéis representada pela Igreja, há o Espírito Santo, seu Destinador. Para o discurso jurídico, a variação é anulada pela existência de um Destinador estável, o "Povo francês", que é também seu Destinatário, seu beneficiário.

Certamente os artigos da lei são reescritos, surgem novos, mas a estrutura não desperta sensação de instabilidade. No interior de uma determinada cultura jurídica, a textualidade dos Códigos, em sua dupla modalidade de organização e de dispositivo de enunciação, é de fato pouco sujeita à variação. Qualquer que seja a extensão das modificações, elas intervêm no interior de uma organização invariável, que distribui livros, títulos, artigos, capítulos, seções..., submetida a coerções linguísticas muito fortes, amplamente estudadas pela "Linguística Jurídica" (Bourcier, 1979; Cornu, 2005): elas conferem à lei o *ethos* "descorporado" que é exigido.

Estamos longe da Religião, da Filosofia ou da Literatura, cujos *Thesaurus* – centrados em autores singulares e em obras constituídas por tantos acontecimentos enunciativos – não podem ser atualizados senão através do comentário. Molière é nosso contemporâneo não porque reescrevemos o seu texto, mas porque o interpretamos, em ambos os sentidos da palavra: através do comentário e da forma como encenamos suas peças. Essa permanente renovação de interpretações, fundada em uma "exotopia" (Bakhtin, 1984), caminha de mãos dadas com um esforço permanente de encontrar o texto tal como era originalmente, livre das alterações que teria sofrido, apreendido na pureza do acontecimento que o fez aparecer.

A própria noção de totalidade textual também é muito particular no discurso jurídico. As unidades fundamentais em Religião, Literatura ou Filosofia são as obras. E, se comentamos passagens da Bíblia, de um grande filósofo ou de um grande escritor, é inscrevendo-as em totalidades maiores: o conjunto do texto do qual fazem parte e, além disso, a religião, a doutrina ou a estética testemunhadas pela integralidade dos enunciados atribuídos ao mesmo autor. Os Códigos, por sua vez, apresentam-se como totalidades com uma arquitetura particularmente complexa e rigorosa, em que o artigo da lei é um elemento de um sistema fundamentado em uma ontologia e em uma segmentação da atividade humana. Mas, se todo o Código Civil forma um texto único, cada artigo, capítulo, título ou livro possui regras específicas de coesão textual. Porque, na "coletânea", os elementos foram previamente recortados para poderem ser apreendidos isoladamente, em função dos casos tratados. Isso é evidenciado pela numeração, que permite referência direta a este ou aquele artigo. O artigo 383 do Código Civil (extraído da Seção 1, Capítulo II, do Título IX, do Livro I) é destinado a resolver uma questão muito específica, a ocorrência de conflitos entre menores e responsáveis legais, e quem o consulta não precisa reler todo o capítulo para fazer uso adequado dele.

O *Thesaurus* jurídico administra assim, de uma maneira que lhe é própria, um constrangimento que, na realidade, é comum aos textos pertencentes aos "discursos constituintes": o de ter dois modos de existência: i) como totalidades; ii) como fragmentos. Isso lhes permite inervar melhor o corpo social. Os textos primários destinam-se, de fato, à divulgação, como demonstra a prática que consiste em recortar certos *corpora* de prestígio (Aristóteles, Platão, a Bíblia...) em fragmentos numerados. O Corão se compõe de suras, que são divididas em mais de 6.000 versos, tantas unidades isoláveis quantas possam ser citadas ou exibidas em uma parede. Os textos literários ou filosóficos estão destinados a ser divididos em passagens que podemos citar, recitar, comentar. As leis da termodinâmica são "leis" porque são fórmulas que podem ser inseridas a qualquer momento em sua demonstração sem se preocupar com os textos primários em que foram enunciadas.

## O CAMPO E SEUS ATORES

Podemos objetar que o discurso jurídico não é o único a apresentar apenas textos atualizados. Parece, com efeito, que este também é o caso do discurso científico, pelo menos para as chamadas ciências "duras", ou para os aspectos "duros" das Ciências Humanas e Sociais. Tal como no discurso jurídico, essa atualização constante, além disso, anda de mãos dadas com a submissão dos editores a formatações genéricas muito restritivas, impostas pela comunidade.

No entanto, as diferenças são evidentes. A atualização do *Thesaurus* científico é impulsionada por uma lógica de progresso do conhecimento. Por outro lado, é difícil dizer que o Código de um determinado ano constitui "progresso" em comparação com o Código anterior, mesmo que seja muitas vezes assim que os promotores apresentam as modificações que introduzem. Certamente, o Código se enriquece: se esforça para resolver problemas que não surgiram antes ou para encarar de uma maneira diferente problemas que já existiam, mas o novo Código não se inscreve na mesma sociedade.

Outra diferença entre os dois discursos é que a produção de novos enunciados científicos está submetida a uma lógica de concorrência. Quando falamos de "teorema de Fermat", "leis de Mendel" ou "constante de Planck", referimo-nos aos autores de enunciados que causaram impacto em uma disciplina. Quando publicam seus resultados, os pesquisadores enfatizam sua singularidade, a inadequação dos modelos concorrentes, que são mencionados e refutados; eles pretendem estabelecer um antes e um depois da sua enunciação. É só em um segundo momento que se desvanece o caráter de "acontecimento" dessa descoberta: uma vez que os resultados são validados por toda a comunidade, resta às obras de síntese e aos manuais regularmente atualizados divulgar o estado de um determinado setor do conhecimento em um dado momento.

Em suma, o discurso jurídico se distingue de outros "discursos constituintes" porque não parece estar sujeito a uma lógica de campo (Bourdieu, 1976), mais especificamente de campo discursivo (Maingueneau, 1983), onde se confrontam diversos posicionamentos (doutrinas, correntes, teorias, escolas...). No interior de um campo, essa concorrência se exerce no nível dos discursos primários, nos quais se elaboram os textos pertencentes ao *Thesaurus*, mas também no nível dos gêneros secundários: para a literatura, por exemplo, há conflitos na interpretação das obras ou na forma como convém que a literatura seja ensinada na escola.

No entanto, o discurso jurídico não escapa à conflitualidade. Certamente, em um sistema baseado na lei escrita, não pode haver para o mesmo território vários sistemas judiciais válidos simultaneamente; e, se for esse o caso, deve haver um princípio que delimite as competências de cada um. Mas a conflitualidade é, na realidade, transferida para o ambiente discursivo dos Códigos. Ao contrário de outros "discursos constituintes", o discurso jurídico constrói-se sobre a associação de uma zona que apaga a conflitualidade e de um ambiente de forte conflitualidade. Existe, por exemplo, uma Filosofia do Direito, um campo específico onde se enfrentam diversas teorias (funcionalismo, formalismo, convencionalismo...). Existe também, por exemplo, uma Teoria Geral do Direito, responsável por definir a maneira como os conceitos jurídicos são formulados, como as hierarquias normativas são definidas e como as noções jurídicas são ensinadas, para uso da comunidade de juristas. Além disso, o desenvolvimento dos textos abre amplos espaços de debate: tanto nas comissões preparatórias, quanto nas discussões dos parlamentares. E esses conflitos, longe de serem apagados, são cuidadosamente registrados. Podem até mesmo ser evocados quando se trata de justificar uma determinada interpretação da lei. Do mesmo modo, são conservados os rastros das transformações que o texto possa ter sofrido, embora apenas o seu último estado seja válido. A própria existência de tribunais como a Corte de Cassação ou o Conselho de Estado, cuja missão é arbitrar conflitos decorrentes da aplicação da lei em níveis inferiores, significa que a lei é ao mesmo tempo uma máquina que apaga conflitos e uma máquina que os destaca e os estrutura para melhor arbitrá-los. Mas aqui novamente o discurso jurídico se distingue por ser o único a resolver conflitos. O que é obviamente impensável quando se trata de campos discursivos, onde qualquer dominação só pode ser provisória.

## DO CÓDIGO DE LINGUAGEM À EXEGESE

Dada a posição paradoxal ocupada pelos "discursos constituintes" no universo do discurso, os textos dos *Thesaurus* não podem ter uma relação puramente instrumental com a linguagem: eles não podem simplesmente se contentar em escolher os recursos linguísticos que seriam mais "cômodos" ou mais "eficazes". Um "discurso constituinte" deve, na verdade, pressupor que os recursos linguísticos que mobiliza não são contingentes, que são aqueles legítimos em relação ao Absoluto a partir do qual ele se autoriza. É isso que procura captar o conceito de "código de linguagem",* que associa comunicação e prescrição. Esse "código de linguagem" pode ser apreendido em dois níveis: primeiro, através da escolha de uma língua; segundo, através do recurso a um determinado uso desta língua.

A questão do "código de linguagem" se coloca, contudo, de forma diferente para cada "discurso constituinte". Para as religiões reveladas, por exemplo, a escolha da língua está intimamente ligada à doutrina. O fato de os Evangelhos terem sido escritos em grego e não em hebraico ou de Lutero ter traduzido a Bíblia em língua vernácula implica certa concepção do cristianismo. E os filósofos não deixaram de comentar o fato de a *Ética* de Spinoza ter sido escrita em latim, as *Meditações metafísicas* de Descartes, em francês, e de Leibniz ter escrito em latim, francês e alemão. E o que dizer da literatura, que por natureza está ancorada na diversidade das línguas naturais?

Ora, aqui novamente o discurso jurídico mostra a sua especificidade. Ele se distingue não somente do discurso literário, filosófico ou religioso, em que as escolhas em termos de língua são uma das dimensões do posicionamento,

---

*   N.T.: Ao traduzir a expressão francesa *code langagier* por "código de linguagem", seguimos a proposta de M. Appenzeller (1995), N. Costa (2000) e A. Sobral (2006). Esse conceito também foi traduzido no Brasil por "código linguageiro" (Cf. verbete em CHARAUDEAU, P; MAINGUENEAU, D. *Dicionário de Análise do Discurso*. São Paulo: Contexto, 2008).

mas também do discurso científico. Este último não prescreve qual língua deve ser utilizada, mas em cada disciplina observamos que a produção científica está sujeita a uma lógica de mercado, o que implica relações de dominação simbólica em proveito de uma ou mais línguas. Este não pode ser o caso do discurso jurídico, uma vez que ele é fundado sobre um espaço nacional associado a uma ou mais línguas oficiais. Os seus códigos não conheceriam legitimidade se não estivessem escritos em uma língua partilhada pelo Legislador e os cidadãos, a língua do Destinador e do Destinatário final: o Povo. O Código Civil dos Franceses está escrito na língua dos franceses, que devem apropriar-se dele integralmente. Pelo menos é o caso dos sistemas jurídicos modernos, porque facilmente encontramos na história exemplos de Códigos escritos em uma língua distinta das línguas vernáculas; o que exigia a intervenção de mediadores para assegurar a relação com os litigantes. Na França, o famoso decreto de Villers-Cotterets (1539) marca a transição de um código em latim para um código em língua vernácula.

O fato de o *Thesaurus* do discurso jurídico não permitir a utilização de estilos singulares tem por efeito converter o "código de linguagem" coletivo em uma língua de especialidade bem reconhecível, a de uma comunidade profissional. Ele permite que diferentes atores se organizem para realizar tarefas e contribui também para reforçar a coesão do grupo que formam. Enquanto objeto, o Código "está destinado a circular entre os atores da comunidade jurídica, uma comunidade fechada, rica em simbolismos e em práticas comuns, fundadoras e continuadoras do sentido jurídico, aquele que se constrói sobre a base da linguagem jurídica" (Bittar, 2021, p. 2-3). Mas, apesar de todas as promessas de "reconciliar os cidadãos com a própria justiça", de "aproximar a lei e o cidadão", para o comum dos mortais a "linguagem jurídica" permanece uma espécie de dialeto opaco, abundantemente caricaturado, que suscita um misto de respeito e de rejeição e cuja elucidação exige o recurso a mediadores: os juristas.

Essa vontade muitas vezes reafirmada de "transparência" é reveladora dos valores pelos quais se legitima o aparelho jurídico. Sobre este ponto, a diferença em relação ao discurso científico é clara: admite-se, e até exige-se, que a verdadeira ciência não seja acessível às categorias do senso comum e que a sua popularização esteja em grande parte condenada ao fracasso. O leigo que assiste na televisão a um programa sobre genética ou mesmo o paciente a quem são explicados no hospital os benefícios da terapia genética sabem bem que não compreenderam realmente do que se trata, mas confiam nos cientistas. Por outro lado, quando se trata de explicar artigos de lei ou o funcionamento do sistema judiciário aos cidadãos que têm um problema de ordem jurídica a resolver, não se trata de popularizar conhecimentos fadados a permanecer inacessíveis: os interessados devem compreender exatamente o que está envolvido para que possam tomar decisões apropriadas. Idealmente, o mediador que faz o papel do exegeta deve conseguir tornar plenamente inteligível o conteúdo de um segmento muito preciso da lei, fazendo compreender as intenções do Legislador. A opacidade que ele tem de superar deve-se apenas ao fato de ele ter que traduzir nas categorias do senso comum textos que obedecem a uma economia própria.

Estamos, portanto, longe da exegese de textos filosóficos ou religiosos, na qual nos esforçamos para remeter cada fragmento ao conjunto de uma doutrina, embora a distância entre o texto e a experiência dos destinatários seja considerável. Para responder perguntas do tipo: "Que mensagem Deus está nos transmitindo aqui?", quem comenta uma passagem do Evangelho deve mostrar aos fiéis como um texto escrito em um mundo, em uma língua e em um gênero muito distante deles lhes diz respeito ao máximo. Como resultado, o estatuto do exegeta é muito diferente. Quando se trata de esclarecer um texto legal, espera-se do mediador que seja um bom técnico, alguém que domine uma "terminologia" e que esteja familiarizado com os "procedimentos". Mas é exigido mais dos intérpretes de poemas, de suras do Corão ou de diálogos de Platão: um carisma, uma relação privilegiada com o espírito que supostamente anima o "discurso constituinte" em questão.

## CONCLUSÃO

Estou bem consciente de que apenas arranhei a superfície de um assunto de grande magnitude. Na verdade, apenas abordei a questão dos *Thesaurus*, sem sequer me deter na sua materialidade: materialidade dos seus suportes, das suas inscrições, dos seus modos de circulação.

Parece-me, no entanto, que uma reflexão em termos de "discurso constituinte" é uma via de investigação rica em possibilidades. Até porque não isola o discurso jurídico da totalidade do universo do discurso, colocando-o em uma dupla interação: i) com o todo das práticas não jurídicas; ii) mas também com os demais "discursos constituintes". Isso não é isento de dificuldades porque tal abordagem vai contra tendências espontâneas: a serviço de um discurso que se dedica a traçar fronteiras, os especialistas do Direito esforçam-se, de fato, para manter a todo custo a fronteira última, aquela que separa o seu espaço de todos os outros. Mas, por mais que se tente, o discurso jurídico não é o único a desenvolver os seus próprios fundamentos, e isso o sujeita a certo número de restrições. Em razão dessa constituência que eles compartilham, os "discursos constituintes" não são apenas justapostos: eles se atravessam uns aos outros. A questão da escritura não está reservada à literatura, a religiosidade não está limitada às doutrinas religiosas, assim como a legalidade não está confinada ao discurso jurídico.

Não se trata, contudo, de elaborar uma abordagem que integre todas as disciplinas que têm o Direito por objeto, nem mesmo de desenvolver uma disciplina que estudaria um setor restrito das atividades jurídicas. Trata-se, sobretudo, de criar um observatório, de apreender o discurso jurídico sob uma determinada perspectiva, a das condições discursivas da autoridade. Não podemos, contudo, esconder o seguinte fato: a integração do discurso jurídico na categoria de "discursos constituintes" está longe de ser evidente. Cada um desses discursos tem um funcionamento específico, que impede que nos contentemos com semelhanças superficiais quando o confrontamos com os outros. Isso é ao mesmo tempo uma oportunidade e um risco. Uma oportunidade porque, ao relacionar sistematicamente funcionamentos que parecem tão heterogêneos, ao considerá-los através da mesma grade, podemos prestar atenção a fenômenos até então rejeitados para a periferia e, sobretudo, compreender melhor como esses diferentes discursos asseguram a sua função. Um risco também porque a qualquer momento podemos decidir que estão irremediavelmente dispersos, que não adianta definir uma categoria que os agrupe. Um programa de pesquisa transdisciplinar desse tipo só pode, portanto, ser avaliado à luz dos conhecimentos que é capaz de proporcionar.

*Tradução: Maria Clara Gomes Mathias Cavalcanti*

# Notas

[1] Especifico que minhas colocações dizem respeito ao discurso jurídico tal como ele se apresenta contemporaneamente: organizado em torno da modalidade escrita, de códigos referidos à autoridade do Legislador. Está claro, com efeito, que uma reflexão desse gênero não pode ser atemporal e indiferente à diversidade das culturas.

[2] Aqui, apoio-me no clássico *Dictionnaire illustré latin-français*, de Gaffiot (Paris: Hachette, 1934).

[3] Cf. Código Civil Francês, disponível em https://www.legifrance.gouv.fr/codes/id/LEGITEXT000006070721/. Acesso em: 18 mar. 2022.

# Referências

Bakhtine, M. (1984). *Esthétique de la création verbale*. Paris: Gallimard.

Barraud, B. (2021). Les discours des juristes peu ouverts aux déictiques. In.: A. Biglari, A.; Colas-Blaise, M. (Ed.). *Les Déictiques à l'épreuve des discours et des pratiques*. Paris: Classiques Garnier, p. 159-170.

Bittar, E. C. B. (2021). Sémiotique du Code Civil français: entre sémiotique de l'objet et sémiotique du droit. *Actes sémiotiques*, n° 125, 2021. Disponível em: https://www.unilim.fr/actes-semiotiques/7137. Acesso em 26 mar. 2022.

Bordron, J.-F. (2016). *Le Discours spéculatif*. Approche sémiotique. Limoges: Lambert-Lucas.

Bourcier, D. (Ed.) (1979). Le discours juridique: analyses et méthodes, *Langages*, n° 53.

Bourdieu, P. (1976). Le champ scientifique, *Actes de la recherche en sciences sociales*, n° 2-3, p. 88-104.

Cornu, G. (2005). *Linguistique juridique*. Paris: Montchrestien.

Foucault, M. (1969). *L'archéologie du savoir*. Paris: Gallimard.

Gaffiot, F. (1934). *Dictionnaire illustré latin-français*. Paris: Hachette.

Gueroult, M. (1953). *Descarte selon l'ordre des raisons*, 2 vol. Paris: Aubier.

Code Civil des Français. (2022). Code Civil des Français, *LégiFrance*. Disponível em: https://www.legifrance.gouv.fr/. Acesso em: 18 mar. 2022.

Maingueneau, D. (1983). *Sémantique de la polemique*. Lausanne: L'Âge d'Homme.

Maingueneau, D. (1999). Analysing self-constituting discourses. *Discourse Studies*, I, 2, p. 175-199.

Maingueneau, D. (2004a). Hyperénonciateur et "particitation", *Langages*, n° 156, p. 111-127.

Maingueneau, D. (2004b). *Le discours littéraire*. Paratopie et scène d'énonciation. Paris: Armand Colin.

Maingueneau, D. (2012). La biographie des philosophes dans une perspective d'analyse du discours. In.: Cossutta F., Delormas P., Maingueneau D. (Eds.). *La vie à l'œuvre*. Le biographique dans le discours philosophique. Limoges: Lambert-Lucas, p. 21-36.

Maingueneau, D. (2016). *Trouver sa place dans le champ littéraire*. Paratopie et création. Louvain la Neuve: Academia-L'Harmattan, 2016.

Maingueneau, D. (2022). *L'Ethos en analyse du discours*. Louvain-la-Neuve: Academia.

Maingueneau, D.; Cossutta, F. (1995). L'Analyse des discours constituants, *Langages*, n° 117, p. 112-125.

# ENCONTRAR O SEU LUGAR NO AMBIENTE FILOSÓFICO: PENSADORES, GESTORES, MEDIADORES

O discurso filosófico* não se reduz a textos nos quais são elaborados pensamentos bem distintos. Ao contrário, apresenta-se como uma rede diversificada de géneros: teses de doutorado, aulas universitárias, tratados, manuais, dicionários, revistas consagradas à filosofia... Desde que surgiu, a análise do discurso filosófico – e isso é compreensível – tem, no entanto, focalizado textos fortemente doutrinários produzidos por autores importantes. Neste capítulo, gostaríamos de ampliar a perspectiva considerando a integralidade do terreno onde enunciam os autores que se reivindicam filósofos. Ao invés de pressupor que eles agem em um espaço com fronteiras estáveis e evidentes, interrogar-nos-emos sobre a maneira como eles negociam sua configuração, as transações através das quais eles o delimitam e o preservam. Para compreender as diversas modalidades nas quais essas transações se organizam, distinguiremos aí quatro grandes papéis filosóficos que se manifestam através de modalidades de enunciação específicas: dois desses papéis ("pensador" e "gestor") exercem sua atividade no interior do espaço filosófico, os dois outros ("vulgarizador" e "ensaísta") privilegiam as relações com seu exterior. Trata-se de papéis discursivos, atrelados à produção

---

* N.O.: Texto originalmente publicado na revista *Argumentation et Analyse du Discours* (v. 22, 2019).

de enunciados considerados filosóficos; eles permitem articular estatutos, passíveis de serem descritos por um sociólogo, a posições enunciativas impostas pelos gêneros do discurso e suas cenografias (Maingueneau, 1998).*

Não nos apoiaremos sobre um *corpus* representativo. Por hora, trata-se somente de introduzir algumas distinções ilustrando-as com exemplos que nos parecem significativos. Mas estamos conscientes que somente pesquisas metódicas sobre *corpus* mais vasto permitiriam validar ou nuançar mais ou menos fortemente os conceitos introduzidos aqui. Para não confundir os leitores aos quais a história da filosofia não é familiar, a maior parte de nossos exemplos foi extraída de autores contemporâneos cujos pensamentos são, em tese, mais conhecidos.

## "PENSADORES" E "GESTORES"

O sentido do termo "filósofo" variou conforme as épocas.[1] Supõe-se hoje que aqueles que assim são categorizados devam pertencer a um domínio ancorado no mundo universitário,[2] o qual se procura distinguir claramente de outros: a literatura, o jornalismo, a política, a ciência… O senso comum chama de "filósofo" todos os especialistas em Filosofia, sem levar em conta a hierarquia apontada por Alain Badiou no início de seu *Manifesto pela Filosofia*, que opõe alguns poucos "filósofos" a uma população menos prestigiosa de "comentadores", de "eruditos" e de "ensaístas":

> Os filósofos vivos, na França de hoje, não há muitos, embora haja, sem dúvida, mais do que em outros lugares. Digamos que os contamos, sem dificuldade, pelos dedos das mãos. Sim, uma pequena dezena de filósofos, se entendemos com isto os que propõem para nosso tempo enunciados singulares, identificáveis, e se, consequentemente, ignoramos os comentadores, os indispensáveis eruditos e os vãos ensaístas (Badiou, 1989, p. 7 / 1991, p. 1).**

---

\* N.T.: Obra traduzida no Brasil como: MAINGUENEAU, D. *Análise de textos de comunicação*. Trad. Maria Cecília Souza e Silva e Décio Rocha. 6. ed. (ampliada). São Paulo: Cortez, 2013.

\*\* N.T.: Aqui utilizamos a tradução brasileira de M. D. Magno, publicada em: BADIOU, A. *Manifesto pela Filosofia*. Rio de Janeiro: Aoutra Editora, 1991, p. 1.

Badiou flagra um paradoxo: enquanto a Filosofia é comumente concebida como uma atividade que elabora pensamentos identificáveis, que se posicionam no campo filosófico, a maior parte dos que chamamos "filósofos" se consagra a outros trabalhos, necessários, porém menos prestigiosos. Os "pensadores" se distinguem assim dos "gestores", muito mais numerosos, que se dedicam ao estudo dos posicionamentos já estabelecidos ou contribuem para estabelecê-los.

Esses termos, "pensador" e "gestor", são, em certa medida, insatisfatórios. "Pensador" tem certamente um sentido mais restrito do que no uso corrente; para evitar qualquer confusão, colocamo-lo aqui entre aspas. Quanto ao "gestor", não deve ser tomado pejorativamente nem associado ao mundo empresarial. Garantindo uma ordem da filosofia, o gestor exerce duas funções complementares que ele combina em proporções variáveis nos múltiplos gêneros do discurso que mobiliza: a de cartógrafo e a de "animador". Como "cartógrafo", organiza o arquivo filosófico: aí, ele distingue posições e coloca balizas, constituindo-o como um espaço pensável, partilhável e onde é possível circular. Na qualidade de "animador", ele é incumbido pela instituição da tarefa de dar sentido aos textos, de mostrar sua atualidade. Nesse caso, sua atenção volta-se, em geral, para um autor ou uma obra. Será, por exemplo, cartógrafo o autor de uma apresentação sinóptica de determinada corrente da filosofia grega; e animador, o que propuser uma "leitura nova" de Hume ou de Husserl.

"Pensador" e gestor constituem, lembremos, dois papéis. De qualquer modo, um criador em Filosofia precisa explorar os posicionamentos em relação aos quais ele vai traçar as fronteiras de sua identidade enunciativa. Quanto aos gestores, para bem cumprir sua função, eles devem adotar certo ponto de vista sobre a Filosofia a ponto de, às vezes, elaborar, de maneira mais ou menos explícita, um posicionamento pessoal. O mesmo indivíduo pode, portanto, passar de um papel a outro. Quando um "pensador" começa como gestor e ganha notoriedade, pode-se, retrospectivamente, perceber suas publicações de gestor como testemunha de um posicionamento em vias de constituição. A primeira obra de Althusser (1959) é uma apresentação do pensamento de Montesquieu. Deleuze publicou obras de apresentação do pensamento de Kant, em 1963, e de

Bergson, em 1966, que podem ser lidas hoje à luz daquelas nas quais ele expôs sua doutrina.

As produções dos "pensadores" podem ser divididas em dois conjuntos. De um lado, um acervo de enunciados prestigiosos, cuidadosamente transmitidos, um *Thesaurus* de "grandes textos" de "grandes pensadores", em geral já mortos, que nunca cessam de ser reinterpretados e que, reinterpretando-os, mantemos seu estatuto privilegiado de textos em torno dos quais se congrega a comunidade filosófica. De outro lado, as publicações de autores recentes, na maior parte vivos, cujos nomes pautam os debates atuais em torno de questões nodais associadas a diversos domínios: a ação, a identidade, a técnica, a metafísica...

Para elaborar seu posicionamento, os "pensadores" traçam nos textos do *Thesaurus* percursos pessoais que jogam com fronteiras temporais e doutrinárias. Eles só podem de fato produzir um novo posicionamento, suscetível de enriquecer o *Thesaurus*, desqualificando este último, parcialmente ("tais filósofos não compreenderam que...") ou totalmente ("até aqui, os filósofos não fizeram outra coisa senão..., agora é preciso..."). A tarefa dos gestores, por sua vez, é "enquadrar" o *Thesaurus*. Multiplicando as relações entre seus componentes ("Descartes reformula a interrogação platônica...", "Rousseau é o primeiro de uma longa linhagem de filósofos que...", "Pode-se opor a solução de Aristóteles à de Hegel..." etc.) e vinculando os autores recentes aos autores do *Thesaurus*.

Dizer que os "pensadores" firmam seu posicionamento constituindo um percurso pessoal no *Thesaurus* filosófico não quer dizer que todos os seus textos, de maneira explícita, se filiem ou polemizem com os autores do *Thesaurus*, mas que a explicitação de suas filiações e dessas polêmicas é necessária para que eles sejam reconhecidos como verdadeiros "pensadores". Só é possível, de fato, assegurar a "filosoficidade" de um texto e decidir em que medida se trata de um acontecimento conectando-o, de uma forma ou de outra, aos conceitos elaborados no *Thesaurus*. Afirmar que Nietzsche é um filósofo de pleno direito é obrigar-se a mostrar que mesmo seus textos que não explicitam relações com o *Thesaurus* estão em diálogo constitutivo com autores os quais se pressupõe serem plenamente filosóficos.

A atividade de cartografia conduzida pelos gestores deve ser diferenciada da "demarcação" realizada por todo "pensador". Para delimitar a falta que justifica a emergência de sua própria enunciação, este deve situar-se em relação aos posicionamentos precedentes e aqueles que lhe são contíguos, o campo onde está inscrito. Vimos anteriormente a posição de Badiou. Ele começa por reduzir o número de filósofos relevantes a uma "pequena dezena"; depois seleciona alguns (Lacoue, Labarthe, Lyotard, Deleuze, Derrida), os quais reagrupa atribuindo-lhes a convicção de "que a filosofia é impossível, que ela acabou, delegada a outra coisa que não ela mesma" (1989, p. 7 / 1991, p. 1). Como toda demarcação, a de Badiou oferece uma representação muito parcial, porque é fundamentalmente interessada: só são selecionados aqueles autores dos quais o "pensador", em um dado momento, julga que precisa se demarcar para firmar seu posicionamento. Já a cartografia dos gestores não está, a princípio, a serviço de um posicionamento. Ela procura distribuir as diferentes correntes ou os diferentes autores em um espaço: diversos pontos de vista sobre uma mesma questão, diferentes posicionamentos de uma mesma época, diferentes autores de uma mesma corrente etc. Embora seja sobretudo a partir do século XIX que se desenvolve uma verdadeira história da filosofia, trata-se de uma prática muito antiga. A obra do doxógrafo Diógenes Laércio, *Vidas, doutrinas e sentenças dos filósofos ilustres*, é a testemunha mais conhecida disso. Encontra-se aí, ao mesmo tempo, uma classificação das escolas e uma apresentação mais ou menos sistemática de cada pensador em torno do tríptico: vida, doutrina, obras.

Se os "pensadores" devem validar seu pertencimento ao espaço filosófico designando as lacunas dos posicionamentos existentes para firmar o seu, os gestores multiplicam as relações entre os posicionamentos através de dois procedimentos complementares. O primeiro os leva a recortar regiões, a traçar fronteiras entre épocas, autores, escolas, correntes, gêneros, disciplinas... O segundo os conduz a borrar todas as fronteiras, a circular por todo o espaço: é o caso, em particular, dos empreendimentos de ordem lexicográfica, dos quais se extraem conceitos − unidades lexicais ou sequências de unidades fixas −, associando em uma mesma entrada termos oriundos de autores e épocas os mais diversos. No tocante à França, lembremos as obras coletivas organizadas por André Lalande (*Vocabulário crítico e técnico de Filosofia*) ou Sylvain Auroux (*As noções filosóficas*, 1998). Ao lado dos trabalhos lexicográficos, podemos evocar também as iniciativas que visam apresentar as diversas facetas de uma "grande questão" agrupando textos ou articulando sínteses de doutrinas distantes geográfica, intelectual ou temporalmente. Na França, por exemplo, a coleção "Corpus", da Flammarion (GF), propõe antologias de textos filosóficos comentados, precedidas de uma alentada introdução, sobre temas tão diversos quanto a morte, a justiça, a liberdade, a ilusão, o poder... Existem também obras ou capítulos de obras que são verdadeiros cursos sobre tais questões. É assim com Pascal Engel (1995), que, para tratar de "crenças", convoca Hume, Kant, Platão, Pascal, Descartes, Reid, Peirce, Wittgenstein... Esses dois procedimentos dos gestores, um que divide e outro que reúne, só se opõem aparentemente. O primeiro só pode recortar o espaço filosófico evidenciando sua fronteira com um exterior e fazendo de cada região uma unidade específica. Quanto ao segundo, ele só promove unificação para melhor mostrar as linhas de fratura: os verbetes do dicionário reagrupam empregos divergentes, as obras de sínteses sobre as "grandes questões" filosóficas põem em cena suas diferenças.

Ainda que eles exibam o *ethos* ascético dos que, renunciando trabalhar em causa própria, se consagram à defesa da causa filosófica, desenrola-se, no entanto, entre os gestores uma luta surda pelo poder: certamente eles não são senhores do pensamento, mas é através deles que se consolida o espaço filosófico.

## QUANDO O ANIMADOR SE TORNA "PENSADOR"

Iremos nos concentrar em um exemplo interessante, no qual os dois papéis, de animador e de "pensador", são desempenhados simultaneamente pela mesma pessoa. Michel Serres publicou no mesmo ano, 1968, duas obras das quais uma, *O sistema de Leibniz e seus modelos matemáticos*, apresenta-se como um trabalho de especialista, e a outra, *Hermes I: a comunicação*, como um livro de "pensador". É de um ponto de vista enunciativo que as duas obras divergem, e não no plano doutrinal: *A comunicação* inaugura uma série de livros que reivindicam uma inspiração leibniziana, e pode-se ler, retrospectivamente, *O sistema de Leibniz* como um elemento da doutrina que, em seguida, Michel Serres desenvolveu.

O autor tinha acabado de defender sua tese de doutorado, da qual extraiu esse sistema de Leibniz em dois volumes. Eis aqui o início da "Introdução":

> I. Cenografia, icnografia[3]
> Para quem se engaja no mundo descrito ou construído pela filosofia de Leibniz, algo embaraçoso subsiste: ele é rapidamente convencido de sua organização sistemática, e essa convicção é permanente; mas é difícil para ele abraçar essa organização, compreender esse sistema. Ele forma um sentimento confuso de uma ordem potencial que se deixa sempre entrever e que, sem cessar, se oculta, a ideia vaga de uma coerência percebida mil vezes como uma elegância e que rouba seu geometral, a sensação de percorrer um labirinto segurando o fio (1), sem dispor de mapa. Perspectivas abertas, pontos de vista multiplicados, possibilidades infinitamente iteradas: parece que nunca se pode alcançar os limites exaustivos de um plano sinóptico, ampliado, completo, atual. E esse duplo sentimento está em harmonia com o que Leibniz empreende e com o que ele diz de seu empreendimento [...]. (p. 7-8).

A nota (1), que não reproduzimos aqui, possui nada menos que 20 linhas, nas quais são levantadas, de maneira erudita, as ocorrências da metáfora do fio de Ariadne em Leibniz. O enunciador, de acordo com as normas linguísticas e intelectuais da exposição acadêmica, tende a apagar as marcas de sua presença, em proveito da relação entre leitor e a obra do autor da *Teodiceia.** Logo nas primeiras palavras, através do pronome relativo sem antecedente ("para quem"), inscreve-se o lugar de um leitor do qual o autor se apresenta como seu auxiliar. O objetivo declarado é o de ajudar a melhor compreender o pensamento de uma das grandes figuras do *Thesaurus*. Para isso, Serres define o contrato que legitima sua tarefa: após ter identificado um paradoxo (um sistema leibniziano ao mesmo

---

* N.T.: O autor refere-se aqui a Leibniz, que, em 1710, cunhou o termo "teodiceia" por meio da obra *Essais de Théodicée sur la bonté de Dieu, la liberté de l'homme et l'origine du mal* (*Ensaios de Teodiceia sobre a bondade de Deus, a liberdade do homem e a origem do mal*).

tempo visível e invisível), propõe-se a resolvê-lo apoiando-se sobre sua competência de especialista.

Em *Hermes I: a comunicação*, o dispositivo aparece bem diferente. Isso já se evidencia no *ethos* editorial. A obra sobre Leibniz foi publicada pela PUF na coleção "Prométhée", então dirigida por Jean Hippolyte, que acumula distinções do reconhecimento acadêmico: formado pela Escola Normal Superior e também seu ex-diretor, ex-professor da Sorbonne, professor do Collège de France. Já *A comunicação* foi lançada pelas Edições Minuit, na coleção "Critique".

A Presses Universitaires de France, como indica seu nome, está ancorada na instituição universitária; suas publicações privilegiam predominantemente trabalhos de História da Filosofia. Em contrapartida, a Minuit foi então tida, tal como a Seuil, como uma editora de pensamentos de vanguarda. Foi lá, por exemplo, que Deleuze publicou, em 1969, *Lógica do sentido*, e Guattari, em 1972, *O anti-Édipo*. Foi lá também que Derrida, em 1967, publicou *Gramatologia* e vai publicar, em 1972, *Posições e margens da Filosofia*. A coleção "Critique" quer sustentar a imagem do marco: o pensamento novo desponta no espaço em branco. Uma capa antípoda da austeridade marrom de "Epiméthée", que privilegia o estudo do mais canônico *Thesaurus*, como indicam seu título e a vinheta arcaizante na qual os nomes dos dois personagens (Epimeteu e Pandora) estão escritos em caracteres gregos: para os iniciados, portanto, os únicos capazes de compreender em que a relação entre Epimeteu e Pandora pode ser emblemática da Filosofia.

Michel Serres se encontra aí em um momento crucial de sua carreira: ele não havia publicado ainda um livro e nem tinha um posto estável na universidade. Sua obra sobre Leibniz apenas contribuiu para lhe conferir alguma legitimidade na instituição. Paralelamente, *A comunicação* lhe confere outra forma de legitimidade, dá-lhe acesso a um público mais amplo, em uma época em que florescem os "profetas" da teoria (Angermuller, 2003), mestres do pensamento que têm uma inserção problemática na instituição universitária, mas possuem uma grande audiência para além dos especialistas da disciplina. Nesse livro, Serres multiplica sinais emblemáticos de seu estatuto de "pensador". O título é ambíguo: o volume intitulado *A comunicação* se apresenta como o primeiro de uma série cujo nome (*Hermes I*) só adquire sentido no âmbito de um posicionamento singular.

As primeiras linhas da introdução são significativas:

## A REDE DE COMUNICAÇÃO: PENÉLOPE

Antes de ser seduzida por Zeus sob a forma de uma serpente, e de conceber Dioniso, Perséfona, abandonada por Deméter na gruta de Cíane, tinha começado uma tecelagem na qual estaria representado todo o universo. Imaginemos um diagrama em *rede*, desenhado num espaço de representação. Ele é formado, num dado instante (pois não veremos que ele representa qualquer estado de uma situação móvel), por uma pluralidade de pontos (extremos) ligados entre si por uma pluralidade de ramificações (caminhos). Cada ponto representa ou uma tese, ou um elemento efetivamente definível de um conjunto empírico determinado. Cada via é representativa de uma ligação ou de uma relação entre duas ou mais teses, ou de um fluxo de determinação entre dois ou mais elementos dessa situação empírica. Por definição, nenhum ponto é privilegiado em relação a outro, nem univocamente subordinado a qualquer um; cada um possui o seu próprio poder (eventualmente variável com o decorrer do tempo), a sua zona de incidência, ou ainda a sua força determinante original. Por conseguinte, ainda que alguns possam ser idênticos entre si, na geralidade são diferentes. O mesmo se passa com os caminhos, que transportam fluxos de determinações diferentes e variáveis com o tempo (p. 11 / p. 7).*

O autor não justifica seu livro explicitando sua vontade de resolver uma dificuldade que os filósofos especialistas encontrariam diante da doutrina de Leibniz. As notas eruditas desaparecem. A epígrafe evoca a mitologia grega, mas, diferentemente da coleção "Epiméthée", na qual a referência é imposta a todos os autores, a evocação de Penélope é destinada a ilustrar o posicionamento singular de Serres. Essa epígrafe mitológica tem um duplo objetivo. Ela apresenta seu autor como um homem em contato com os fundamentos, que na cultura ocidental são em geral remetidos à Grécia antiga; além disso, impõe um quadro interpretativo que o leitor deve elucidar: ao fim de sua leitura, ele será capaz de entender por que tal epígrafe, e não outra, foi a escolhida.

O texto põe em cena ostensivamente seu caráter inaugural através de um "Imaginemos...", no qual um pensamento instaura soberanamente um espaço e os objetos que ele oferece, sem inscrevê-los pacientemente em uma problemática constituída. O enunciador reconecta-se com o que é a própria pretensão da filosofia, colocando-se em um duplo *arché*: através dessa cenografia axiomática que estabelece elementos primordiais, puros objetos de pensamento, e através do arcaísmo de uma mitologia grega que instaura o enigma obsessivo da passagem do *mythos* ao *logos*.

As poucas linhas que citamos são apenas o início de um longo desenvolvimento que expõe metodicamente uma teoria das redes, destinada a assentar uma teoria da estrutura, noção que se encontra então no firmamento da conjuntura intelectual:

> Eis aqui, rapidamente descritas, as características principais desta rede. Ninguém tem dificuldade de perceber que ela constitui uma estrutura filosófica abstrata de muitos modelos. O fato de darmos, a seus elementos, vértices, caminhos, fluxo de comunicação, etc., tal conteúdo determinado, pode efetivamente tornar-se um método mobilizável. Para

---

* N.T.: Utilizamos aqui e nas outras citações desta obra de Serres a tradução de Fernando Gomes em SERRES, M. *A comunicação*. Porto: Rés, s/d.

nos convencermos, basta-nos assegurar de que o seu preenchimento pode ser feito quer por meio de conteúdos puros, quer por meio de conteúdos empíricos: e, de fato, pode ser uma matemática, teoria dos grafos, topologia combinatória, teoria dos esquemas, no seu limite de pureza; pode tornar-se, no seu limite de aplicação, um excelente órgão [*organon*]\* de compreensão histórica (p. 20 / p. 15).

Fundamentar o método estrutural é, nessa conjuntura intelectual, ocupar uma posição soberana, a que confere razoabilidade ao conjunto de pesquisas que, em diversos domínios, se reivindicam do estruturalismo. O uso do termo "*organon*", discreta alusão aos tratados lógicos de Aristóteles, mostra a pretensão fundadora de tal empreendimento. A lacuna assim aberta entre a epígrafe mitológica e a enunciação axiomática está condenada a ser preenchida pela explicitação desse *organon*, ao mesmo tempo grego e contemporâneo. A segunda e última seção da "Introdução" se intitula "Estrutura e importação: das matemáticas aos mitos" (p. 21 / p. 15). O estruturalismo tem uma relação privilegiada com o mito: em 1962, foi publicado *Mito e pensamento na Grécia*, de Jean-Pierre Vernant; Claude Lévi-Strauss havia, desde 1964, publicado suas *Mitologias*, e os trabalhos de mitologia comparada de Georges Dumézil já eram largamente difundidos, assim como os de Vladimir Propp sobre o conto russo. Greimas tinha publicado, em 1966, sua *Semântica estrutural* e, no mesmo ano, foi lançado o nº 8 da revista *Communications* sobre "A análise estrutural da narrativa", na qual Greimas publicara "Elementos para uma teoria da interpretação da narrativa mítica".

Produzir um *organon* capaz de unificar ciências formais e análise da mitologia era, portanto, o *Graal*.

> A novidade deste método [= *estrutural*] reside no fato de o analista retornar a ter confiança, e isto passa-se pela primeira vez após a época clássica, naquilo a que poderíamos designar em sentido lato por *abstração*. Neste sentido, pode-se falar de um novo classicismo. [...] Pela análise estrutural, descobre-se que a razão encontra-se na maior profundidade das formações que à primeira vista não parecem engendradas por ela. É nesse sentido

---

\*    N.T.: Tal como se encontra no original francês (Serres, 1968).

que propus o termo *Logoanálise*: pôr em evidência um rigor estrutural, numa aglomeração cultural, designar os esquemas acessíveis à pura razão e subjacentes a estas mitologias que outrora era o subjacente do cultural, aí estão os primeiros objetivos logoanalíticos (p. 33-34 / p. 26).

Colocando-se aqui como "pensador", o autor define sua própria "cronografia", ou seja, ele efetua o recorte histórico que lhe permite legitimar sua enunciação. Nesse caso, trata-se de reconectar-se com a "época clássica" ampliando-a para além das filosofias da história herdadas do século XIX. Esta cronografia se coaduna com um gesto de posicionamento que afirma a necessidade de uma "loganálise". O recurso a um neologismo sublinha a pretensão fundadora da abordagem. Ao mesmo tempo, o modelo de "análise" lacaniana triunfa, Kristeva promete uma "semanálise", Derrida recusa o "logocentrismo" em proveito de uma "gramatologia"; pouco depois, Bellemin-Noël proporá uma "textanálise" da literatura e, em 1969, Pêcheux e Dubois, em contextos muito diferentes, lançarão as bases de uma "Análise do Discurso".

O desejo de figurar como precursor se manifesta igualmente por um detalhe: as duas seções da introdução são datadas: "janeiro de 1964", a primeira, e "novembro de 1961", a segunda. Duas datas cuja exatidão não é possível verificar. Isso pode surpreender em uma introdução de um livro publicado em 1968. Isso significa, sem dúvida, que a axiomática exposta não é somente a formalização *a posteriori* de textos que se reivindicam estruturalistas, mas uma enunciação verdadeiramente inaugural, anterior à emergência do estruturalismo na cena midiática.

A abordagem de Serres mostra uma harmonia entre a atividade do especialista e a do "pensador". Mas o mais comum é quando os "pensadores" leem ostensivamente as obras de outros pensadores através das lentes de seu próprio posicionamento. *O abecedário*[4], de Deleuze, proporcionou-nos acesso ao seu pensamento. Não se trata de um glossário de Filosofia. Uma vez reconhecido, um "pensador" dificilmente vai poder aparecer como especialista: espera-se dele que confirme seu estatuto, e não que se ponha a serviço de outros pensadores. Percebe-se isso quando o mesmo Deleuze, em um livro consagrado a Foucault, sintetiza a reflexão desse autor sobre a "relação consigo mesmo" com a ajuda do par conceitual "dobramento"/ "dobra", que ele põe em correspondência com as quatro causas aristotélicas:

> A subjetivação se faz por dobra. Mas há quatro dobras, *quatro pregas* de subjetivação – tal como os quatro rios do inferno. A primeira concerne à parte material de nós mesmos que vai ser cercada, presa na dobra [...]. A segunda dobra é a da relação de forças, no seu sentido mais exato [...]. A terceira dobra é a do saber, ou a dobra da verdade [...]. A quarta dobra é a do próprio lado de fora, a última [...]. As quatro dobras são como a causa final, a causa formal, a causa eficiente, a causa material da subjetividade ou da interioridade como relação consigo (1986, p. 111-112 / 2006, p. 111).*

Certamente, Deleuze afirma que a dobra tem esse estatuto privilegiado não por estar no centro de seu próprio pensamento, mas porque ela "obceca toda a obra de Foucault" (1986 / 2006, p. 106) e "encontra nas últimas pesquisas sua justa dimensão" (p. 115-116 / p. 116). Pode-se, no entanto, presumir que, se a "dobra" entrar um dia em um vocabulário de Filosofia, será mais como um conceito deleuziano do que foucaultiano.

Deleuze mantém, no entanto, uma exigência de fidelidade: ele pretende mostrar até que ponto o pensamento de Foucault é coerente e forte. Isso nem sempre é assim. A inversão de hierarquia entre o comentador e o comentado pode ser mais explícita. É o caso de Derrida: seu posicionamento o obriga a analisar os textos de grandes figuras do *Thesaurus*, mas ao invés de restituir-lhes a coerência, ele valida seu próprio posicionamento "desconstruindo" o engenho que sustenta seus textos. Lembremos aqui de sua análise do "*pharmakos*",[5] transformado em conceito platoniano apesar de Platão, que não fez uso dele. Podemos lembrar, igualmente, o estudo sobre o "*Geist*",[6] termo frequentemente empregado por Heidegger, mas não na qualidade de um conceito reivindicado (em 1927, em *Sein und Zeit*, Heidegger prefere evitá-lo). Tratando-se de um conceito heideggeriano, é, portanto, enquanto fantasma conceitual, precisamente um *Geist*, objeto privilegiado de uma desconstrução.

---

\* N.T.: Utilizamos a tradução de Claudia Sant'Anna Martins, em DELEUZE, Gilles. *Foucault*. São Paulo: Brasiliense, 2006.

Serres, Deleuze e Derrida são exemplos de três relações diferentes entre um "pensador" e o *Thesaurus*. Cada um à sua maneira, eles procuram integrar em suas próprias categorias um pensamento que, para eles, não é qualquer um, mas aquele ou um daqueles do qual precisam se demarcar. Serres erige Leibniz como inspirador, e a análise que propõe da doutrina do autor de *Monadologia* é inseparável da elaboração de sua própria doutrina. Deleuze estabelece uma relação ambígua com um amigo que é, ao mesmo tempo, concorrente no campo filosófico; a análise é, ao mesmo tempo, um ato de deferência e um ato de dominação que impõe ao comentado as categorias do comentador. Derrida vai ainda mais longe, desconstruindo um pensamento, o de Heidegger, que exerce sobre ele uma enorme influência, que precisamente o "obceca", como o *Geist*, cujas voltas e reviravoltas ele se obstina em descrever. Seja como for, a relação do "pensador" com o autor que ele comenta só pode ser ambivalente, o comentário mesclando dominação e submissão, como é o caso de qualquer posicionamento filosófico que associe ancoragem no *Thesaurus* e rejeição a ideias estabelecidas.

A relação é, em geral, mais unívoca entre os gestores: obrigados a assumir uma posição auxiliar, eles se legitimam por sua aptidão em analisar os gestos criativos dos "pensadores" consagrados. No entanto, dado o estatuto privilegiado de que goza a filosofia na sociedade, eles não se consideram meros estudiosos, e, sim, conhecedores da Filosofia que, para além de seu saber, pretendem participar de seu Espírito pondo-se a serviço dos textos e dos criadores nos quais esse Espírito se manifesta plenamente. Na França, todo professor de Filosofia do ensino secundário tem, devido a seu *status*, o direito de ter um pensamento próprio.

## VULGARIZADORES E ENSAÍSTAS

Até aqui, abordamos o espaço filosófico como um espaço relativamente fechado, organizado em torno de um *Thesaurus* e de um campo onde se enfrentam posicionamentos. Mas essa visão das coisas só será realista se levar em conta outra perspectiva: o trabalho através do qual tal espaço gerencia suas relações com seu exterior. Os que desejam preservar essa fronteira devem, com efeito, constantemente restabelecer uma clivagem entre os enunciados que eles julgam ser propriamente filosóficos e aqueles que não o seriam. Para eles, a maneira legítima de gerenciar as relações com o exterior é a vulgarização. A enunciação do vulgarizador – quer ele escreva manuais ou assine artigos em revistas – é impulsionada pela necessidade de superar a distância entre a *doxa* na qual estão imersos os seus destinatários e a complexidade dos posicionamentos que é preciso tornar acessíveis. É justamente por meio dessa distância que a filosofia se legitima: deplorar os "atalhos", as "simplificações", as "deformações"... a vulgarização não faz senão reforçar a fronteira que ela tem por missão transpor.

O problema é que as relações entre o espaço filosófico e seu exterior não se reduzem à vulgarização. O que particularmente embaraça os que se dedicam a manter firme essa fronteira são aqueles autores – amiúde suspeitos de sucumbir aos sortilégios da midiatização – que tratam de questões que interessam a públicos estranhos à Filosofia, mas sem colocar em primeiro plano um debate aprofundado acerca dos conceitos do *Thesaurus* e dos "pensadores" contemporâneos importantes. Vamos chamá-los de "ensaístas", termo que, significativamente, possui frequentemente um valor pejorativo. Falaremos aqui apenas dos autores que reivindicam ser do campo da Filosofia, e não de todos os autores de ensaios. Por exemplo, Bernard-Henri Lévy, André Comte-Sponville ou Michel Onfray, que, provindos de universos de pensamento muito diferentes, são, na França, facilmente acusados por seus pares de preferir atingir um vasto público, com a totalidade ou com parte de suas publicações, do que trabalhar com uma verdadeira filosofia.[7] Diferentemente dos papéis de "pensador", de gerenciador e de vulgarizador, o do ensaísta só existe para aqueles que pretendem encarnar certa ortodoxia filosófica; os interessados, de sua parte, se consideram produtores legítimos de Filosofia e dispõem de múltiplos argumentos para justificar sua posição. Podem reivindicar uma prática filosófica conectada com a sociedade e converter em sinal de distinção o descrédito que os filósofos estabelecidos lançam sobre eles.

A existência de tais ensaístas revela uma tensão constitutiva da Filosofia: aquela entre as forças centrípetas que lançam o mundo nas redes conceituais da Filosofia e as forças centrífugas que atraem a Filosofia para as necessidades imediatas do mundo. A situação seria simples se bastasse, para desqualificar um filósofo, fazer dele um ensaísta, reconhecido por um público não especializado e que reflete sobre questões da atualidade. Mas um filósofo não precisa ser desconhecido do grande público para ser um "pensador" reconhecido por seus pares. Basta ver o exemplo de Bergson e de Foucault, filósofos consagrados ao mesmo tempo pelos seus pares e pelo público exterior à Filosofia. Não precisam também ignorar os problemas políticos ou sociais para permanecer no espaço filosófico: basta-lhes reelaborar as questões que emergem da sociedade, convertê-las em questões propriamente filosóficas. Hegel foi fortemente marcado pela Revolução Francesa e pelas guerras napoleônicas; chegou mesmo a conhecer Napoleão: "Eu vi o Imperador – essa alma do mundo – sair da província e partir para a glória..." (1952, p. 120). Mas esses acontecimentos só tiveram nele valor filosófico porque sua doutrina os inscreveu na história do Espírito.

Abordando a questão do papel do ensaísta de forma menos abstrata, tomemos aqui uma obra de Michel Onfray: *Teoria do corpo amoroso: por uma erótica solar* (2000). Seu título de antemão já atesta um compromisso entre uma temática que interessa a todos (o "corpo amoroso") e as marcas de filosoficidade: a autocategorização do livro como "teoria", o emprego substantivado de "erótica". De fato, nessa obra, o autor se esforça ao mesmo tempo para mostrar um *ethos* filosófico e para pôr à distância as normas da escritura filosófica clássica. Percebe-se isso desde as primeiras linhas da "Abertura":

*Manifesto pela vida filosófica*

Lendo Homero, sonhei com sereias que fascinavam os homens com suas vozes sedutoras e deixavam, ao amanhecer, na orla, os esqueletos dos incautos que sucumbiam à tentação; encontrei, anotando Diodoro da Sicília e Philon de Alexandria, Pasífae apaixonada por um touro divino a ponto de pedir ao engenhoso Dédalo que fabricasse uma novilha toda feita de iscas e com um mecanismo no qual ela se ajoelharia para receber o sêmen taurino e conhecer a voluptuosidade animal; acompanhei com Ovídio a metamorfose de Tirésias, homem que virou mulher durante sete outonos por ter desacoplado duas serpentes enlaçadas, e que ensina, baseado em sua experiência, o prazer das mulheres, nove vezes mais intenso do que o de seus parceiros machos (2013, p. 31).

Como Serres e a coleção "Epiméthée", o autor invoca a caução da Antiguidade grega, mas essa referência canônica é contrabalançada pela presença de um "eu" biográfico invasivo. A inserção de um gerúndio em incisa ("anotando Diodoro da Sicília e Philon de Alexandria") no interior de uma frase que descreve um episódio de conteúdo fortemente sexual é igualmente característica desse compromisso: a "anotação", para tratar de sexualidade, de textos que só são habitualmente lidos pelos filósofos eruditos e os helenistas ativa no leitor o *ethos* de um enunciador que acumula os traços do filósofo titulado e a liberdade de quem toma distância da instituição filosófica.

A exposição de seu pensamento, entretanto, segue uma abordagem clássica. O autor percorre o arquivo para proclamar a Filosofia posterior à Antiguidade grega como um desvirtuamento da Filosofia: como houvera, conforme Heidegger, um "esquecimento do Ser" após os pré-socráticos, teria havido uma espécie de esquecimento da vida por parte dos filósofos, que acabaram produzindo um pensamento "autista", em que não se faz outra coisa que ler textos e se "entreglosar", em suma: focar no *Thesaurus*. Daí a necessidade de, escrevendo uma "contra-história da Filosofia", reabilitar certo número de pensadores que a instituição filosófica relegou à margem.

> De minha parte, eu não estou satisfeito com uma filosofia de pura pesquisa que consagra o essencial de seu tempo e de sua energia a solicitar as condições de possibilidade, a examinar as bases epistêmicas sobre as quais se podem colocar questões. Eu prefiro encarar, em outra extremidade da cadeia reflexiva, a soma das afirmações e resoluções úteis para a condução de uma existência a toda velocidade entre dois nadas. A opção teórica produz pensamentos autistas e solipsistas, sistemas e visões de mundo semelhantes a puros jogos de linguagem destinados a especialistas, reservados a técnicos, confinados em laboratórios. No terreno filosófico, eu me interesso prioritariamente pelos que encontram, muito mais do que pelos que procuram – e sempre preferi um pequeno achado existencialmente útil a uma grande pesquisa filosófica inútil para a vida cotidiana [...].
>
> De modo que sou nostálgico da filosofia antiga, de seu espírito, de seu jeito, de seus métodos e de seus pressupostos. A figura de Sócrates irradia os séculos que se seguiram ao seu suicídio imposto, ela permite uma fórmula filosófica inoxidável: a existência e o pensamento indistintos, a vida e a visão de mundo imbricadas, o cotidiano e o essencial nutrindo-se mutuamente. Longe do professor de filosofia, do descascador de textos, do fabricante de tese, do entreglosador profissional, o filósofo define, primeiramente, o indivíduo que experimenta a vida filosófica e tenta insuflar nos mínimos detalhes de suas práticas o máximo de forças que sua teoria arregimenta – e vice-versa (2013, p. 38-39).

Michel Onfray se esforça para validar seu pensamento através de sua própria enunciação, produzindo a cenografia adequada à sua mensagem. Particularmente, ele deve se recusar a "descascar" textos. Seu comentário sobre os filósofos antigos é desprovido de notas de rodapé e de indicações bibliográficas, ou mesmo de citação: no máximo algumas palavras entre aspas, sem referências. As únicas citações – aquelas referenciadas com precisão – são uma dezena de epígrafes dispostas no início dos diferentes capítulos, todas emprestadas de Nietzsche, que denunciam o desprezo pelo corpo. Essa afiliação a Nietzsche não é apenas intelectual, implica também a reivindicação de uma marginalidade institucional.

A enunciação se apresenta como uma espécie de longa conferência na qual um *eu* soberano se confronta diretamente com as ideias extraídas de textos da Antiguidade, sem a mínima discussão atenta dos conceitos nem contextualização histórica. Assim:

> Ao convidar Afrodite, que Platão dizia ser vulgar, Lucrécio acha que não se deve interditar o prazer, muito pelo contrário. Segundo ele, somente aquele que mantém a cabeça fria e sua razão intacta pode gozar convenientemente das verdadeiras volúpias venusianas. A frieza cara ao libertino de Vailland encontra aqui a sua origem. Parece-me que Lucrécio inventa a libertinagem, que torna possível uma erótica solar, longe dos obscurecimentos próprios das mitologias em que o amor é apresentado como uma história de anjos e espíritos, de almas e de destinos, de santos e da imortalidade, de vontades imutáveis e de juramentos eternos, e que, amiúde, termina encalhado em terrenos onde fracassa uma gama de sentimentos distribuídos entre a indiferença e o ódio. O *De natura rerum* propõe um corpo libertino despreocupado com os julgamentos sociais, convites e afetos coletivos (2013, p. 98).

O enunciador evoca Lucrécio sem se preocupar com considerações filológicas, como se se tratasse da opinião de um contemporâneo: "Lucrécio acha que...", "segundo ele...". Os enunciados do autor de *De natura rerum* são traduzidos em pensamentos expressos através de um léxico e de construções pertencentes ao mundo dos leitores. Nesse tecido histórico sem descontinuidade, o romancista Roger Vailland pode se inscrever no prolongamento do poema filosófico latino. Um "parece-me que" abre uma série de proposições completivas que interpretam o ponto de vista de Lucrécio através do de Onfray. O relativo final ("que, amiúde, termina [...]

em ódio") atribui a Lucrécio o que é claramente uma experiência pessoal do autor, imediatamente apropriável pela vivência dos leitores. Ao apagamento da descontinuidade entre o universo do qual emerge o texto de Lucrécio e aquele de onde enuncia Onfray, responde, portanto, o esvaecimento de qualquer descontinuidade entre o universo filosófico e o mundo cotidiano.

Essa cenografia, que situa os leitores na posição de alunos ouvintes da universidade popular, procura mostrar que a filosofia lhes fala de suas preocupações. O leitor deve sentir que realmente lê filosofia, mas uma filosofia que supera uma filosofia acadêmica, deslegitimada devido a seu ódio ao corpo. Tal posicionamento, como todo verdadeiro posicionamento filosófico, implica uma paratopia, ou seja, um pertencimento problemático à sociedade que funciona ao mesmo tempo como condição e produto da enunciação (Maingueneau, 1995, 2016). Em Filosofia, Sócrates fornece o modelo inaugural – conforme vimos, reivindicado por Onfray –, pretendendo ao mesmo tempo ser membro da Cidade e animado por um "demônio" que subverte suas leis. A biografia de Onfray mostra claramente um forte potencial paratópico: origem social modesta, curso de Filosofia feito no interior, sem pertencimento a grupos, experiência de ensino em escola técnica privada, fundação de uma "universidade popular" em Caen, longe das elites parisienses. Ele produz enunciados que constroem, tanto no conteúdo como em suas modalidades de enunciação, a necessidade da paratopia que os tornou possíveis. Não há aí nenhuma astúcia consciente nem qualquer determinismo social, mas a elaboração de um posicionamento a partir de um potencial que, em outro, poderia ter produzido resultados muito diferentes.

Para aqueles que não o reconhecem como filósofo com plenos direitos, a oposição sobre a qual Onfray se apoia entre os textos e a vida, entre o filósofo "teorético" que denega seu corpo e o verdadeiro homem, pertenceria, sem sombra de dúvida, à *doxa* e não poderia então estar à altura de um debate propriamente filosófico. Mas a tarefa de um analista do discurso não é defender ou desqualificar o empreendimento dos ensaístas, cuja necessidade está inscrita no funcionamento do discurso filosófico. Eles adquirem sua legitimidade submetendo-se a certo número de constrangimentos da enunciação filosófica – sem o que apenas exprimiriam opiniões ao mundo sob o regime do "achismo" –, mas devem também participar da *doxa*, condição para que sua proposta seja admissível – nos dois sentidos da palavra: inteligível e aceitável – por um público não especializado. Uma tal ambiguidade só pode irritar "pensadores" e gestores, porque eles não podem nem expurgar tais textos da Filosofia, nem reconhecê-los. Não existe, efetivamente, nenhum procedimento objetivo que lhes permita distinguir o "pensador", que encontra novos caminhos para ancorar a atividade filosófica no mundo, do ensaísta, que oferece ao público textos que só aparentemente seriam filosóficos.

## CONCLUSÃO

A necessidade, para os que desejam preservar as fronteiras do espaço filosófico, de distinguir um exterior e um interior da "verdadeira" Filosofia é tanto mais imperiosa porque os filósofos são constantemente solicitados por múltiplos setores da sociedade. Por um paradoxo constitutivo, a filosofia serve, com efeito, de garantia ou caução para uma grande quantidade de práticas sociais e de decisões em matéria de política, educação, religião, ética…, mas se legitima recusando as categorias dos que a ela recorrem. Para gerir esse paradoxo, alguns assumem o estatuto de vulgarizador; os ensaístas, de sua parte, propõem diretamente pensamentos que participam dos dois universos, com todos os riscos que isso implica.

A produção filosófica aparece, assim, estruturada por uma tensão entre os "pensadores" e os gestores, mas também entre os que se esforçam em defender o que julgam ser as normas constitutivas de uma identidade filosófica e ensaístas, que se movem em um entremeio indecidível. Nenhum dos três pode aceitar plenamente a existência dos outros dois, nem passar sem eles. Um "pensador" consequente só pode olhar com condescendência os gestores, que não criam, e recusar aqueles que julgam ensaístas. Mas o que seria dos "pensadores" se os gestores não os estabelecessem enquanto tais e se os vulgarizadores e os ensaístas, de maneiras diferentes, não assegurassem a ancoragem da Filosofia na sociedade?

*Tradução: Nelson Barros da Costa*

# Notas

1   Na França, para o período entre os séculos XVII e XIX, ver, por exemplo, Ribard (2000; 2012).

2   Isso não significa que todos os filósofos pertençam ao mundo universitário, mas que é ele que lhes confere seu lugar institucional.

3   *Icnografia* é um termo da arquitetura: representação de um edifício por projeção em um plano.

4   Trata-se de um tipo de dicionário oral de 25 verbetes ("Animal", "Ideia", "Professor"...) apresentado sob a forma de entrevistas televisivas com Deleuze. Realizadas entre 1988-1989, elas foram exibidas pelo canal ARTE, em 1995, após a morte do filósofo.

5   "La pharmacie de Platon", *Tel Quel*, n. 32, ed. 33, 1968. Republicado como parte do livro *La dissémination*, Paris: Seuil, 1972, p. 69-198.

6   *De l'esprit: Heidegger et la question*. Paris: Galilée, 1987.

7   Os "pensadores" são, por vezes, muito duros com os que eles consideram ensaístas. Vimos anteriormente Badiou evocar os "inúteis ensaístas". Quanto a Deleuze, sobre os "novos filósofos" dos anos 1970, ele dispara: "Acredito que o pensamento deles é nulo. Vejo duas razões possíveis dessa nulidade. Em primeiro lugar, eles utilizam conceitos amplos demais, tão amplos quanto dentes ocos, A lei, O poder, O mestre, O mundo, A rebeldia, A fé etc. Assim, podem fazer misturas grotescas, dualismos grosseiros, a lei e a rebeldia, o poder e o anjo. Ao mesmo tempo, quanto mais fraco o conteúdo do pensamento, mais o pensador ganha importância." (Texto publicado como suplemento do n. 24, maio 1977, da revista bimestral *Minuit*, e distribuída gratuitamente em http://www.generation-online.org/p/fpdeleuze9.htm. Acesso em: 9 mar. 2018).

# Referências

Althusser, L. (1959). *Montesquieu, la politique et l'histoire*. Paris: PUF.

Amossy, R.; Maingueneau, D. (Ed.) (2004). *L'analyse du discours dans les études littéraires*. Toulouse: P. U. du Mirail, p. 83-92.

Angermüller, J. (2003). "Discours et champs intellectuels: l'antagonisme entre 'humanistes' et 'prophètes' et le discours des sciences humaines dans les années 60 et 70". In: Amossy, R.; Maingueneau, D. (dir.). *L'analyse du discours dans les études littéraires*. Toulouse, Presses Universitaires du Mirail, p. 83-92

Auroux, S. (Ed.) (1998). *Les notions philosophiques*, 2 vol. Paris: PUF.

Badiou, A. (1989). *Manifeste pour la philosophie*. Paris: Seuil.

Benveniste, É. (1966). *Problèmes de linguistique générale*. Paris: Gallimard.

Comte-Sponville, A. (1995). *Petit traité des grandes vertus*. Paris: PUF.

Deleuze, G. (1963). *La philosophie critique de Kant*. Paris: PUF.

Deleuze, G. (1966). *Le bergsonisme*. Paris: PUF.

Deleuze, G. (1986). *Foucault*. Paris: Minuit.

Engel, P. (1995). Les croyances. In.: Kambouchner, D. (Ed.). *Les notions philosophiques II*. Paris: Gallimard, p. 9-101.

Goffman, E. (1987). *Façons de parler*. Paris: Minuit.

Hegel, G.W. (1952). *Briefe von und an Hegel*. In: Hoffmeister, J. (Ed.). Hamburg: Meiner, vol. 1.

Lalande, A. (Ed.) (1926). *Vocabulaire technique et critique de la philosophie*. Paris: Alcan.

Maingueneau, D. (1995). La philosophie comme institution discursive. *Langages*, 119, p. 40-62.

Maingueneau, D. (1998). *Analyser les textes de communication*. Paris: Dunod.

Maingueneau, D.; Cossuta, F. (1995). L'analyse des discours constituants. *Langages*, 117, p. 112-125.

Onfray, M. (2013). *Théorie du corps amoureux: pour une érotique solaire*. Paris: Le Livre de Poche.

Ribard, D. (2000). Philosophe ou écrivain? Problèmes de délimitation entre histoire littéraire et histoire de la philosophie en France, 1650-1850, *Annales*, v. 55, n. 2, 2000, p. 355-388.

Ribard, D. (2012). Vies de philosophes et situation de la philosophie à l'époque moderne. In.: Cossutta, F.; Delormas, P.; Maingueneau, D. (Eds.). *La vie à l'œuvre*. Le biographique dans le discours philosophique. Limoges: Lambert-Lucas, p. 37-52.

Serres, M. (1968). *Le système de Leibniz et ses modèles mathématiques*. Paris: PUF.

Serres, M. (1968). *Hermes I - La communication*. Paris: Minuit.

# FAZER OUVIR
# OS SEM-VOZ

O tema deste capítulo* se encontra no cruzamento da Análise do Discurso com a Retórica e com uma problemática recente nas Ciências Sociais, a da "vulnerabilidade" (Brodiez-Dolino *et al.*, 2014; Thomas, 2010; Maillard, 2011), que mantém relações estreitas com outras problemáticas, como a reflexão acerca dos "atores fracos" (Payet, Giuliani, Laforgue, 2008; Payet, 2011), o "*care*" (Tronto, 2009 [1993]), certas tendências nos estudos de gênero (Butler, 2004 [1997]) ou, de modo pioneiro, a reflexão sobre o "subalterno" de Spivak (2006 [1988]). A Análise do Discurso, por sua vez, interessou-se pelo discurso dos "sem-" (Guilhaumou, 1998) e iniciou uma reflexão de ordem ética e política sobre a relação que os analistas mantêm com eles (Rabatel, 2016; Paveau, 2017); foi organizado um colóquio, recentemente, na Universidade Paris-Est Créteil, em torno do tema "Dar voz aos 'sem-voz'? Atores, dispositivos e discurso".[1] Nossa contribuição se enquadra, como se pode ver, em um campo de pesquisa particularmente ativo, sintomático de uma época, na qual é comum opor dominantes a

---

* N.O.: Texto originalmente publicado na revista *Argumentation et Analyse du Discours* (v. 24, 2020).

sujeitos radicalmente problemáticos, qualificados, segundo o ponto de vista que se adota, como "fracos", "sem-", "desamparados", "excluídos", "pobres", "periféricos", "invisíveis", "minoritários", "subordinados"...

Diferentemente das abordagens de caráter sociológico, focaremos nossa atenção em uma questão de natureza discursiva, neste caso, as dificuldades levantadas pela tradução de suas falas por mediadores preocupados em atrair sobre eles a piedade[2] daqueles que são estranhos a seu mundo. No nível em que nos situamos aqui, não é necessário distinguir entre "piedade" e "compaixão". Nossa discussão não é sobre a emoção em si, mas sobre a mediação entre pessoas apresentadas como dignas de pena e um público que deve ser mobilizado a seu favor.

Ao lidar com o apelo à piedade dessa maneira, pode-se distinguir entre: o apelo à piedade como argumento entre outros dentro de um texto, por exemplo, uma petição; e o apelo à piedade como objetivo que anima o conjunto do texto. É este último caso que nos interessa aqui. Se a piedade e os apelos à piedade atravessam os tempos, os dispositivos de enunciação utilizados para isso variam. A própria noção de espaço público não tem nada de atemporal: sua configuração atual é muito diferente daquela que prevalecia há algumas décadas. Hoje, um texto de apelo à piedade conecta um locutor a um público que consulta diversas mídias entre si (imprensa escrita, sites de notícias, televisão, rádio, redes sociais) para defender uma pessoa ou uma coletividade – os sofredores – que, apresentados como "sem-voz", têm necessidade crucial de um mediador.

Em vez de estudar gêneros concebidos especificamente para apelar à piedade, como cartazes ou clipes produzidos por organizações (ONGs beneficentes, agências, ministérios...) que se ocupam de certas disfunções sociais, vamos nos interessar pelas fronteiras do registro do apelo à piedade. Destacaremos, assim, a diferença com as mediações de tipo político, antes de nos concentrar mais longamente nas dificuldades com as quais se choca o apelo à piedade quando mobiliza recursos de natureza estética.

Não podemos abordar essa questão considerando apenas o texto, sem levar em conta todo o dispositivo de enunciação, em particular o gênero do discurso e o estatuto do locutor, sua relação com o(s) sofredor(es). Um poema de Victor Hugo, particularmente comovente, "Souvenir de la nuit du 4" ("Lembrança da noite do 4") (*Castigos II*, 3), evoca o velório de uma criança, morta durante o golpe de Estado de Luís Napoleão Bonaparte. É um apelo à piedade manifesto para as vítimas desse golpe de Estado, mas também é um texto de denúncia política e um poema em uma coletânea cuidadosamente organizada. Aqui, literatura, política e apelo à piedade estão intimamente ligados. Mas é fácil ver que essas três perspectivas não estão no mesmo plano e que o apelo à piedade encontra-se em segundo plano. Nosso propósito consiste, ao contrário, em caracterizar enunciações em que o apelo à piedade se encontra em primeiro plano, limitando-nos às situações em que se institui um porta-voz de pessoas cuja fala não é audível.

Destacaremos, assim, o que se pode chamar de "zona de variação" do apelo à piedade, quando este último não muda para outro registro. A comparação com a política se impõe, na medida em que é um tipo de discurso que assume a tarefa de garantir o bem-estar de toda a população. Assinalar sua especificidade é traçar um limite para além daquele em que o apelo à piedade muda de natureza. Quanto à estética, ela define outro limite: aquele pelo qual o apelo à piedade se converte em uma obra, com todas as consequências de ordem pragmática que isso acarreta. Mas essa fronteira é difícil de traçar porque os recursos estéticos desempenham um papel essencial quando se trata de tocar a sensibilidade.

Não procederemos com base em um *corpus*, mas ilustraremos algumas distinções básicas com a ajuda de exemplos que nos parecem emblemáticos. De qualquer forma, é difícil ver como constituir um *corpus* sobre esse assunto sem pressupor essas distinções.

## ESFERA ALTA, ESFERA BAIXA

As representações comuns em matéria de circulação dos enunciados implicam uma diferença entre uma esfera que poderia ser chamada de "alta" e uma esfera "baixa". Um grande número de pessoas expressa o sentimento de "não ser ouvido" por aqueles que têm o poder de agir. Sua fala lhes parece duplamente baixa: vinda de baixo, de pessoas sem importância, ela não é ouvida, como se estivessem "falando baixo". Impõe-se então a necessidade do mediador, que poderá torná-los audíveis, fazer o ponto de vista deles acessar a esfera alta. É evidente que essa distinção entre duas esferas não se baseia em nenhum critério sociológico sério, mas desempenha um papel importante no imaginário coletivo e serve de argumento nas enunciações do tipo reivindicativo.

Por outro lado, desde o momento em que estamos lidando com mediadores que afirmam pertencer ao espaço político em sentido amplo, "não ser ouvido" assume um significado diferente. Vemos isso neste excerto do site do CFDT, um dos dois principais sindicatos franceses:

> A nova Lei do Trabalho propõe um debate e um dia de mobilização, para quarta-feira. Recebido por Manuel Valls, à tarde, Laurent BERGER está determinado a desenvolver este texto e ele o assegura: "haverá uma mobilização **se não formos ouvidos**". Ele explicou "fazer parte dos 70% dos franceses que se opõem à redação da lei como ela se encontra hoje. É preciso reformulá-la, esse é o meu estado de espírito e é isso que eu vou dizer hoje ao primeiro-ministro" (texto publicado em 9 de março de 2016, disponível em: http://www.cfdt-interco21.fr/actualites/540-projet-de-loi-travail-il-y-auraune-mobilisation-si-nous-ne-sommes-pas-entendus.html. Acesso em: 9 out. 2018. Destaque nosso).

Com outro primeiro-ministro e outros opositores, neste caso, os "coletes amarelos", o valor do verbo "ouvir" permanece o mesmo. O agente é sempre o governo, e o paciente, os locutores que desafiam sua política:

> Os anúncios feitos nesta terça-feira pelo Primeiro-Ministro não encontraram eco favorável ao lado da rotatória de Gohélève onde cerca de vinte Coletes amarelos mantiveram seus bloqueios seletivos. "Ele propõe apenas uma moratória. E depois? Nada vai mudar", disse um dos manifestantes. "Não há nenhuma proposta concernente ao poder aquisitivo. **Ele não nos ouviu**", disseram os aposentados, desapontados, mas determinados (*Le Télégramme*, 4/12/2018, disponível em: https://www.letelegramme.fr/morbihan/pontivy/gilets-jaunes-le-primeminister-did-not-convince-us-04-12-2018-12152376.php. Acesso em: 27 dez. 2018. Destaque nosso).

Esta é uma fórmula ritual na França em contextos de luta sindical ou política: "não ser ouvido" não significa passar despercebido (a CFDT é recebida pelo primeiro-ministro, os "Coletes amarelos" obrigaram o primeiro-ministro a dar alguma resposta a eles), mas considerar que sua fala não foi de fato, injustamente, levada em conta, que não foi seguida de consequências. O recurso à construção hipotética, "se não formos ouvidos...", toma um valor de ameaça ao adversário. E apresenta a diferença entre conflito político, que supõe uma relação entre atores localizados no mesmo espaço, e o apelo à piedade, em que os sofredores que "não são ouvidos" se encontram supostamente fora do mundo compartilhado pelo locutor e seu público.

Por vezes, essa divergência entre a reivindicação e a piedade é sublinhada pelos próprios atores políticos, por exemplo, quando eles opõem a "caridade" à tomada de consciência de seus "direitos", que são necessariamente "legítimos". É o caso deste trecho de um debate sobre a política para os territórios ultramarinos, na Assembleia Nacional; um deputado do partido de extrema esquerda "A França insubmissa", Ratenon, se expressa assim:

> O Estado sabe, no entanto, que os territórios ultramarinos têm múltiplas vantagens para se desenvolver, como se voltou a recordar hoje: a agricultura, a biodiversidade, o turismo, a cultura, a economia azul, as energias renováveis, a pesquisa e assim por diante... mas acima de tudo uma população cada vez mais qualificada e motivada. Lembremos que a França tem o segundo domínio marítimo do mundo: é uma riqueza que lhe é dada pelos territórios ultramarinos! **Não estamos pedindo caridade**, mas o Estado tem o dever de nos dar os meios para conseguirmos nosso desenvolvimento. Quando e como você vai confiar nos territórios ultramarinos para desencadear verdadeiramente o seu desenvolvimento e reconhecer concretamente sua especificidade? (Reunião de quarta-feira, 21 de fevereiro de 2018, "Questions sur la politique économique en outre-mer", disponível em: http://www.assemblee-nationale.fr/15/cri/2017-2018/20180148. asp#P1193286. Acesso em: 01 mar. 2019. Destaque nosso).

A primeira parte do argumento se apoia em um verbo factivo ("o Estado sabe que..."), isto é, um verbo que pressupõe a verdade dos complementos que o seguem. O orador identifica as "vantagens" de que dispõem os territórios ultramarinos para estabelecer uma espécie de contrato entre duas partes com base no *topos* da igualdade de tratamento entre todos os cidadãos de um mesmo país. Pretende, assim, justificar a enunciação de "Não estamos pedindo caridade", enunciado corroborado pela norma segundo a qual "o Estado tem o dever de nos ajudar…".

O mediador de um apelo à piedade em nome dos "sem-voz" não se permite um contrato de natureza política, mas uma pertença comum à condição humana e de sua relação pessoal com os sofredores que ele defende. Esse contato pode tomar vieses variados. Pode até fazer parte de uma rotina profissional. Este é o caso quando jornalistas estendem um microfone para sofredores crônicos (idosos sem família, moradores de comunidades de periferia, trabalhadores explorados etc.) ou pontuais (vítimas de desastres naturais, incêndios, guerras etc.). Geralmente, os jornalistas tentam esquecer a sua presença e não mostrar uma relação pessoal com esses sofredores: trata-se sobretudo de lhes dar voz. O apelo à piedade tende a ser indireto: o simples fato de se interessar por essas pessoas, a escolha dos locutores relevantes, o enquadramento verbal e/ou visual, a edição da sequência devem ser suficientes para despertar a piedade. Não é raro que a mídia indique, resumidamente, os contatos de uma organização caritativa para a qual uma pessoa pode fazer doações. Há aqui uma complementaridade entre a tarefa do jornalista e a dos trabalhadores humanitários.

Não é esse tipo de encenação do *pathos* — abundantemente estudado pelos especialistas em mídia[3] — que nos interessa aqui, mas as situações em que há engajamento forte a favor dos sofredores, em que alguém mostra, para o mundo todo, que ele fala *por* um indivíduo ou *por* um grupo que não teria acesso à esfera alta. A preposição "por" tem aqui o valor duplo de "no lugar de" e "em favor de".

Estamos, portanto, lidando com o que, no uso comum, é chamado de "porta-voz", uma categoria que não se deixa encerrar no universo político: qualquer entidade já constituída — individual ou coletiva — pode nomear alguém para falar em seu nome.[4] O que implica um problema jurídico (em que condições X tem o direito de falar em nome de Y?), mas também, para o analista do discurso, uma pergunta radical se coloca: "como apresentar, na fala proferida, aqueles que, em princípio, não podem estar presentes?" (Gautier, 2015, p. 3). Esse modelo clássico do porta-voz dificilmente pode ser aplicado quando há um apelo à piedade em favor dos sem-voz: estes não constituem a rigor uma comunidade organizada e não estabelecem uma relação contratual com um mandatário. Parece, portanto, útil estabelecer uma distinção na categoria dos porta-vozes entre os delegados e os inspirados, entendendo que pode acontecer que os dois se misturem em proporções variadas. O porta-voz "inspirado" pretende apoiar-se não em um mandato, em uma organização ou em procedimentos de nomeação, mas em motivações de ordem ética – pouco importa qual a sua natureza –, e muitas vezes até sem que aqueles a favor de quem ele fala o tenham pedido. Quando ele pretende falar pelos "sem-voz", pode-se dizer que é um porta-voz.

Esse substantivo composto, *sem-voz*, inscreve-se em um paradigma lexical particularmente produtivo hoje: os "sem-domicílio fixo", "sem-documentos", "sem-teto", "sem-moradia", "sem-direitos", "sem-trabalho", "sem-terra", "sem-Estado"[5]... O lexema "sem-voz" permite, aliás, subsumir o conjunto desses "sem-", já que estes são percebidos como excluídos da esfera alta do discurso.

Se o sem-voz não é audível, é-lhe atribuída a Voz por excelência, pelo seu próprio sofrimento. Ao contrário da fala, a voz está mais próxima da natureza: às vezes puro grito, abaixo de qualquer articulação, pura expressão de uma interioridade. Ela não é alterada pelos múltiplos constrangimentos aos quais a enunciação está submetida quando é exercida na esfera alta.

## O "PORTA-VOZ DOS SEM-VOZ"

Quando é preciso enunciar, na esfera alta, em nome de pessoas que são supostamente excluídas, a posição do porta-voz se revela particularmente delicada. É preciso, de uma forma ou de outra, mostrar por seus próprios gestos e, acima de tudo, por sua enunciação que ele não interpõe sua pessoa entre os sofredores e o público, que sua fala não se recolhe em si mesma, mas se encontra em íntimo contato com a dos sem-voz que ela deve representar. O problema, como já foi dito, é que também é preciso se submeter às restrições dos gêneros discursivos específicos da esfera alta. Ele deve igualmente tornar audível e perceptível a voz que carrega, mas sem alterar sua inocência originária.

Mesmo as enunciações políticas, que por natureza rejeitam o apelo à piedade, se deparam com tal dificuldade quando os militantes se apresentam como falando em nome dos excluídos da esfera alta. Em sua essência, o discurso político se desenvolve em um campo sujeito a constrangimentos específicos que ameaçam alterar a relação com os sofredores. Pesa sobre os políticos uma suspeita constante de explorar sofrimentos "com finalidade política" ou de "não estarem suficientemente próximos" das populações desfavorecidas. É pelo modo como se inscrevem no discurso que os homens e as mulheres da política podem esperar responder a essas críticas recorrentes.

Consideremos, por exemplo, o texto de imprensa abaixo – retirado do site de um jornal on-line da Ilha da Reunião – que apresenta candidatos do Partido Comunista nas eleições locais. A lexia "porta-voz dos sem-voz", destacada no título, retoma uma expressão dos próprios candidatos:

> Os porta-vozes dos "sem-voz"
> David Lebon e Betty Grondin, candidatos do PCR, apresentaram ontem, ao lado de seus suplentes Joël Vienne e Catherine Lejoyeux, seu programa nas eleições departamentais no cantão 13, comuna de Saint-Joseph.
> Eles desejam se posicionar como os "*porta-vozes dos sem-voz*. Acabou o tempo em que são os tecnocratas que decidem, os outros e os jovens devem agir. Queremos federalizar e reunir todas as boas vontades para trabalhar e defender os interesses deste cantão, com disponibilidade, proximidade, rigor e eficiência. Essa eleição oferece à população a oportunidade de se expressar", sentenciou David Lebon.
> O programa do binômio se articula em um tríptico: juventude/futuro, proximidade e solidariedade. A ênfase é posta igualmente no aspecto social. "Ainda hoje, no século XXI, em Saint-Joseph, as pessoas vivem na precariedade e na insalubridade, sem água nem luz. Quero trabalhar ao lado delas, usando todos os meios do conselho departamental que tem por dever a ação social. Eu me pergunto qual é o legado do conselheiro geral que está saindo, que também é assistente do prefeito e administrador da Sodegis. O irônico é que, até agora, muitos cidadãos ainda não sabem quem é seu conselheiro geral", sublinhou Betty Grondin. (disponível em: http://www.clicanoo.re/?page=archive.consulter&id_article=461915; acesso em: 02 ago. 2019; destaque nosso).

O texto constrói uma oposição entre os "sem-voz", colocados embaixo, e "os 'tecnocratas que decidem'", em cima. Termo avaliativo negativo, tecnocrata designa, lembremo-nos, um "personagem político ou alto funcionário que atua, decide com base em dados técnicos ou econômicos e sem dar prioridade aos fatores humanos" (*Trésor de la Langue Française*, verbete "*technocrate*"). Os que se instituem como "porta-vozes dos sem-voz" se empenham, geralmente, em mostrar, por vários indícios, que eles têm um contato privilegiado com aqueles, ou então, quando possível, que eles (os porta-vozes) pertencem ao grupo deles (dos sem-voz), pelo menos por uma parte de sua existência. Isso é o que se destaca, por exemplo, a partir da foto associada ao texto:

**POLITIQUE**
## Les porte-parole des « sans voix »
Réagir | Clicanoo.com | publié le 17 février 2015 | 02h30

David Lebon et Betty Grondin, candidats PCR ont présenté hier, aux côtés de leurs remplaçants Joël Vienne et Catherine Lejoyeux, leur programme aux élections départementales.

Facebook  Google  Live  MySpace  Twitter  Wikio   aA⁻ aA⁺

A maneira como os candidatos estão vestidos e dispostos, a presença de um cenário natural, tudo isso contribui para ativar no leitor um *ethos* de simplicidade, testemunho de uma proximidade com uma verdade, uma natureza. Tal postura é particularmente relevante para uma eleição local, que se compromete com problemas relacionados ao cotidiano dos cidadãos. A legitimidade dos candidatos depende, em grande medida, disso. O mediador quer mostrar que está em contato com os sem-voz, sendo membro de uma organização política que tem acesso à esfera alta.

Essa coerção não pesa igualmente sobre todos os partidos, mas principalmente sobre aqueles que se apresentam como porta-vozes dos excluídos. Podemos comparar, desse ponto de vista, as imagens dos candidatos, para as eleições europeias de 2009, propostas nas promessas de campanha (*profession de foi*)[6] do Modem, partido centrista que mantém um discurso dirigido a todos os eleitores, e do Novo Partido Anticapitalista (NPA), que se apresenta como porta-voz das vítimas do capitalismo. Aqui está a primeira página de seu texto:

O início do texto sublinha o desejo de falar para um conjunto limitado de eleitores: "É para nós, empregados(as), desempregados(as), jovens, imigrantes, aposentados(as), que vimos nossas condições de vida e de trabalho, nosso meio ambiente sacrificados em benefício de acionistas, que nos impõem ainda mais demissões e miséria".

O "nós" marca a pertença do candidato ao mundo dos dominados. Como as dos candidatos do Partido Comunista da Reunião, suas roupas estimulam o leitor a construir um *ethos* de trabalhador, em contato com o mundo da "miséria", oposto àquele dos "acionistas". Um detalhe importante: o nome de Omar Slaouti se destaca em letras maiores, e o de Olivier Besancenot, em letras menores, é colocado em última posição. No entanto, Besancenot é uma figura reconhecida no mundo político e entre todos os eleitores,[7] enquanto Omar Slaouti é um completo desconhecido. Trata-se, portanto, de mostrar, do ponto de vista da extrema esquerda, que é o partido dos trabalhadores o ator legítimo, não este ou aquele indivíduo. Especialmente porque o nome de Omar Slaouti parece mostrar que ele é um trabalhador imigrante, com tudo o que isso implica de positivo para os posicionamentos políticos de esquerda.

O logotipo do NPA contém o pictograma de um megafone cujo significado é duplo: fazer do partido um simples amplificador da fala dos trabalhadores e, por metonímia, associá-lo às passeatas de manifestantes, de modo a destacar o papel de animador de "lutas" sociais que o partido pretende desempenhar. Mas, para serem bons mediadores, os candidatos do NPA devem também, por meio de suas promessas de campanha, possuir um discurso que os afaste do mundo da "miséria", eles devem se mostrar membros de um partido capaz de análises políticas. Aqui encontramos o *ethos* do militante marxista que, pelo seu saber, domina o funcionamento do mundo onde ele é dominado. O porta-voz é, assim, submetido a uma tripla pressão: ele deve mostrar uma relativa conformidade com a fala dos sem-voz, mas também uma conformidade com o posicionamento de sua organização e com os cânones do discurso político legítimo. No texto, vemos se entrelaçar três registros distintos: 1) traços de oralidade supostamente típicos da expressão popular: daí o próprio *slogan* que domina todo o texto ("De modo algum pagar pela crise deles"); 2) o cumprimento das normas impostas por um determinado tipo de discurso político; 3) características do discurso dos movimentos de extrema esquerda, perceptível em todos os níveis do texto (do vocabulário ao modo de raciocínio e didatismo, passando por uma tipografia relativamente austera), como evidencia a segunda página do texto:

**POUR INVERSER LA TENDANCE, IL FAUT** *UN PLAN DE RUPTURE AVEC LE CAPITALISME, BASÉ SUR LE PARTAGE DES RICHESSES SOUS LE CONTRÔLE DE LA POPULATION.* **C'EST CE QUE PROPOSE LE NPA.**

*La crise est dans tous les ésprits et dans nos vies. Pour en sortir, il faut des mesures radicales, en rupture avec la logique capitaliste.*

### UNE EUROPE SOCIALE: NOS VIES, PAS LEURS PROFITS

Le droit pour toutes et tous de vivre correctement de son travail exige l'interdiction des licenciements et le partage du temps de travail sans perte de salaire, l'augmentation des salaires, des retraites et minima sociaux de 300 euros net et un salaire minimum européen équivalent à 1 500 euros net en France, la suppression de la TVA et le blocage des prix pour les produits de première nécessité.

Nous avons besoin du meilleur de ce qui a été imposé par les luttes: droit du travail, protection sociale, avortement et contraception libres et gratuits, droit à l'éducation et à la santé. Il faut imposer l'égalité des droits, contre toutes les oppressions et discriminations, racistes, antisémites, sexistes, homophobes, liées au handicap.

### UNE EUROPE PAR ET POUR LES PEUPLES

Plus de 85% des lois et règlements qui régissent nos existences sont issus des politiques de l'Union européenne en dehors de tout contrôle des peuples. La démocratie est niée. Le projet de Constitution, rejeté en France et aux Pays-Bas en 2005, nous est imposé sous la forme du Traité de Lisbonne. Pour une Europe démocratique, tout est à refaire dans un processus constituant décidé et contrôlé par les peuples.

**LA CRISE EST DANS TOUS LES ESPRITS ET DANS NOS VIES. POUR EN SORTIR, IL FAUT DES MESURES RADICALES, EN RUPTURE AVEC LA LOGIQUE CAPITALISTE.**

La démocratie ne doit s'arrêter ni aux portes des banques ni à celles des entreprises: il est urgent de supprimer réellement les paradis fiscaux et le secret bancaire, de mettre en place un service public bancaire unique, sous contrôle de la population. Pour décider de ce qu'il faut produire, où et comment, il est indispensable d'en finir avec le pouvoir et la propriété d'une minorité sur les moyens de production.

### POUR UNE RÉVOLUTION ÉCOLOGIQUE

Face au réchauffement climatique, le NPA défend un plan de rupture énergétique conjuguant la suppression des marchés des droits à polluer, la sortie du nucléaire dont les déchets empoisonnent la terre, la réduction des consommations d'énergie et le développement des énergies renouvelables.

Pour répondre aux besoins sociaux tout en préservant l'environnement, l'Europe doit se doter de services publics européens de l'énergie, des transports et de l'eau.

Pour fournir une alimentation saine à la population, protéger la biodiversité et les ressources, il faut favoriser une agriculture paysanne et une pêche artisanale, mettre fin à la toute-puissance de l'agro-business et imposer l'interdiction des OGM.

### POUR UNE EUROPE SOLIDAIRE DES PEUPLES DU MONDE

Contre l'Europe forteresse qui expulse les milliers de personnes qui émigrent des pays pillés par les capitalistes à travers les accords de libre-échange et les décisions de l'Organisation mondiale du commerce, nous défendons la liberté de circulation et la régularisation de toutes et tous les sans-papiers.

Contre l'Europe puissance, nous voulons une Europe solidaire qui défende les droits de tous les peuples opprimés, notamment ceux des Palestiniens victimes de crimes de guerre. L'Europe doit sanctionner le gouvernement israélien. Elle doit suspendre ses relations politiques et économiques avec lui et boycotter les marchandises vendues sur le marché européen en provenance de ce pays qui refuse de respecter le droit international. Nous voulons le démantèlement de l'OTAN. Nous exigeons le retrait des troupes européennes, de l'Afghanistan à l'Afrique.

*Voter pour le NPA, c'est faire entendre votre ras-le-bol de l'exploitation, de la misère, des licenciements, du chômage, de la précarité, de la vie chère, de la destruction de l'environnement, des discriminations. C'est afficher votre dignité dans la situation difficile que vous connaissez. C'est faire entendre votre colère à Sarkozy et à la petite minorité de riches, responsables de la crise.*

*Voter pour cette liste, c'est aussi refuser de cautionner le PS et ses alliés européens qui ont choisi de défendre le système et ne s'opposent pas véritablement à la droite. Comme en 2005 contre le projet de Constitution européenne, voter pour cette liste, c'est dire «non», à l'Europe des grands patrons et des banquiers, celle qui détruit l'environnement et nos droits. C'est dire «oui» à une autre Europe, qui aligne par le haut les acquis sociaux.*

*Nos candidat-e-s sont comme vous, des salarié-e-s, des privé-e-s d'emploi, des jeunes, des retraité-e-s. Élu-e-s, leur «indemnité» de parlementaire sera réduite pour être ramenée à un salaire moyen. Élu-e-s, ils n'auront d'autre ambition que de s'opposer avec ténacité aux politiques nocives sur le plan social et écologique ainsi que pour les libertés, de proposer des mesures qui répondent aux exigences exprimées par les luttes.*

*Le 7 juin, je vous demande de voter massivement pour la seule liste qui, du côté de la gauche radicale, a une chance d'obtenir des élus et de créer l'évènement. C'est un vote d'avenir qui permettra aux anticapitalistes de peser durablement dans le paysage politique. C'est un encouragement donné à l'opposition la plus radicale et la plus conséquente à Sarkozy et à ceux qui licencient.*

*Pas question de payer leur crise! Nos vies d'abord, pas leurs profits!*

**Olivier Besancenot**

**LE 7 JUIN,** VOTONS POUR UNE EUROPE ANTICAPITALISTE, VOTONS POUR LA LISTE CONDUITE PAR OMAR SLAOUTI

*Imprimerie Rotographie - 2 rue Richard-Lenoir - 93100 Montreuil*

Se nos voltarmos agora para a promessa de campanha do Modem, o contraste é marcante, principalmente no que diz respeito às roupas, que marcam uma pertença ao mundo dos profissionais da política, supostamente a serviço do interesse geral e não deste ou daquele setor da população.

Marielle de Sarnez

## Nous l'Europe

devons faire face à d'immenses défis. Citoyens français, nous sommes aussi des citoyens européens. Nous savons maintenant que dans la mondialisation, un pays isolé ne peut rien. La crise économique nous en a apporté la preuve. Notre seule chance de nous faire entendre et respecter, c'est que les pays européens agissent ensemble. Les règles nécessaires pour empêcher les dérives financières et la montée des injustices ne peuvent être décidées qu'à l'échelon du monde. Si nous voulons être entendus, l'Europe est notre chance. Nous voulons défendre un modèle social, des services publics, une économie vivante, nos emplois, l'environnement de la planète, l'eau, l'air, le climat. L'Europe portera nos exigences. Mais pour être fidèle à l'attente des peuples, il faut que l'Europe devienne compréhensible par tous les citoyens. Nous proposons que ses décisions soient annoncées trois mois à l'avance pour que chacun puisse exprimer son avis par l'intermédiaire des élus, des associations ou syndicats. Et nous proposons que toute délibération devienne publique pour qu'on ne puisse plus dire « c'est la faute à Bruxelles ». Nous vous proposons une équipe de candidats remarquables par leur expérience et leur engagement à 100 %. Avec eux, vous aurez de vrais porte-parole, des députés européens écoutés et respectés. Pour faire entendre, au Parlement européen, notre voix de citoyens.

F. Bayrou

### Notre équipe de France pour l'Europe :

Ile-de-France : **Marielle de SARNEZ**, députée européenne
Est : **Jean-François KAHN**, journaliste, fondateur de «Marianne»
Nord-Ouest : **Corinne LEPAGE**, ancien ministre de l'Environnement
Sud-Ouest : **Robert ROCHEFORT**, directeur du CREDOC
Sud-Est : **Jean-Luc BENNAHMIAS**, député européen
Ouest : **Sylvie GOULARD**, présidente d'une association européenne
Massif Central-Centre : **Jean-Marie BEAUPUY**, député européen
Outre-mer : **Gino PONIN BALLOM**, conseiller général de la Réunion

Elections européennes 2009 · www.europe.lesdemocrates.fr

**Nous voulons**

1- **Mettre en œuvre une réponse européenne unie** face à la crise et à la mondialisation.

2- **Promouvoir un projet de société** qui concilie l'exigence sociale, l'impératif démocratique et l'urgence écologique.

3- **Défendre le modèle social européen** en mettant en place un plan de convergence sociale pour une harmonisation progressive de nos niveaux de protection sociale.

4- **Défendre les services publics** pour préserver notre cohésion sociale.

5- **Aboutir à une harmonisation fiscale** entre Etats européens.

6- **Bâtir un modèle de croissance durable** en misant sur les énergies renouvelables et en repensant nos modes de production, de transport et de logement.

7- **Anticiper le vieillissement démographique** en le prenant en compte dans chacune des politiques publiques de l'Union.

8- **Défendre l'emploi et les PME européennes** en obtenant progressivement de nos partenaires commerciaux la prise en compte et le respect des mêmes impératifs environnementaux et sociaux.

9- **Instaurer une solidarité économique européenne**, une politique industrielle européenne et renforcer la coordination de nos politiques économiques.

10- **Construire une Europe des citoyens** en organisant des débats publics préalables aux décisions et en assurant la publicité des délibérations.

11- **Créer une avant-garde européenne** formée à partir des pays de la zone euro pour sortir l'Europe de l'immobilisme.

12- **Faire du savoir et de la connaissance des priorités de l'Europe** en doublant le budget européen pour la recherche et en créant une aide pratique aux dépôts des brevets.

13- **Donner à l'Union de vrais moyens pour agir** en augmentant significativement le budget européen en y affectant, par exemple, une taxe carbone ou une contribution sur les marchés financiers.

14- **Promouvoir une agriculture européenne de qualité** qui vise la sécurité alimentaire, qui protège l'environnement et maintient un tissu d'exploitations à taille humaine.

15- **Défendre une pêche durable** par l'implication des pêcheurs dans les processus de décisions, le maintien des activités sur le littoral et la préservation des ressources.

16- **Renforcer l'Europe de la culture** par la défense du pluralisme culturel et de la création européenne.

17- **Garantir les identités**, les cultures, les langues et les modes de vie en Europe.

18- **Assurer l'apprentissage de deux langues européennes** et de l'histoire de l'Europe dans les programmes scolaires.

19- **Développer les échanges pour les étudiants et pour les apprentis** par un nouveau programme Erasmus, accessible à tous et soutenu par un système de bourses.

20- **Assurer la sécurité en Europe** à travers la création d'un procureur de l'Union avec autorité de poursuite dans toute l'Europe pour lutter contre la criminalité organisée.

21- **Instaurer une défense européenne indépendante** avec un état-major permanent européen.

22- **Coordonner nos diplomaties nationales** pour faire entendre la voix européenne.

23- **Lutter contre toutes les formes de discriminations** et faire de la lutte contre le handicap une priorité.

24- **Donner la priorité au développement des pays pauvres** en leur permettant de protéger leurs marchés agricoles et de valoriser leurs matières premières.

25- **Assurer les droits et libertés de tous les citoyens**, en particulier la protection de la vie privée, le droit d'asile, les droits des mineurs et garantir l'indépendance de la justice.

26- **Honorer notre mandat** par une présence assidue et une participation active aux travaux du Parlement européen.

27- **Informer les citoyens** à travers un compte-rendu de mandat annuel.

**Autour de François Bayrou en Ile-de-France**

3. Fadila Mehal    1. Marielle de Sarnez    2. Bernard Lehideux

4. Arthur HAUSTANT (91) 5. Emmanuelle SAULNIER-CASSIA (78) 6. Christophe GINISTY (92)  7. Marie-Anne KRAFT (94) 8. Karim BOU-MEDJANE (93) 9. Amandine BRACCIALI (95)  10. Stéphane TRAINEAU (94) 11. Aude LUQUET (77) 12. Jean-Louis FONTAINE (78) 13. Elisabeth SAUNIER (78) 14. Jean-François VIGIER (91) 15. Sabrina ASSAYAG (93) 16. Haiba OUAISSI (95) 17. Marie VIRAPATIRIN DARVES-BORNOZ (92) 18. Eric VALAT (91) 19. Nathalie JAWORSKI (92) 20. Mehdi BENCHOUFI (94) 21. Catherine VEGLIO-BOILEAU (75) 22. Smail DJEBARA (77) 23. Audrey TRICOIT (78) 24. Monzon KONÉ (95) 25. Ana Maria PEREIRA (93) 26. Tristan BRAYAT (77)

Elections européennes 2009 · www.europe.lesdemocrates.fr

**MOUVEMENT DEMOCRATE**

A conclusão do texto na primeira página apresenta o termo "porta-voz": "Propomos a vocês uma equipe de candidatos que se destaca pela sua experiência e seu total comprometimento. Com eles, vocês terão verdadeiros porta-vozes, deputados europeus ouvidos e respeitados, para fazer ouvir a nossa voz de cidadão no Parlamento europeu".

Significativamente, ao contrário do NPA, o texto não especifica de qual coletividade restrita o Modem é o "porta-voz". Trata-se apenas do "vocês", os "cidadãos". Mesmo no NPA, o porta-voz, apesar de tentar mostrar-se "inspirado", trabalhador como os outros, porta-voz das vítimas do capitalismo, ele não pode escapar dos constrangimentos do campo político. É certo que é o nome de Omar Slaouti que surge no meio de um coletivo, mas o NPA não pretende ficar no registro da piedade: ele inscreve os sofredores em um sistema explicativo maior que o torna um ator essencial para a transformação social. Nas enunciações políticas que se apresentam como a serviço dos sem-voz, inevitavelmente se misturam, em proporções variadas, características do porta-voz "delegado" e do porta-voz "inspirado". É preciso sair do campo estritamente político, evocar personalidades provenientes da sociedade civil para que se imponha a figura do porta-voz "inspirado", do puro "porta-voz".

## O PORTA-VOZ

No espaço público contemporâneo, o apelo à piedade mobiliza regularmente porta-vozes provenientes do esporte, da canção, da moda, do cinema, da literatura etc., que colocam sua notoriedade a serviço dos sem-voz. Não se lhes pede para pertencer ao mundo daqueles que eles defendem, mas para aparecer na mídia mostrando sua vontade de engajamento, seu senso de responsabilidade, sua humanidade, expressando sua emoção diante de tais sofrimentos.

### Embaixadora da boa vontade

Podemos citar o exemplo da atriz Angelina Jolie, que, em 2001, recebeu, do Alto Comissariado das Nações Unidas para Refugiados, o título de "Embaixadora da Boa Vontade" para os refugiados:[8]

> Angelina Jolie é nomeada Embaixadora da Boa Vontade do ACNUR para refugiados.
> Em uma cerimônia na segunda-feira (27 de agosto) com funcionários na sede do ACNUR em Genebra, Jolie, de 26 anos, receberá o título honorário

do Sr. Ruud Lubbers, Alto Comissário da ONU para Refugiados. "Estamos muito satisfeitos que a Sra. Jolie tenha generosamente concordado em dar seu tempo e energia para apoiar o trabalho do ACNUR", disse Lubbers. "Ela pode ajudar a dar voz aos refugiados, muitos dos quais vivem nas sombras de tragédias esquecidas. Estamos orgulhosos de recebê-la na família do ACNUR".*

O substantivo "embaixadora" direciona a porta-voz para o estatuto de porta-voz oficial ligada à esfera alta, enquanto o complemento "de boa vontade" ("*Goodwill*") dirige-se para o carisma, a inspiração. "Boa vontade" (*Good will*) aparece no Evangelho da Natividade, quando os anjos cantam "*Glory to God in the highest, and on earth peace, good will toward men*" ("Glória a Deus nas alturas, e paz na Terra, *boa vontade* para com os homens") (Lucas: 2, 14) e, em francês, "*Paix aux hommes de bonne volonté*"[9] ("Paz aos homens de *boa vontade*").** Durante a cerimônia de investidura, foi precisamente o papel de porta-voz dos sem-voz que foi destacado pelo Alto Comissário: A. Jolie deve "dar uma voz" ("*give a voice*") a pessoas invisíveis, esquecidas ("*in the shadows of forgotten tragedies*" ("nas sombras de tragédias esquecidas")). Na realidade, não se trata de dar voz, mas de converter o murmúrio indistinto dos sofredores em uma fala que possa acessar a esfera alta, enunciada em inglês, na língua dos dominantes, por uma locutora que é maximamente visível e audível.

É certo que esses porta-vozes midiáticos não são vistos como pertencentes ao mundo daqueles que defendem, no entanto, tampouco podem permitir que se aprofunde demais um abismo entre eles. Aqui novamente a roupa desempenha um papel importante em um universo midiático onde são, sobretudo, as imagens que circulam. Nos campos de refugiados, Angelina Jolie se veste de forma muito simples e tenta adotar certos traços

---

\*    N.T.: Em inglês no original do artigo em francês. "Angelina Jolie named UNHCR Goodwill Ambassador for refugees. At a ceremony Monday (27 August) with staff at UNHCR headquarters in Geneva, the 26 year old Jolie will be given the honorary title by Mr. Ruud Lubbers, UN High Commissioner for Refugees. 'We are very pleased that Ms. Jolie has generously agreed to give her time and energy to support UNHCR's work,' Mr. Lubbers said. 'She can help give a voice to refugees, many of whom live in the shadows of forgotten tragedies. We are proud to welcome her to the UNHCR family'."

\*\*   N.T.: Em português brasileiro, as traduções católicas variam, mas a versão que se pode encontrar na edição Pastoral (Editora Paulus), "Glória a Deus no mais alto dos céus, e paz na terra aos homens por ele amados" (Lc: 4, 2), é uma das mais difundidas e é similar à oração "Glória a Deus nas alturas" rezada no rito da missa.

de vestimenta daqueles a quem ela deve "dar uma voz". A rica iconografia de suas visitas aos campos de refugiados é, nesse tocante, reveladora. É justamente a diferença entre a *toilette** "glamurosa", característica de cenas icônicas como a subida dos degraus no Festival de Cannes, e o espírito do *ethos* de vestimentas simples que sublinha o compromisso do porta-voz: ele compartilha a humanidade dos sofredores.

## Da canção do sem-teto ao rock dos sem-voz

Gostaríamos agora de considerar um caso de apelo à piedade em nome dos sem-voz de natureza diferente, na medida em que se mobilizam recursos estéticos. O que não deixa de suscitar dificuldades: como produzir textos que tenham valor artístico sem abandonar o registro do apelo à piedade?

Há um número considerável de obras literárias em que o autor busca atrair a simpatia do leitor para indivíduos apresentados como "sem-". Basta pensar nas histórias memoráveis representadas por *Os miseráveis*, de Victor Hugo, ou *Germinal*, de Zola. A canção não é exceção; suas capacidades de propagação são, aliás, muito maiores do que as de obras estritamente literárias. No início do século XX, por exemplo, uma canção patriótica de sucesso, "L'homme aux guenilles" ("O homem esfarrapado"),[10] punha em cena um "sem-teto, sem-família". As duas primeiras partes da música descrevem a não pessoa:

> Refrão 1
> Chamam-no de homem esfarrapado
> É um sem-teto, sem-família
> Um errante, um inútil,
> que não possui nada
> Felizmente as pessoas podem se defender
> De malandros que vêm para tomar
> Contra os maus cidadãos
> Para proteger sua propriedade.

---

\* N.T.: Em francês, designa o conjunto de ações de higienização e cuidados estéticos: asseio, vestimenta, maquiagem.

Refrão 2
Chamam-no de homem esfarrapado
É um sem-teto, sem-família
Um errante, um inútil
que não possui nada
E já que não podemos contê-lo
Na aldeia é preciso se defender
À noite alguém solta o cachorro
Para proteger sua propriedade.

Preso por soldados prussianos que ameaçam matá-lo se não der informações, ele orgulhosamente exclama:

Chamam-me de homem esfarrapado
Eu sou um sem-teto, sem-família
Todos os meus concidadãos
me tratam como um cachorro
Mas, bom Deus, você pode me prender
Um francês não saberia se vender
Porque eu posso ser apenas um inútil
Mas minha pátria é minha propriedade.

O texto está disposto de forma a criar empatia com esse "sem-". Ao recorrer a uma enunciação polifônica, ele desqualifica ironicamente o ponto de vista dos abastados, aqueles da esfera alta que o olham com desconfiança e desprezo. No final da história, o "sem-teto, sem família" pode finalmente dizer "eu": mesmo os "sem-" são patriotas. O que o distingue dos abastados passa ao segundo plano, quando o inimigo comum aparece, os "prussianos".

Tal dispositivo de enunciação não nos parece enquadrar-se no registro do apelo à piedade. O herói da história é apresentado como um marginal, não como uma vítima. Mas sobretudo o personagem "sem-" remete a uma invariante da enunciação literária: encarnando uma figura estereotipada de embreagem paratópica (Maingueneau, 2004),* ele permite que a marginalidade do artista seja inscrita no enunciado. A canção resulta implicitamente

---

*     N.T.: Texto publicado no Brasil como: MAINGUENEAU, D. *O discurso literário*. Trad. Adail Sobral. São Paulo: Contexto, 2006.

em uma valorização dos criadores e da Arte: a figura do boêmio vadio conduz à do boêmio artista.

Os autores de uma canção que pretenderia ser um verdadeiro apelo à piedade para os sem-voz não devem fazer uma verdadeira obra de arte, desviar em benefício dos artistas uma enunciação que se diz estar a serviço dos sofredores. Existem várias soluções. Nós vamos considerar três delas; duas vêm da canção; a terceira, do vídeo.

Existe um grupo de rock francês chamado Les Sans Voix (Os sem-voz), que tem relação com associações caritativas religiosas, neste caso, o Secours Catholique e a Fundação Abbé Pierre. Seu *release* para a imprensa explica o projeto que o impulsiona:

> Este grupo musical, nascido em fevereiro de 2014, é o resultado do encontro entre Piero SAPU, figura da cena alternativa (vocalista dos Garçons Bouchers, BB Doc, Doctor Destroy), e todos os "Sem", os "esquecidos" da nossa sociedade, cuja fala o grupo SANS VOIX se propõe amplificar e difundir.
>
> A originalidade do projeto? Uma voz do rock francófona decide colocar seu talento como letrista e seu carisma de palco (mais de 15 anos de shows!) a serviço dos desvalidos, tornando-se assim um amplificador e um porta-voz. As letras das músicas compostas pelo grupo SANS VOIX (duas dezenas de composições até hoje) são as palavras dos "escravos" da existência, recolhidas em oficinas de escrita, em livros ou em encontros por toda a França. Rachel, Henri, Catherine, William..., são os sem-voz encontrados nas associações humanitárias do Var, ou de outros lugares, cujas palavras Piero SAPU proclama com orgulho ("Dossier de présentation Sans Voix à télécharger", disponível em: http://www.sansvoix.fr/presse/; acesso em: 02 set. 2018).

Piero Sapu não é um porta-voz midiático que – como Angelina Jolie – seria "estrangeiro" ao mundo dos sem-voz. Como os outros membros do grupo, ele deve viver mais perto daqueles que defende. No entanto, o texto revela uma tensão. Les Sans Voix são apresentados tanto como "porta-vozes dos excluídos" quanto como um "encontro" entre um cantor conhecido e os "Sem", os "esquecidos da nossa sociedade". O coletivo surge, assim, centrado em um cantor que "decide colocar o seu talento de letrista e seu carisma de palco (mais de 15 anos de shows!) a serviço dos desvalidos". Tal escolha vai ao encontro das expectativas da mídia, que precisa encarnar coletivos na imagem de um indivíduo. A aparência do cantor Piero Sapu – careca, tatuado e barbudo – corresponde ao estereótipo do artista marginal que vive entre os pobres. Como era de se esperar, foi ele, e não todo o grupo, que esteve no centro de uma reportagem dedicada aos Sans Voix no programa de televisão *Toda história*, transmitido pelo canal nacional France 2, em 21 de março de 2015.

Bénévole au Secours Catholique, Pierre a décidé de remonter sur scène afin de relayer la parole des "sans voix".

Para não se afastar muito dos "sem-voz" e, portanto, não se deslegitimar, o grupo não pode estar realmente ancorado no campo musical: textos ou músicas esteticamente muito elaborados seriam dificilmente compatíveis com o *ethos* de indivíduos que querem "transmitir a fala dos sem-voz". Aparece, aliás, em lugar de destaque no site do grupo[11] o megafone, que, lembremo-nos, constitui também o logotipo do Novo Partido Anticapitalista: o grupo pretende mostrar que apenas amplifica uma fala já posta, inaudível na esfera alta. Essa preocupação aflora no *release* para a imprensa. Os textos das músicas são, com efeito, apresentados como sendo produzidos coletivamente ("As letras das músicas compostas pelo grupo SANS VOIX") e "recolhidas em oficinas de escrita, em livros ou em encontros por toda a França". Eles seriam, portanto, uma transposição das falas dos sem-voz.

As letras das canções devem, portanto, parecer elementares, mostrar o *ethos* dos que foram abandonados. A primeira estrofe de uma das principais canções da banda, "Rachel", é significativa nesse sentido. Ela mostra um *ethos* simples, compatível com a pessoa simples que evoca, ao mesmo tempo que tematiza, a ruptura entre esfera alta e esfera baixa, que justifica a própria existência do grupo.

> É apenas uma voz, que não vemos, que não olhamos
> Uma pequena voz, uma simples voz, que quase não existe
> É só uma voz que não ouvimos, que não escutamos, ou não escutamos mais.

O mesmo vale para a música "Underground":

> Você realmente não tem escolha, quando está no subterrâneo
> Do como, do porquê, quando está no subterrâneo
> Não é o chefe do trabalho quando você está no subterrâneo
> Você realmente não tem escolha...[12]

Mesmo que o *release* para a imprensa apresente os textos dessas canções como palavras "recolhidas em oficinas de escrita", recupera-se facilmente o movimento reflexivo pelo qual as letras legitimam sua própria enunciação: a canção "Rachel" não faz outra coisa senão explicar o significado de "sem-voz", o próprio nome do grupo. Por sua vez, "Underground" desenvolve a mesma temática em outra isotopia: o sem-voz é invisível porque ele está *under-ground*, sob a terra, ele pertence à esfera baixa, e essa enunciação em si visa torná-lo visível.

Se a elaboração estética fosse levada adiante e se os membros do grupo agissem como os profissionais que são, isso os empurraria para o registro da música popular. É, inclusive, o que acontece com aqueles que se apresentam como pertencentes a um mundo de excluídos, mas que exercem sua atividade dentro do campo propriamente musical. Pensamos, em particular, no rap.

## A canção do Les Enfoirés

Vamos falar de outra forma de resolver essa tensão entre estética e apelo à piedade: a canção do Les Enfoirés. Em 26 de setembro de 1985, o ator cômico Coluche lança o projeto "Restaurantes do Coração", na rádio privada Europe 1:

> Eu tenho uma ideiazinha: Se, por acaso, houver alguma marca que me ajude, se tem gente interessada em patrocinar uma cantina gratuita que a gente poderia começar a fazer em Paris... estamos dispostos a contribuir com um empreendimento como esse, que abriria um restaurante que tivesse como ambição, pra começar, distribuir duas ou três mil refeições por dia...

Coluche combina aqui o papel de Angelina Jolie e o de um fundador de uma organização caritativa. Ele pede a outro artista de sucesso, o cantor Jean-Jacques Goldman, para fazer uma música a fim de difundir a mensagem. Este último compôs "La Chanson des Restos" ("A canção dos restaurantes"), que sai em um disco de 45 RPM e com 533.900 exemplares vendidos imediatamente em benefício da Associação.

O que nos interessa aqui é ver como essa canção, embora escrita por uma celebridade, se esforça para não cair no universo estético. Uma coisa que contribui para "desestetizá-la" é o caráter coletivo da interpretação; outra é o fato de que, nesse grupo, há apenas dois cantores, ou melhor, um cantor e meio: Les Enfoirés [os Desvalidos] reúne atores (Coluche, Nathalie Baye), um cantor (Jean-Jacques Goldman), um ator-cantor (Yves Montand), um jogador de futebol (Michel Platini) e um apresentador de televisão (Michel Drucker). O fato de a maioria não ser de cantores vem estabelecer o pressuposto pragmático de que, neste texto, o objetivo estético não está em primeiro plano, que é a urgência que obriga aqueles que não têm talento para isso a intervir. Terceiro fator de "desestetização": o texto não é totalmente cantado. Apenas o refrão é, e por todos os participantes.

Aqui está a primeira estrofe, que é seguida pelo refrão:

> Eu, eu vou a um encontro com aqueles que não têm mais nada
> Sem ideologia, discurso ou falatório
> Nem sempre se pode garantir a grande noite
> Mas apenas para o inverno comida e bebida
> A todos os reprovados pela idade e pelo desemprego
> Os excluídos do bolo, os excluídos da partilha

Se pensarmos em você, é realmente egoísmo
Amanhã nossos nomes podem aumentar a lista
Da lada da da da da (3 vezes, em coro)

*Refrão* (em coro)

Hoje não temos mais o direito
Nem a ter fome, nem a ter frio
Além de cada um por si
Quando penso em você, penso em mim
Eu não te prometo a grande noite
Mas apenas comida e bebida
Um pouco de pão e calor
Nos restaurantes, os restaurantes do coração
Hoje não temos mais o direito
Nem a ter fome nem a ter frio.

Os primeiros quatro versos são ditos por Coluche; os quatro seguintes, por Yves Montand: ninguém deve se apropriar do texto. Les Enfoirés, embora seja um grupo de celebridades, participa de um empreendimento que coloca, de alguma forma, entre parênteses suas carreiras individuais. O fato de as estrofes serem declamadas e não cantadas adquire valor moral no contexto de um apelo à piedade: a voz simples é compatível com o sofrimento. Cada um fala com a voz com que o conhecemos, já bem identificada na mídia, com sua humanidade, compartilhada com os sofredores. Os cantores reais (Goldman e Montand) não se distinguem dos outros. Tudo é projetado para evitar uma espetacularização que valorize o intérprete. O canto é reservado ao refrão, que relega sua dimensão estética ao segundo plano por seu caráter coletivo, encarnação da solidariedade e, por seu conteúdo, reduzido a um "Da lada da da da", pura expressão de um afeto.

Assim como Les Sans Voix, Les Enfoirés não pode produzir textos sofisticados, assumir enunciados ostentadores de marcas de literariedade demasiadamente fortes. Um investimento estético muito acentuado poderia trazer o risco de, a todo instante, ser percebido como um artifício mentiroso, incompatível com a verdade do coração, a autenticidade de uma alma compassiva. Algo totalmente diferente se dá com um texto como "L'homme aux guenilles", no qual os autores pretendem criar uma obra, implantando um universo ficcional e evidenciando múltiplos signos de poeticidade. "A canção dos Restaurantes do Coração" não conta uma história, mas solicita diretamente a generosidade, mobilizando um francês padrão, até mesmo coloquial, tanto no léxico quanto na sintaxe. Sempre se pode objetar que, na realidade, o texto foi escrito por um profissional, que a simplicidade é uma estratégia retórica como qualquer outra, mas é preciso assinalar a pretensão enunciativa da canção.

## UM VÍDEO

Entre os casos representados pelo rock dos Les Sans Voix e pelos Les Enfoirés, que se esforçam por "desestetizar-se" para se manterem no registro do apelo à piedade, e os textos que, como "L'homme aux guenilles", inscrevem-se plenamente no campo estético, há situações intermediárias. Este é o caso, por exemplo, de um vídeo[13] intitulado "Pare com a negação. Os sem-voz. 19 depoimentos anônimos de vítimas de violência sexual, lidos por 19 personalidades".

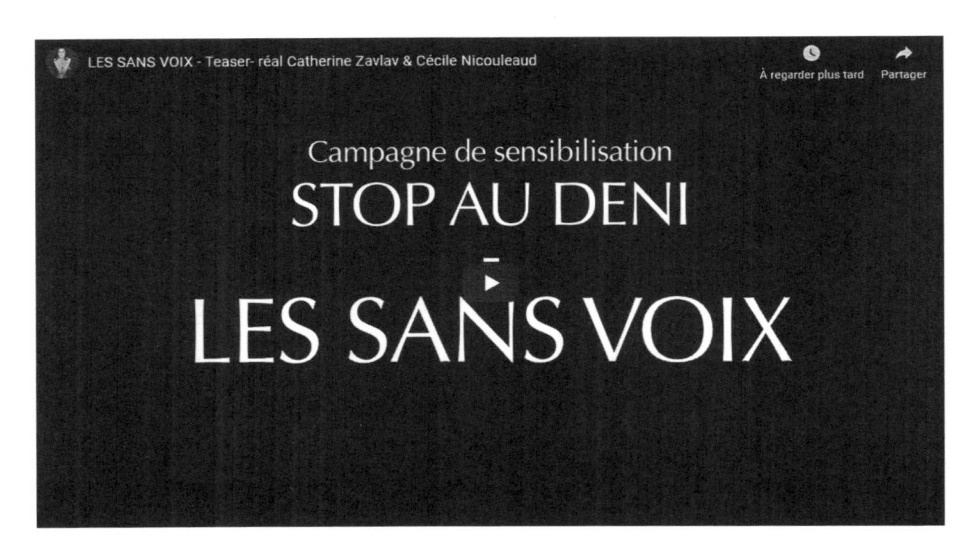

Este vídeo é, na verdade, o *teaser*, amplamente divulgado em 2015, de um filme cujo projeto é assim descrito no site da revista feminina *Marie Claire*:

*Porque "as vítimas muitas vezes ficam sem voz", personalidades tomam a palavra lendo depoimentos, para dar voz a quem sofreu violência sexual.*
Este *teaser* do filme "Os sem-voz", dirigido por Catherine Zavlav e Cécile Nicouleaud como parte da campanha "Pare com a negação", revela uma série de depoimentos de vítimas de abuso sexual, lidos por personalidades. Um tête-à-tête com a câmera que desafia o espectador e o coloca diante de uma realidade que assusta e incomoda.
O filme "Os sem-voz" será exibido, em pré-estreia, dia 2 de março de 2015, durante a conferência "Enquete de agradecimento", organizada pela associação Memória Traumática e Vitimologia, no Palácio do Luxemburgo. Tal filme lança luz sobre o impacto desse tipo de violência desde a infância até a idade adulta. Qual futuro e qual tratamento para as vítimas? Como viver com essa dor, "essa bomba relógio" que corrói por dentro?
Devemos ouvir as vítimas para quebrar tabus, declarar "guerra à negação da violência sexual".
"Uma mudança no estado de espírito da sociedade diante de suas violências íntimas" é necessária para reconhecer o *status* de vítima às pessoas que sofreram violência sexual.
(Disponível em: https://www.marieclaire.fr/,stop-au-deni-la-video-qui-donne-la-parole-aux-victimes-de-violences-sexuelles,733908.asp. Acesso em: 01 out. 2019).

Não há, aqui, realmente, um apelo à piedade que incitaria os destinatários a fazer algo específico em favor dos sem-voz, como é o caso da "Canção dos Restaurantes do Coração". O objetivo é antes atrair simpatia por uma determinada categoria de sofredores, influenciar na opinião, contribuir "para uma mudança no estado de espírito da sociedade diante de suas violências íntimas".

Encontramos aqui a lógica do porta-voz midiático, mas enfraquecida, pois os locutores são personalidades que não são conhecidas por um público amplo. Eles leem, diante das câmeras, "testemunhos" supostamente escritos por "sem-voz", vítimas de abusos sexuais. Eles nem são nomeados; são literalmente porta-vozes, os quais não estão, em nenhum caso, em identificação com o autor do que leem: um homem pode contar o testemunho de uma mulher, e vice-versa. Eles se sucedem, mesmo sem saber se o seguinte se trata do mesmo testemunho ou de testemunhos diferentes. A ideia é criar um tipo de voz anônima e indiferenciada. Segue um trecho:

> Voz do homem 1: < começou eu tinha cinco anos↓++ e sempre estas palavras ↓++ "Você é minha vida" ↓++ Assédio que durou três anos ↓+ eu os enterrei no mais profundo de mim mesma ↓++ pensando que eu estava louca >
> Voz do homem 2: < ele me dizia que era normal ↓+ que todas as garotas da minha idade faziam a mesma coisa ↓++ eu pensei que ia morrer↓>
> Voz do homem 3: < eu tinha dezesseis anos ↓++ eles eram quatro ↓++ eu acho >
> Voz de mulher: enfim, nada aconteceu ↓+ a criança que sou está morta ↓++ amanhã a criança terá esquecido tudo ↓++ amnésia pós-traumática ↓[14]

Os intérpretes obviamente foram instruídos a adotar um *ethos* distanciado, uma voz monótona que resulta do uso sistemático de uma pronúncia lenta, uma entonação descendente e muitas pausas. A cenografia, muito sóbria, só mostra suas cabeças, que se destacam contra um fundo preto. Este dispositivo polifônico permite:

- um efeito de autenticidade: o locutor não deve procurar se destacar nem seduzir, ou seja, oferecer um espetáculo;
- uma homogeneização: os "sem-voz" aparecem como sendo, em certo sentido, a mesma vítima, para além da diversidade dos depoimentos;
- um contraste entre o conteúdo e a enunciação: a comoção do que é dito é reforçada pelo fato de o enunciador adotar um *ethos* distanciado.

Poderíamos ser tentados a falar aqui de um apagamento do *ethos* (Maingueneau, 2014),* mas este apagamento é apenas aparente; ele visa a provocar uma "incorporação" (Maingueneau, 1983, 1999)** paradoxal: as vítimas estão "mortas", como sugere a imagem na qual o título do vídeo é exibido: um retângulo preto e letras brancas. Apenas uma voz do além-túmulo deve corresponder à medida de seu sofrimento; como esses "sem-voz"

---

* N.T.: Texto publicado no Brasil como: MAINGUENEAU, D. "Retorno crítico à noção de *ethos*". Trad. Maria da Glória Corrêa di Fant e Liz Feré. *Letras de Hoje*, v. 53, n.3, 2018, p. 321-330. Disponível em: https://revistaseletronicas.pucrs.br/fale/article/view/32914. Acesso em: 05 maio 2024.

** N.T.: Obras publicadas no Brasil, respectivamente, como: MAINGUENEAU, D. *Análise de textos de comunicação*. Trad. Maria Cecília Souza e Silva e Décio Rocha. 6. ed. (ampliada). São Paulo: Cortez, 2013; e MAINGUENEAU, D. "Ethos, cenografia e incorporação", em AMOSSY, R. (Org.). *Imagens de si no discurso*: a construção do ethos. Trad. Sírio Possenti. São Paulo: Contexto, 2005, p. 69-92.

perderam a fala, é necessário que outros tragam sua voz, desaparecendo, concentrando-se em fazer ouvir o indizível.

O vídeo faz interagir três níveis de enunciação: 1) os testemunhos dos sofredores; 2) a palavra dos locutores que as pronunciam; 3) a obra das duas autoras que a assinam. Pode-se efetivamente falar de uma obra. Não é necessário ter uma grande familiaridade com a literatura contemporânea para perceber em que ponto o material de partida foi reelaborado. Temos a impressão de estar em um universo vocal próximo ao dos filmes de Marguerite Duras.[15] Há claramente uma tensão entre a intenção reivindicada de dar voz aos sem-voz e essa forte estetização. Isso se deve, sem dúvida, em parte, pelo fato de que esses "sem-voz" não são excluídos da esfera alta, mas excluídos da fala: se eles são sem-voz, é porque têm vergonha de falar ou estão muito traumatizados para fazê-lo. A mobilização de recursos estéticos se impõe mais naturalmente quando se está diante do indizível mais do que do inaudível das falas vindas da esfera baixa.

## CONCLUSÃO

Restrinjo minhas observações a textos que circulam no espaço público e cujo objetivo principal é apelar à piedade. Nesse vasto conjunto, interessei-me por certo tipo de sofredores, os "sem-voz", que pedem a intervenção de mediadores, de "porta-vozes". Ao invés de delimitar um dispositivo de enunciação estável, estamos lidando com uma zona cinzenta onde podem ser desenvolvidos dispositivos muito diversos, cujas fronteiras são, de um lado, o discurso político, de outro, o campo estético.

Essas duas fronteiras não são da mesma natureza. É difícil perceber como um texto de apelo à piedade pode deixar de mobilizar recursos estéticos, quando precisa atuar sobre a sensibilidade de um público amplo e ativar valores. O problema para os locutores é, então, neutralizar, por vários meios, os aspectos da comunicação estética dificilmente compatíveis com o tipo de apelo à piedade que eles pretendem ativar. Quanto ao discurso político, nada o impede de apelar intensamente às emoções e se voltar para os "sem-voz"; mas, neste caso, a piedade vai além da piedade: ela pressupõe uma explicação baseada em uma análise da sociedade cuja validade é garantida por um aparelho e uma doutrina. Os destinatários não são postos diretamente em contato com os sofredores por meio de uma emoção que atesta a pertença a uma mesma humanidade.

*Tradução: Artur Viana do Nascimento Neto*

## Notas

[1] 21-22 junho 2018; conferência organizada por D. Ducard, B. Ferron, E. Née, C. Oger.

[2] A respeito dessa questão, podemos nos reportar ao artigo de Eliane Soares de Lima, "L'attendrissement dans la compassion et la pitié", *Argumentation et Analyse du Discours*, v. 24, 2020. Disponível em: http://journals. openedition.org/aad/3889. Acesso em: 20 dez. 2024.

[3] Ver, por exemplo, Charaudeau (2000, 2001).

[4] Sobre o porta-voz, ver, em particular, Marcoccia (2004), Aubin (2009), Gautier (2015), La Mantia (2016).

[5] Sobre a função do prefixo "sem" em certo número de movimentos sociais, ver, por exemplo, Guilhaumou (1998), que sustenta sua reflexão sobre o modelo fornecido pelos *sans-culottes* da Revolução Francesa.

[6] Trata-se de um texto de quatro páginas que é enviado pelos poderes públicos a todos os eleitores alguns dias antes das eleições. As promessas de campanha dos diversos candidatos são reagrupadas em um mesmo envelope.

[7] Ele obteve 4,08% dos votos nas eleições presidenciais de 2007.

[8] Disponível em: http://www.unhcr.org/news/press/2001/8/3b85044b10/angelinajolie-named-unhcr-goodwill-ambassador-refugees.html; comunicado de imprensa de 23 de agosto de 2001. Acesso em: 15 dez. 2018. Destaque nosso.

[9] Destaque nosso. Cito aqui as traduções tradicionais, para o inglês, a da Bíblia do rei Tiago, e, para o francês, a da Vulgata ("*in terra pax hominibus bonae voluntatis*"). Foram elas que passaram para o uso. Note-se que a Igreja católica prefere, hoje, traduzir: "*paix aux hommes qu'il aime*" ("paz aos homens que Ele ama").

[10] "L'homme aux guenilles". Paris: Aux Succès Modernes, 1915; letra de Léon Joreb, música de Henri Piccolini.

[11] Disponível em: https://www.sansvoix.fr/album/. Acesso em: 17 fev. 2017.

[12] Disponível em: https://www.sansvoix.fr/album/; acesso em: 10 fev. 2019. Note-se que as canções são apresentadas como uma elaboração coletiva. Para "Rachel", o site dá a seguinte lista: "Rachel Boncoeur W. Delgado, L. Gasnier, G. Mas, L. Merle, C. Parel"; para "Underground": "Dominique Remond / L. Gasnier, G. Mas, L. Merle, C. Parel". Trata-se de enfraquecer, tanto quanto possível, a soberania de uma posição de autor.

[13] Disponível em: https://www.youtube.com/channel/UCJ9rpGASyzJQU8U4p5GpiMg. Acesso em: 26 dez. 2024.

[14] Convenções de transcrição: ↓ entonação descendente, + pausa breve, ++ pausa média, <…> sequência pronunciada de forma lenta.

[15] Note-se que um dos porta-vozes do vídeo, o ator M. Lonsdale, é um dos personagens principais de *India song*, filme *cult* de M. Duras.

## Referências

Aubin, F. (2009). La figure de l'intellectuel porte-parole en milieu culturel collectiviste. In.: Agbobli, C. (Ed.). *Quelle communication pour quel changement? Les dessous du changement social*. Québec: Presses de l'Université du Québec, p. 252-260. Disponível em: http://www.puq.ca/catalogue/livres/quelle-communication-pour-quel-changement-1735.html. Acesso em: 26 dez. 2024.

Brodiez-Dolino, A.; Bueltzingsloewen, I.; Eyraud, B.; Laval, C.; R, Bertrand. (Eds.) (2014). *Vulnérabilités sanitaires et sociales. De l'histoire à la sociologie.* Rennes: Presses Universitaires de Rennes.

Butler, J. (2004 [1997]). *Le pouvoir des mots. Politique du performatif.* Paris: Editions Amsterdam.

Charaudeau, P. (2000). La pathémisation à la télévision comme stratégie d'authenticité. In.: *Les émotions dans les interactions.* Lyon: Presses Universitaires de Lyon.

Charaudeau, P. (2001). *La télévision et la guerre. Déformation ou construction de la réalité ? Le conflit en Bosnie (1990-1994).* Bruxelles: Ina-De Boeck.

Gautier, C. (2015). La voix des sans-voix. Condamnés à être parlés? La condition du porteparole. In.: Romain, D.; Jean-Louis Fourrel, J-L. (Ed.). *Langages, politique, histoire. Avec Jean-Claude Zancarini.* Lyon: ENS Éditions, p. 587-598.

Guilhaumou, J. (1998). *La parole des Sans. Les mouvements actuels à l'épreuve de la Révolution française.* Paris: ENS Éditions.

La Mantia, F. (2016). La strategia del ventriloquo. Sul portavoce. *Revista di Filosofia del Lenguaggio* 10: 2, p. 153-164.

Maillard, N. (2011). *La vulnérabilité, une nouvelle catégorie morale?.* Genève: Labor & Fides.

Maingueneau, D. (1998). *Analyser les textes de communication.* Paris: Armand Colin.

Maingueneau, D. (1999). Ethos, scénographie, incorporation. In.: Amossy, R. (Ed.). *Images de soi dans le discours, La construction de l'ethos.* Lausanne, Delachaux & Niestlé, p. 75-101.

Maingueneau, D. (2004). *Le discours littéraire.* Paratopie et scène d'énonciation. Paris: Armand Colin.

Maingueneau, D. (2012). *Les phrases sans texte.* Paris: Colin.

Marcoccia, M. (2004). Le paradoxe du porte-parole. In.: Delamotte-Legrand, R. (Ed.). *Médiations Langagières.* vol. 2. Rouen: Publication de l'Université de Rouen, p. 146-166.

Paveau, M-A. (2017). Le discours des locuteurs vulnérables. Proposition théorique et politique, *Cadernos de Linguagem e Sociedade* 18: 1, p. 135-157.

Payet, J-P. (2011). L'enquête sociologique et les acteurs faibles. *SociologieS.* Disponível em: http://journals.openedition.org/sociologies/3629. Acesso em: 26 dez. 2024.

Payet, J-P; Giuliani, F.; Laforgue, D. (Eds.). (2008). *La voix des acteurs faibles. De l'indignité à la reconnaissance.* Rennes: Presses Universitaires de Rennes.

Rabatel, A. (2016). Analyse de discours et inégalités sociales: de l'empathie pour les invisibles à l'engagement pour le commun. *Revista de Estudos da Linguagem* 24, n. 3, p. 757-788.

Spivak, G. C. (2006 [1988]). *Les subalternes peuvent-elles parler?.* Paris: Editions Amsterdam.

Thomas, H. (2010). *La vulnérabilité. La démocratie contre les pauvres.* Paris: Éditions du Croquant.

Tronto, J. (2009 [1993]). *Un monde vulnérable. Pour une politique du care.* Paris: La Découverte.

# UMA FRATURA DISCURSIVA PREOCUPANTE

Há alguns anos,* temos visto o desenvolvimento de fenômenos em muitos países que são referidos de diversas maneiras: "ascensão do populismo", "enfraquecimento dos grandes partidos", "crise de representação", "aversão às elites", "movimentos antissistema" etc. A diversidade dessas denominações testemunha a perplexidade em que se encontram os pesquisadores, cada um colocando destaque nessa ou naquela faceta de fenômenos que são difíceis de definir. O problema é que não se trata apenas de agitações na periferia do funcionamento político tradicional, mas que isso permite ou corre o risco de permitir que certas personalidades inquietantes tenham acesso ao poder.

Diante disso, os analistas do discurso têm espontaneamente uma reação de rejeição. Isso porque tais fenômenos contrariam as convicções pessoais da grande maioria deles; mas também porque a própria prática das ciências sociais se opõe às categorizações e aos raciocínios simplistas, à designação de bodes expiatórios, à disseminação de boatos falsos, à revelação de conspirações, à expressão do ódio… em suma, a tudo o que eles julgam

---

* N.O.: Texto originalmente publicado na revista *Cadernos de Campo* (n. 28, 2020).

característico desses discursos. Ao torná-los objeto de estudo, nutrem a esperança de que suas pesquisas eivadas de uma vontade crítica contribuam para desacreditá-los. De fato, esse empreendimento só pode dar certo: não é difícil desvendar uma multiplicidade de desvios cognitivos ou morais nesse *corpus*, que contrastam com a seriedade dos métodos utilizados para analisá-lo. Mesmo que seja através de conceitos e procedimentos muito mais elaborados, os analistas do discurso procedem da mesma maneira que os jornais destinados às elites que, em todo o mundo, se esforçam por corrigir sistematicamente as *fake news* para dissipar o que consideram ser aproximações ou mentiras que estão a serviço de forças negativas: ódio, etnocentrismo, fanatismo, machismo…

Para exercer plenamente uma função crítica, a Análise do Discurso deve ser proporcional aos objetos que ela estuda, evitando a aplicação de categorias e procedimentos que tenham sido concebidos para um *corpus* de um tipo diferente. Os objetos que nós estudamos estão inscritos na história e nunca podemos ter a certeza *a priori* de que a caixa de ferramentas que temos à nossa disposição é pertinente para tudo e em todos os momentos. Uma das características do mundo atual é a globalização associada à transformação brutal e generalizada das tecnologias de comunicação. Para um analista do discurso, isso só pode ter implicações profundas sobre o discurso e a natureza dos atores políticos. Sabemos, por exemplo, que as redes sociais são um terreno privilegiado de manipulação de opinião por diversos tipos de agentes, ou que certos governantes se utilizavam do Twitter [hoje X] para se comunicar diretamente com os cidadãos, colocando assim os mediadores institucionais fora de cena. Isso implica que os analistas do discurso devem adaptar os seus instrumentos adequadamente se não quiserem passar ao largo do seu objeto.

## FRATURA DISCURSIVA E ESFERA AUTORIZADA

Na análise do discurso político, a pesquisa visa tradicionalmente comparar os discursos de grupos que ocupam uma posição bem definida no campo político; contudo, os fenômenos que nos interessam aqui parecem resistir a essa lógica clássica de posicionamento, estruturada por partidos que competem pelo apoio de eleitores. É claro que essa lógica continua a funcionar, mas ela está minada e fragilizada pelo que eu chamaria de uma "fratura discursiva". Não uma fratura no interior de um discurso, mas do próprio espaço público, fissurado pela divergência entre dois regimes heterônomos de discurso. Essa fratura é, sem dúvida, ligada à globalização e às transformações dos modos de comunicação, mas ela se explica também por outros fatores, que interagem com os dois primeiros.

Os "Coletes amarelos" franceses* não são os eleitores de Bolsonaro ou Trump, mas muito deles partilham algo que não pode deixar de chamar a atenção dos analistas do discurso: eles não só denunciam privilégios, corrupção, o desprezo ou indiferença das elites para com eles etc., como é tradição nos movimentos ditos "populistas", mas contestam certa distribuição do discurso que lhes nega o acesso ao que se pode chamar de "Esfera autorizada", ou seja, os lugares onde se exprimem as palavras que têm mais peso, que são mais valorizadas em termos de audiência e autoridade moral: de um lado, as estações de rádio, os canais de televisão, os jornais e as revistas mais importantes, bem como os sites a eles vinculados, e, do outro lado, as instituições oficiais (política, justiça, educação…). Essa Esfera autorizada é vista como estando a serviço de uma elite de privilegiados e/ou de minorias isoladas da sociedade "real", que se apropriaram ilegitimamente do poder de decidir o que é permitido e o que é proibido dizer, desqualificando assim os homens e as mulheres "de bom senso", "comuns", as "pessoas pequenas"... Não lhes é dada uma voz ou, quando lhes é dada, eles são apresentados como desviantes e tratados como tais.

Aqui, entra em jogo a questão do "politicamente correto". Esse policiamento da linguagem só é ativamente defendido por poucas pessoas, mas, para aqueles que denunciam as elites, ele constitui a versão mais radical desse policiamento do discurso que desqualifica as suas palavras. O politicamente correto tem três características interessantes: 1) não é uma doutrina política, mesmo que se apoie indiretamente em certas forças políticas; pelo contrário,

---

\*    N.T.: Movimento político francês ("*Les gilets jaunes*") lançado através das redes sociais que reuniu milhares de cidadãos anônimos descontentes com a política fiscal do governo de Emmanuel Macron, especialmente a aplicada sobre os combustíveis em 2018. O movimento se caracterizou por grande violência de rua tanto por parte da polícia como por parte dos manifestantes.

está ligado a uma multiplicidade de organizações muito diversas: feministas, homossexuais, antirracistas, ecologistas, antialcoólicos, anticolonialistas...; 2) tem um conteúdo essencialmente moral; em outras palavras, seus opositores são vistos menos como adversários políticos do que como homens ou mulheres com ética desviante; 3) esforça-se por controlar a linguagem em dois níveis: o do sistema linguístico e o do discurso. Os ativistas mais convictos pretendem transformar a própria língua (especialmente alguns aspectos da morfologia, do léxico e da ortografia), enquanto outros, muito mais numerosos, apenas se esforçam, quando falam, para não se desviar de uma ortodoxia implícita, para evitar o que (palavras, temas, pontos de vista, argumentos...) poderia provocar um linchamento midiático, colocá-los à margem da comunidade moral à qual acham que devem pertencer para falar com autoridade. Essa atitude pressupõe que a fala deve ser regida por normas intelectuais e por valores superiores e que aqueles que os rejeitam falam uma espécie de língua selvagem, intelectualmente deficiente e a serviço de interesses egoístas.

A fratura discursiva se organiza em torno de uma oposição elementar e fortemente axiologizada entre o Alto e o Baixo. Contudo, o valor que é conferido a esse Alto e a esse Baixo não é o mesmo em ambos os casos. Para uns, a posição alta está ligada à superioridade moral e intelectual dos valores que eles reivindicam, a seus esforços em resistir às forças vindas de baixo; para os outros, a verdadeira fala é, pelo contrário, a das pessoas de baixo, do povo, e a posição alta reivindicada por aqueles que os desqualificam é uma opressão ilegítima, uma negação da democracia.

Deparamo-nos então com uma dificuldade: como podemos designar os locutores de um e de outro regime sem adotar o ponto de vista de um deles? A solução mais conveniente consiste em utilizar denominações distintas, caso se esteja em um campo ou em outro.

**Pontos de vista e tipos de "locutores"**

| | Avaliado positivamente | Avaliado negativamente |
|---|---|---|
| Ponto de vista-M (Moral) | Locutor-M (Moral) | Locutor-IM (Imoral) |
| Ponto de vista-P (Popular) | Locutor-P (Popular) | Locutor-EG (Elites globalizadas) |

Fonte: Elaboração própria.

Distingui aqui quatro tipos de "locutores", não de pessoas, de atores ou de indivíduos. É possível pensar – mesmo que isso complique consideravelmente as coisas – que a fratura discursiva atravessa certo número de indivíduos, que, dependendo da situação de fala, alimentam os dois regimes, provavelmente sem estarem muito cientes disso. Apenas uma minoria defende, em todas as circunstâncias, o mesmo ponto de vista.

O termo "elites" na expressão "elites globalizadas" não tem o valor positivo que normalmente possui; é um termo instável que, dependendo das circunstâncias, designa indivíduos mais ricos e mais instruídos, ou várias minorias representadas por uma vasta rede de associações; mas frequentemente esses dois aspectos estão misturados na mente dos locutores-P. A adjetivação "globalizadas" permite realçar um aspecto importante da divergência entre os dois pontos de vista: o sentimento dos locutores-P de que aqueles que os rejeitam pertencem a um mundo sem fronteiras, uma espécie de comunidade internacional para a qual as raízes locais seriam obstáculos à promoção dos valores humanistas. Em uma sociedade em que os meios de comunicação desempenham um papel fundamental, a fratura discursiva gera um ressentimento poderoso entre aqueles que se veem como vítimas, o que também abre, como veremos, um imenso espaço para o exercício de uma voz de protesto através de outros canais.

## A LINGUAGEM POLITICAMENTE CORRETA

Proponho observar um texto que me parece revelador dessa fratura discursiva. É uma entrevista (de 8 de setembro de 2018) com uma pesquisadora norte-americana e autora de um livro crítico sobre Trump. Foi publicada no website brasileiro do jornal espanhol *El País*, presumivelmente porque também se refere a Bolsonaro, que naquele momento concorria à presidência do Brasil. O título do artigo, significativamente, combina "debate democrático" e "politicamente correto" para se contrapor à "retórica" perigosa dos locutores-IM. O uso pejorativo de "retórica" é revelador: há um bom uso da linguagem ("debate democrático") e um uso desviante, "retórico", o dos locutores-IM, o qual resulta em enganação e manipulação.

O website no qual se encontra esse texto é o do *El País*, que se apresenta como "o periódico global", publicado em várias línguas. De fato, tal entrevista anula a fronteira entre três espaços (Espanha, EUA, Brasil); pressupõe-se que, em todos os lugares, as elites partilham a mesma preocupação de defender os valores "democráticos". A escolha da acadêmica entrevistada também não é indiferente: uma pós-doutoranda norte-americana que se situa no cruzamento dos estudos textuais, feministas e antirracistas, cuja pesquisa, desde a Universidade de Cambridge (Inglaterra) até as de Yale e Harvard (EUA), participa dos *"gender studies"*, da teoria literária, dos *"media studies"*, da filosofia pós-estruturalista, ou seja, do interdiscurso difuso que serve como apoio, direto ou indireto, ao politicamente correto.[1]

A convergência *a priori* entre os pontos de vista do jornal *El País* e da jovem pesquisadora explica a forma como a interação se processa. O jornalista não discute as ideias de Weigel, mas faz breves questões destinadas a esclarecer o seu pensamento. No início da entrevista, a jovem pesquisadora destaca obliquamente a fratura discursiva, evocando o papel "fundamental" desempenhado por um uso "ultrajante" da linguagem feito por Trump.

[...] a pesquisadora de Harvard detalha como a linguagem é parte fundamental da conexão que Trump estabeleceu com seus seguidores. O mandatário americano, diz Weigel, recebe apoios justamente por dizer coisas "ultrajantes", consideradas inapropriadas pelas convenções que estabelecem os limites do debate público. Cria empatia com parte expressiva da população porque "diz o que pensa" e por denunciar uma suposta conspiração de liberais com a imprensa, que teria o escuso objetivo de controlar inclusive as palavras que as pessoas comuns usam (Weigel, 2018, on-line).

Isso permite que o jornalista estabeleça um vínculo com Bolsonaro:

Não escapa a um brasileiro que leia o texto de Weigel a memória das explosivas declarações de Jair Bolsonaro, candidato à presidência da República (Weigel, 2018, on-line).

Weigel oferece uma explicação para o fenômeno:

Então, muito da dinâmica social ao redor do politicamente correto tem a ver com vergonha. Se você olha para os Estados Unidos, um país extremamente segregado racialmente, há muitas pessoas brancas, e que estão com sérias dificuldades financeiras, que ligam a tevê e veem uma pessoa rica dizendo que o jeito que elas falam é racista. E que elas deveriam aprender a falar como alguém que foi à universidade. Isso cria um sentido real de exclusão política e econômica, que se identifica com a narrativa do antipoliticamente correto. Então eu acho que a linguagem do Trump faz com que essas pessoas sintam menos vergonha do que elas dizem, porque ele próprio não tem nenhum pudor quando fala (Weigel, 2018, on-line).

O argumento segue um padrão clássico das Ciências Sociais, o que implica uma superioridade moral e epistêmica por parte do analista. Denunciantes do politicamente correto seriam "brancos" habitados por uma força negativa, nesse caso, o "racismo", mas a causa, em última análise, seria econômica: "sérias dificuldades financeiras" geradas por uma "crise global do capitalismo". Nas entrelinhas, encontramos o *exemplum* privilegiado de um grande número de argumentos sobre o mesmo tema, o da Alemanha na década de 1930 ("ressurgimento desses movimentos de extrema direita"), em que a crise econômica aumentou o racismo antissemita, enfraqueceu a democracia e favoreceu a ascensão dos nazistas ao poder.

> E em meio à crise global do capitalismo que estamos vivendo, nós estamos vendo o ressurgimento desses movimentos de extrema direita e o aumento da sua popularidade porque eles falam para um público que sente ter sido excluído da história do progresso que deveria ter começado depois do fim da Guerra Fria (Weigel, 2018, on-line).

O problema é saber se essa análise tradicional é suficiente, em outros termos, se a história se repete, de uma crise do capitalismo a outra. Na realidade, as palavras de Weigel abrem também a possibilidade de uma leitura em termos de fratura discursiva, como mostra a passagem citada mais acima:

> [...] ligam a tevê e veem uma pessoa rica dizendo que o jeito que elas falam é racista. E que elas deveriam aprender a falar como alguém que foi à universidade. Isso cria um sentido real de exclusão política e econômica, que se identifica com a narrativa do antipoliticamente correto (Weigel, 2018, on-line).

A analista, locutora-M, procura aqui restituir o ponto de vista-P, mas evidentemente sem questionar a posição de dominância implicada por sua enunciação, precisamente aquela denunciada pelos locutores-P. É ligando-se à Esfera autorizada (sob a forma da televisão) que os locutores-IM ouviriam "um rico" (para eles, um locutor-EG) dizer que "o jeito que eles falam é racista" e que eles não têm culpa de não "falar como alguém que foi à universidade" (note-se a instabilidade, anteriormente mencionada, na caracterização das elites: ela mistura riqueza e nível de instrução). Essa convicção dos locutores-IM é remetida pela pesquisadora americana a uma "narrativa" sem fundamento na qual certas categorias de profissionais da língua ("professores", "imprensa") excluiriam as "pessoas comuns":

> [...] essa narrativa passa uma ideia de que existe um pequeno grupo, formado por professores e pela própria imprensa, que está forçando essas mudanças de cima para baixo, às custas das 'pessoas comuns' (Weigel, 2018, on-line).

Essa desqualificação das palavras dos locutores-IM é validada de maneira performativa pelo *ethos* de competência que resulta da análise do seu comportamento. A locutora que defende o ponto de vista-M mostra que é capaz de explicar os erros dos locutores-IM com a ajuda de esquemas científicos sociais, para explicar precisamente por que eles se tornaram locutores-IM. Estes últimos aparecem como sujeitos que não têm consciência dos mecanismos que os levam a se desviar moral e intelectualmente, não têm o distanciamento que lhes permita compreender que aqueles que eles consideram erroneamente como "ricos" ou "professores" que lhes desprezam estão de fato defendendo os valores democráticos universais e sentem compaixão por eles, uma vez que "a crise global do capitalismo" é a verdadeira culpada.

Estamos assim perante um sistema em que cada um dos dois termos é legitimado pelo outro. Os locutores-M denunciam o que consideram um uso imoral e cognitivamente deficiente do discurso; para defender os valores da democracia, da abertura, do respeito ao próximo etc., para preservar a fronteira que nos separa das forças obscuras e ameaçadoras, parece-lhes vital analisar e denunciar os propósitos que eles julgam odiosos e intelectualmente indigentes. Os enunciados dos locutores-P são os objetos de análise, e seus autores infelizmente não são pessoas com as quais é possível debater em conformidade com os padrões intelectuais e morais.

O problema é que os locutores-P veem em sua condenação e na análise de seus enunciados uma prova a mais de que são excluídos, incompreendidos e desprezados por uma minoria privilegiada globalizada que, pensando em encarnar o Bem, falam com autoridade, mas ignoram o vivido, as experiências, as dificuldades das pessoas "de bom senso", do "povo", dos "trabalhadores", dos "sem-voz"... enraizados nas culturas locais. Quanto mais os oradores mais legítimos da Esfera autorizada, e entre eles os cientistas sociais, desmontam e denunciam as declarações dos locutores-P, mais esses se sentem justificados ao rejeitar aqueles que os rejeitam e ao desacreditar o conjunto dos discursos de autoridade.

Aqui encontramos uma manifestação de "interincompreensão" polêmica (Maingueneau, 1984)* em que cada um dos adversários traduz os enunciados do outro em suas próprias categorias. Há uma diferença importante entre as polêmicas clássicas e essa situação de fratura discursiva. Uma

---

* N.T.: Obra publicada no Brasil como: MAINGUENEAU, D. *Gênese dos discursos*. Trad. Sírio Possenti. São Paulo: Parábola, 2008.

polêmica política, literária, religiosa... opõe adversários que partilham o mesmo espaço, o mesmo regime de discurso: os estatutos dos adversários são comparáveis e suas produções textuais também. Ora, a fratura discursiva repousa precisamente sobre uma assimetria entre, por um lado, as enunciações e os enunciadores que pensam que sua legitimidade se deve ao fato de se submeterem às normas intelectuais, morais e textuais respaldadas por instituições que são fonte de autoridade, e, por outro, os enunciadores e as enunciações associados a espaços de baixa legitimidade, especialmente as redes sociais, onde agregados de enunciadores anônimos se expressam. É certo que também há locutores na Esfera autorizada que não se conformam com o ponto de vista-M, mas enunciam sobretudo em lugares periféricos e são apresentados pelos locutores-P como suspeitos: o interesse que suas declarações por vezes suscitam em uma grande audiência é interpretado como uma prova de que despertam os maus instintos da multidão.

Não foi à toa que acabei de mencionar as redes sociais; as novas tecnologias de comunicação, de fato, apresentam um papel essencial nessa assimetria que funda a fratura discursiva. Os locutores-P consideram que se eles investem nessas redes sociais é porque a Esfera autorizada, controlada pelos locutores-EG, lhes é vedada. Para os locutores-M, por outro lado, é porque não conseguem se submeter aos padrões intelectuais e éticos do "debate democrático" que os locutores-P investem nas áreas obscuras da comunicação digital para se expressar sem reprimir seus afetos e espalhar notícias falsas.

Em vez de dizer que os locutores-P "expressam" suas ideias "utilizando" certas possibilidades que a comunicação digital lhes oferece, é melhor considerar – de acordo com os pressupostos da Análise do Discurso – que os Sujeitos falantes são indissociáveis dos "meios" de comunicação; em outras palavras, que estes não são "meios": não existem, de um lado, Sujeitos plenos, portadores de ideias a serem expressas, e, de outro lado, instrumentos de comunicação para veiculá-las. Os Sujeitos se constroem por meio dos recursos oferecidos pelos dispositivos de enunciação disponíveis em um determinado momento e lugar.

Uma das figuras mais conhecidas dos "Coletes amarelos", Jérôme Rodrigues, foi ferido por um projétil da polícia durante uma manifestação, enquanto transmitia ao vivo na sua página do Facebook.

Ao transmitir imagens ao vivo do final do desfile em Paris, ele foi atingido por um projétil. A IGPN[2] foi acionada. É um vídeo impressionante. Um colete amarelo que participou neste sábado da manifestação organizada em Paris entre o Cours de Vincennes e a Place de la Bastille foi atingido no rosto por um projétil, mesmo estando transmitindo imagens das tensões entre a polícia e os manifestantes ao vivo no Facebook. Transmitido na conta do Facebook desse homem chamado Jérôme Rodrigues, o vídeo dura mais de onze minutos (Rodrigues, 2019, on-line).[3]

Rodrigues opera aqui na junção entre dois espaços: de um lado, a manifestação em que participava, do outro, o espaço sem limites das redes sociais. Ele não tem o *status* de mediador, de profissional da informação: ele alimenta diretamente sua página no Facebook, sem filtro institucional. Seu vídeo se apresenta como a "realidade", a das pessoas "reais", "de baixo", reprimida por forças que obedecem a ordens de cima.

## ARTIGOS E COMENTÁRIOS

As possibilidades oferecidas aos locutores-P pelas novas tecnologias de comunicação não se limitam às redes sociais. Eles podem investir em muitos outros espaços. Por exemplo, os "comentários" que os sites de notícias permitem aos internautas publicar em número ilimitado após um artigo. Esse dispositivo difere consideravelmente do que prevalecia há alguns anos na imprensa escrita, no rádio e na televisão, em que a palavra do jornalista era definitiva: os leitores não podiam publicar suas avaliações junto aos artigos que liam.

Os textos publicados em um site de notícias pertencem a gêneros padronizados. Eles são escritos por jornalistas e colocados sob a responsabilidade do diretor da redação. Além disso, inserem-se em determinados posicionamentos no campo da imprensa: posicionamento profissional (imprensa regional ou nacional, especializada ou generalista etc.) e posicionamento político. Enquanto os artigos devem apresentar um tema conforme as normas de coesão e coerência, os comentários podem facilmente se tornar um espaço para desabafar. Contam apenas com uma relação predicativa em sentido amplo: "Digo X sobre o texto Y". Além do mais, eles são fracamente cerceados: os afetos são expressos sem controle (há, em particular, muitos comentários agressivos e até abusivos) e os locutores não se julgam obrigados a elaborar enunciados estruturados, nem mesmo a respeitar a ortografia ou a pontuação. Também não estão sujeitos às restrições impostas aos redatores profissionais no que diz respeito à referenciação do seu texto pelos motores de busca, à escolha de títulos, intertítulos, hiperlinks. Essa discrepância entre artigo e comentário está intimamente ligada à identidade de sua fonte enunciativa: quem comenta, diferentemente dos autores dos artigos, que têm nome próprio, forma agregados instáveis e efêmeros de pseudônimos que não precisam responder pelo que dizem.

Nesse dispositivo, a superioridade da fala normatizada do jornalista é constantemente posta em questão por sua associação com um número indefinido de enunciados de origens indeterminadas que o utilizam como suporte. Há um deslocamento no centro de gravidade: não é mais o artigo que importa, mas a relação entre o artigo e os comentários que ele suscita. Frequentemente, as interações entre os produtores de comentários fazem esquecer até o artigo que lhes deu origem. Enquanto o texto do jornalista implica uma distância essencial entre o seu autor e os seus leitores, a justaposição de comentários fortemente subjetivos estabelece uma proximidade entre comentaristas que não se conhecem, mas que, no mundo virtual, criam e dissolvem cumplicidades mais ou menos fugazes.

O paradoxo em que se baseia esse dispositivo é que os comentários se beneficiam da vasta audiência de um site de notícias reconhecido, sem se sujeitar aos padrões da comunicação jornalística. Eles possibilitam expressar o que antes estaria na esfera privada, ou mesmo no inconfessável, mas que, agora, está em pé de igualdade com o texto autorizado. Como cada comentário está associado a botões que permitem ao internauta abrir espaços conectados, especialmente o Facebook ou o Twitter [hoje X], é possível até que ele alcance um público mais amplo, para além do site onde foi postado.

O termo "comentário" mostra assim toda a sua polivalência. O comentário tradicional lida com textos de prestígio, ele implica uma hierarquia de valor entre um texto de autoridade e uma infinidade de enunciações que buscam interpretá-lo. Os comentários que aqui nos interessam tendem, ao contrário, a ocupar o lugar mais alto, a se colocarem como avaliadores do texto comentado. Essa inversão da hierarquia pode trazer à mente a categoria de carnavalização de Bakhtin (1982). Mas o carnaval só subverte simbolicamente as hierarquias instituídas durante um período limitado; os comentários, por outro lado, acompanham os artigos permanentemente e até aumentam com o tempo. Mesmo quando o comentário aprova o ponto de vista defendido no artigo, muitas vezes o faz de acordo com métodos que não se enquadram no regime discursivo adaptado às situações formais, ativando uma fala altamente subjetiva, até mesmo brutal, que pretende mostrar um *ethos* de autenticidade.

Também do ponto de vista textual, esses comentários apresentam particularidades interessantes. Normalmente, distinguem-se dois tipos principais de organização textual: a) a da conversação, em que o enunciado faz parte de uma cadeia de intervenções, com constrangimentos de várias ordens: em termos de preservação de faces, abertura e fechamento, negociação de temas, encadeamento de enunciados...; b) a do gênero do discurso, que atribui diversos papéis aos participantes a serviço de um fim reconhecido, e que implica uma textualidade previamente planejada, mais ou menos conhecida de antemão. No entanto, os comentários dos artigos não se submetem às regras da conversação, nem às de uma textualidade planejada. Eles podem ser reduzidos a um *emoticon*, uma interjeição, uma frase sem verbo ou aparecer como um longo desenvolvimento explicativo. Eles podem dar sequência a um comentário precedente ou sair sem transição em outras direções. Enunciados, por natureza, segundos, reativos e anônimos, não precisam estruturar um ponto de vista para se tornarem resistentes a possíveis disputas. Procuram antes a conivência de quem partilha o mesmo ponto de vista ou, inversamente, o confronto com os adversários presentes (o autor do artigo ou outros comentadores) ou ausentes.

Essas características são indissociáveis do fato de que a posição de destinatário desses comentários é fundamentalmente problemática. Pode-se perguntar se não estamos lidando com o que propus chamar de subdestinatários (Maingueneau, 2020). Não um ou mais indivíduos identificados, como na conversação, nem os destinatários-modelo implicados por cada gênero de discurso, ele próprio ancorado em uma cena englobante, mas um conjunto de contornos indeterminados, na medida dos enunciados que se apresentam como projeção direta de uma subjetividade cuja expressão não é regulada pela presença de outros ou pelo controle de uma instituição. Esse "subdestinatário" tem por correlato um sublocutor: não só porque a fonte do comentário é pseudônima e instável em suas opiniões e forma de ocupar o espaço da web, mas também porque está amplamente livre dos cerceamentos habituais da comunicação, da responsabilidade de um Sujeito falante que deve ser coerente e apresentável, especificado por uma instituição de fala e submetido ao julgamento de um sobredestinatário,* no sentido de Bakhtin (1984). O autor pseudônimo de um comentário não é o autor pseudônimo de uma obra literária.

Nessas condições, entendemos que os locutores-P exploram intensamente esse tipo de comentário, que percebem como um espaço livre do controle dos locutores-EG, um espaço onde podem sentir que não estão sozinhos, que há protestos difusos contra aqueles que consideram opressores ilegítimos. Ao fazê-lo, reforçam sua posição de vítimas de um sistema que os obriga a se expressarem em lugares periféricos. Assim, as duas assimetrias respondem uma à outra: aquela entre os regimes M e P, por um lado, e aquela entre artigo e comentários, por outro. Os comentários de artigos não são textos propriamente ditos, do mesmo modo que os agregados dos locutores-P não são partidos, nem mesmo coletivos estruturados. Em ambos os casos, há uma assimetria entre um espaço estruturado de posições cuidadosamente controladas (Esfera autorizada ou texto/gênero de discurso) e um espaço fundamentalmente instável que se sustenta pela contestação do primeiro.

## CONCLUSÃO

A noção de fratura discursiva se inscreve, em francês, em uma matriz na qual figuram fórmulas como "fratura social" e "fratura digital". A primeira fala da oposição entre as elites, que estariam integradas a um mundo globalizado e as classes populares, que tenderiam a um retraimento identitário; a segunda designa a desigualdade de acesso à tecnologia digital. Em ambos

---

* N.T.: Traduzimos o termo *"surdestinataire"* por "sobredestinatário" seguindo a terminologia utilizada no *Dicionário de Análise do Discurso* (Charaudeau; Maingueneau, 2008).

os casos, há oposição entre dois níveis na sociedade: o dos privilegiados e o dos excluídos. A fratura discursiva está mais próxima da fratura social do que da fratura digital, mas não pode ser reduzida a uma oposição entre o local e o global ou entre o povo e as elites, ainda que seja por meio dessas distinções elementares que ela se exprime frequentemente. A fratura discursiva exclui lugares de discurso com autoridade mais forte, com base em uma deficiência moral dos locutores envolvidos. Essa deficiência é percebida como indissociável de uma deficiência epistêmica que se traduz em um superinvestimento em canais de comunicação incontroláveis e de larga difusão que possibilitam modos de enunciação não normatizados.

Uma fratura discursiva não é da mesma ordem que as fraturas sociais clássicas (entre ricos e pobres, trabalhadores assalariados e autônomos, operários e executivos, desempregados e não desempregados etc.), mas as atravessa em proporções variáveis. Tampouco se deixa enquadrar em posicionamentos políticos tradicionais. É certo que alguns partidos se esforçam para se estabelecer como porta-vozes dos locutores-P, mas estes rejeitam se identificar com os partidos tradicionais. Eles irão, em vez disso, apoiar indivíduos que, por seu uso atípico do discurso, pareçam-lhes encarnar uma palavra de verdade. Na ausência de tal líder, eles podem levar seus votos a partidos cujo discurso é essencialmente de protesto, com todos os riscos que isso pode acarretar.

Para o analista do discurso, essa situação é delicada. Ele se vê lidando com um objeto que deveria lhe convir, pois se trata de refletir sobre uma fratura discursiva. Porém, para estudá-lo, ele deve se interrogar sobre alguns de seus pressupostos.

Não há dúvida de que a grande maioria dos analistas do discurso compartilham os valores do ponto de vista-M; suas convicções pessoais e a lógica de seu aparato conceitual e metodológico os estimulam a analisar as palavras dos locutores-P como fundamentalmente deficientes. O problema é que essa deficiência é perfeitamente previsível, que a investigação é sempre frutífera. Coloca-se a questão de saber se podemos nos contentar em desqualificar os enunciados produzidos pelos locutores-P, e não devemos refletir também sobre a própria fratura discursiva. Cientistas sociais e locutores-M constantemente relacionam os enunciados de locutores-P a fatores sociais, mas aqueles que os analisam dessa maneira se excluem do universo do discurso, implicitamente considerando que sua submissão às normas intelectuais e morais compartilhadas os coloca fora de alcance. Em outros termos, as palavras dos locutores-P seriam explicadas socialmente, mas o Verdadeiro e o Bem se explicariam por si mesmos, não entrariam no discurso.

No entanto, a fratura discursiva é um fenômeno histórico, um acontecimento na história da distribuição da fala legítima. A existência dos locutores-M e a forma como eles produzem e fazem circular seus enunciados não podem escapar à ordem do discurso. Esse deslocamento do olhar — dos enunciados para a fratura discursiva — é, porém, difícil de operar. A fratura discursiva não é, de fato, um confronto de posicionamentos, mas uma configuração da qual participa uma multidão de atores e que ninguém controla. É uma tarefa importante refletir sobre a reconfiguração do espaço do discurso que a emergência de tal fratura discursiva implica. Os locutores-M estão certos em denunciar a ideia delirante de que existe algum tipo de conspiração contra "o povo" liderada por uma minoria globalizada de pessoas privilegiadas que controlam a mídia, mas essa ilusão não invalida a questão subjacente, a das condições de possibilidade desta fratura.

A situação dos analistas do discurso é, neste ponto, mais desconfortável do que a das chamadas ciências "duras", cuja análise se divide entre abordagens sociológicas que procuram explicar o funcionamento e a evolução das ciências por fatores "externos" e abordagens epistemológicas que procuram explicá-los por fatores "internos" às ciências, portanto, estranhos aos "fatores sociais". De fato, essas concepções antagônicas da atividade científica têm muito pouco impacto no trabalho real dos cientistas. O mesmo não ocorre na Análise do Discurso, e mais amplamente nas Ciências Sociais, em que a pesquisa depende muito da forma como os pesquisadores representam sua própria ancoragem na sociedade e os conflitos que a atravessam.

Ao analisar rigorosamente os enunciados dos locutores-P para mostrar suas deficiências, os analistas do discurso certamente fazem um trabalho útil em um mundo familiar e tranquilizador no nível ético e epistemológico, mas permanecem dentro da fratura discursiva. O problema é que, se vão mais longe e se perguntam sobre essa fratura, podem sentir que estão abrindo a porta para forças que eles contestam. Essa é uma situação particularmente difícil, pois os dois termos da alternativa – aceitar a fratura e contestá-la – são insatisfatórios. Basta dizer que, para enfrentar tal desafio intelectual e moral, são necessárias respostas complexas.

Uma coisa é certa: a instabilidade causada pela interação entre o discurso político tradicional e a fratura discursiva pode ter consequências graves, como mostram o desenvolvimento de movimentos sociais incontroláveis e a chegada ao poder de lideranças políticas irresponsáveis e/ou autoritárias.

*Tradução: Gabriel Moreira Peixoto*

## Notas

[1]    Seu perfil pode ser encontrado em http://harvard.academia.edu/MoiraWeigel. Acesso em: 01 fev. 2020.

[2]    Trata-se do departamento de polícia que investiga a polícia.

[3]    Disponível em: https://www.midilibre.fr/2019/01/26/jerome-rodriges-figure-des-gilets-jaunes-gravement-blesse-a-loeil,7977404.php. Acesso em: 23 mar. 2020.

## Referências

Bakhtine, M. (1984 [1979]). *Esthétique de la création verbale*. Paris: Gallimard.

Bakhtine, M. (1982 [1965]). *François Rabelais et la culture populaire au Moyen Âge et sous la Renaissance*. Paris: Gallimard.

Maingueneau, D. (1984). *Genèses du discours*. Liège: Mardaga, 1984.

Maingueneau, D. (2020). *Variações sobre o* ethos. São Paulo: Parábola, 2020.

Rodrigues, J. (2019). Jérôme Rodrigues, figure des «gilets jaunes», grièvement blessé à l'oeil. *Midi Libre*. Disponível em: https://www.midilibre.fr/2019/01/26/jerome-rodriges-figure-des-gilets-jaunes-gravement-blesse-a-loeil,7977404.php. Acesso em: 23 mar. 2020.

Weigel, M. (2018). Moira Weigel: O discurso contra o politicamente correto é uma retórica que inviabiliza o debate democrático. [Interview: Ricardo Della Coletta]. *El País*. Disponível em: https://brasil.elpais.com/brasil/2018/08/20/politica/1534788456_384604.html. Acesso em: 20 mar 2020.

# OS MULTILOCUTORES

Quando se quer representar a comunicação oral,* imaginam-se espontaneamente dois pequenos personagens que, frente a frente, trocam palavras. Isso sinaliza que parece evidente que uma voz esteja associada a um corpo, e a apenas um. Entretanto, nem sempre é o caso. A voz do GPS que nos guia na rua ou a do caixa eletrônico do supermercado não estão associadas a nenhum corpo. Inversamente, pode acontecer de o ser que produz certos enunciados constituir-se de uma quantidade variável de corpos de "colocutores":[1] por meio de uma única e mesma enunciação, eles se apresentam como um único "multilocutor". As situações de multilocução nos são familiares porque, mesmo sendo um fenômeno marginal, ele é verificado nos mais diversos setores da sociedade. Eu já o evoquei muito rapidamente quando tratei da questão do *ethos* (Maingueneau, 2022);** neste capítulo, gostaria de aprofundar a reflexão sobre essa questão, que, no geral, é abordada de maneira dispersa.

---

* N.O.: Texto publicado originalmente na revista *Argumentation et Analyse du Discours* (n. 29, 2022).
** N.T.: Em boa parte, a obra corresponde ao livro publicado no Brasil como: MAINGUENEAU, D. *Variações sobre o* ethos. Trad. Marcos Marcionilo. São Paulo: Parábola, 2020.

Para melhor discernir essa noção de multilocução, podemos partir de um exemplo em que vários locutores produzem o mesmo enunciado sem que haja, contudo, uma multilocução. No Evangelho de Mateus, o narrador relata um diálogo entre Pôncio Pilatos, o prefeito da Judeia, e um grupo de indivíduos que ele categoriza como "multidões":

> Mas os principais sacerdotes e os anciãos persuadiram as multidões (τοὺς ὄχλους) a que pedissem Barrabás e fizessem morrer Jesus.
> O governador, pois, perguntou-lhes: Qual dos dois quereis que eu vos solte? E disseram: Barrabás.
> Tornou-lhes Pilatos: Que farei então de Jesus, que se chama Cristo? Disseram todos: Seja crucificado.
> Pilatos, porém, disse: Pois que mal fez ele? Mas eles clamavam ainda mais: Seja crucificado (Mateus: 27, 20-25).*

Essa curta passagem é o produto de um locutor, no caso, o evangelista, que reporta em estilo direto as palavras da multidão. É evidente que ele sintetiza em uma só frase ("Seja crucificado!") diversos enunciados produzidos por múltiplos locutores em um espaço de tempo de duração determinada. Temos aqui um caso que eu nomeei de enunciação "grupal" (Maingueneau, 2021), um tipo de citação tão frequente na oralidade como na escrita, em que um narrador sintetiza em estilo direto diversas palavras que foram ditas separadamente e em momentos distintos por vários locutores. Nesse caso, não se trata de uma multilocução, da enunciação simultânea do mesmo enunciado por diversos indivíduos.

Os exemplos de multilocução que logo vêm à mente provêm do teatro: nos "enunciados córicos" (Dufiet, 2005), um dos locutores que se exprime em cena é, na verdade, um grupo de indivíduos, um coro. No Ocidente, esse dispositivo está associado de maneira emblemática à tragédia grega antiga. O dispositivo da "dupla enunciação" teatral (Ubersfeld, 1977; Kerbrat-Orecchioni, 1984) faz com que o espectador restaure, além do multilocutor, a presença de um locutor: o "arquienunciador" (Issacharoff,

---

* N.T.: Utilizamos a tradução para o português atualizada de João Ferreira de Almeida. Disponível em: https://bibliaportugues.com/jfa/matthew/27.htm. Acesso em: 21 jul. 2024. A expressão em grego entre parênteses encontra-se no original do artigo em francês.

1985; Maingueneau, 1990),\* que é o autor da peça. A convenção dramática ainda implica que o coro seja constituído de atores que desempenham um papel cuja enunciação só é "séria" no mundo fictício da peça.

Não é esse o tipo de multilocução que me interessa, mas aquele em que não há dramaturgo, em que os colocutores não desempenham um papel, mas estão pessoalmente envolvidos. Uma dificuldade surge imediatamente: para que as mesmas palavras sejam ditas simultaneamente pelos colocutores, as palavras que eles proferem já devem ter sido estabelecidas, o enunciado deve preceder a enunciação coletiva. Pode tratar-se de enunciados curtos, facilmente memorizáveis, ou de longos enunciados que foram previamente memorizados ou são lidos simultaneamente pelos colocutores. Às vezes, o texto está recortado em vários segmentos que um animador faz um grupo repetir. Quando são longos, os enunciados são frequentemente objeto de uma aprendizagem informal: os colocutores iniciantes começam por enunciar fragmentos, antes de adquirir, ao longo do tempo, o pleno domínio do texto.

Essas multilocuções são necessariamente regidas por instituições que fixam rituais mais ou menos restritivos. Nesse caso, a entidade responsável não é um autor em si, mas as regras transmitidas no interior da comunidade em questão; elas fixam previamente o quadro da enunciação e o significante do enunciado. Acontece de narrativas mais ou menos lendárias contarem em que circunstâncias foi estabelecida esta ou aquela multilocução por estes ou aqueles indivíduos, mas é a instituição sua verdadeira instauradora e fiadora.

## A REPRESENTAÇÃO DO MULTILOCUTOR

Parece, pois, paradoxal conceber uma multilocução "original", não ritualizada, um acontecimento enunciativo em que vários colocutores produziriam espontaneamente o mesmo enunciado. Mas o princípio da realidade esbarra aqui com o pensamento mítico, que substitui o trabalho de elaboração prévia pela espontaneidade de multilocuções memoráveis e

---

\*   N.T.: Obra publicada no Brasil como: MAINGUENEAU, D. *Pragmática para o discurso literário*. Trad. Marina Appenzeller. São Paulo: Martins Fontes, 1996.

fundadoras. Aqui, a iconografia é de grande ajuda, pois ela permite mostrar a unanimidade sem o texto, cujos conteúdo e intenção são destinados a serem inscritos na memória coletiva.

Podemos falar a propósito das inúmeras representações do "Juramento do Grütil" (1307), mito fundador da Suíça. Os habitantes dos vales de Uri, de Schwyz e de Unterwalden são aí representados por Arnold de Melchtal, Walter Fürst e Werner Stauffacher, aliados contra os Habsburgo. O texto do juramento é desconhecido, conhecemos apenas a intenção, tal como ela foi construída na posteridade: estabelecer uma unidade de homens livres contra um poder julgado tirano. Aqui está uma representação do fim do século XIX:[2]

Como podemos ver, não é a dimensão verbal que está colocada à frente (não temos a impressão de que os três homens falam), mas a adesão deles ao enunciado.

Esse quadro evoca outro, muito mais famoso, anterior em mais de um século: *O juramento dos Horácios* (1785),[3] de David. Em sua *História romana* (I, 24-25), Tito Lívio descreve em detalhes o ritual que acompanha o acordo firmado entre o rei dos albaneses e o dos romanos, mas não especifica que os combatentes prestaram um juramento. É uma invenção do pintor que, apoiando-se no fato de que os campeões dos dois campos são três irmãos gêmeos, pode colocar em cena uma multilocução patriótica.

A conversão dos três jovens em um só multilocutor é duplamente marcada nesse quadro: pelo agrupamento das três espadas em uma só mão e pelo fato de que essa mão é a do pai deles. A fusão carnal se acompanha de uma fusão ideológica: o pai encarna o espírito patriótico que anima os guerreiros. Através da atitude dos corpos falantes – os pés postos firmemente no chão, os braços estendidos com entusiasmo em torno de um mesmo objetivo –, é um *ethos* de comprometimento da pessoa como um todo o que mostra o quadro.

Tanto nos Horácios como no juramento de Grütil, o número três desempenha um papel essencial. A multilocução pode *a priori* comportar um número variado de locutores, porém, nas narrativas lendárias, a tríade é frequentemente privilegiada, pois é associada à perfeição e à estabilidade. E isso se aplica tanto à Santíssima Trindade cristã, como às Três Parcas* ou às Três Graças** gregas. Esse número é, aliás, a chave da composição do quadro de David: existem três grupos de personagens, cada um em um dos três arcos apresentados em segundo plano. Os três irmãos, por sua atitude, formam um triângulo, símbolo da estabilidade e da unidade do seu grupo. Seu pai, na segunda parte, também está ligado ao número três, por conta das três espadas que segura. Enfim, o terceiro grupo é constituído de três mulheres, uma por sua vez formando um grupo de três com seus dois filhos.

Quando passamos da narrativa mítica para a histórica, de uma multilocução imaginária para um acontecimento e um texto efetivos, a tensão entre escrita e oralidade multilocutória torna-se evidente. É o que mostra o projeto que David desenvolve em 1790: um enorme quadro[4] consagrado ao *Juramento do Jeu de Paume*,*** de 20 de junho de 1789. Este episódio é,

---

\*    N.T.: Na mitologia greco-romana, as Parcas são figuras mitológicas da Roma antiga. Suas contrapartes na mitologia grega são as Moiras. Conforme Bulfinch, "as Parcas eram três: Cloto, Láquesis e Átropos. Sua ocupação consistia em tecer o fio do destino humano e, com suas tesouras, cortavam-no, quando muito bem entendiam" (BULFINCH, T. *O livro de ouro da mitologia*: a idade da fábula. 26. ed. Trad. David Jardim. Rio de Janeiro: Ediouro, 2002, p. 15).

\*\*   N.T.: Conforme a obra citada na nota anterior, as Três Graças gregas, Eufrosina, Aglaé e Talia, eram as deusas do banquete, da dança, de todas as diversões sociais e das belas-artes. Elas eram filhas de Zeus, o deus dos deuses, e da ninfa Eurínome. As Graças eram companheiras das Musas, as deusas das artes e da inspiração, e muitas vezes as acompanhavam em festividades, dançando e cantando para os deuses e para os mortais.

\*\*\*  N.T.: Conforme o site Infopedia, o *Juramento do Jeu de Paume* (ou Jogo de Palma, ou ainda, Jogo da Pela) "trata-se de um episódio que se associa à Revolução Francesa. Ocorreu no dia 20 de junho de 1789, após a corte ter impedido a efetivação da reunião da Assembleia na sala onde se costumava realizar, fruto da sua política de oposição ao Terceiro Estado. Os deputados decidiram então reunir-se na Sala do Jogo da Pela. É nesta sala que, segundo uma proposta de um deputado do Delfinado, Mounier, os deputados juraram jamais se separarem e reunirem-se sob que circunstâncias fossem até que a Constituição do reino estivesse firme nos seus fundamentos, afirmando também a ideia de manutenção da ordem pública e dos princípios da Monarquia. O juramento foi aclamado efusivamente pela maioria dos membros ali presentes...". Disponível em www.infopedia.pt/artigos/$juramento-do-jogo-da-pela. Acesso em: 17 ago. 2024.

então, interpretado como o evento fundador da República: 300 deputados tinham simbolicamente colocado fim ao Antigo Regime, estabelecendo-se como "Assembleia Nacional".

Para respeitar os cânones da pintura clássica, David organizou o quadro ao redor do centro – o presidente da sessão – e, em primeiro plano, colocou abaixo um grupo de três personagens: uma cena de confraternização entre o monge cartuxo Dom Gerle, o abade Gregorio e o pastor protestante Jean-Paul Rabaut Saint-Étienne, que simboliza a nova era de tolerância. Esse recurso ao número três evoca claramente *O Juramento dos Horácios*. A semelhança entre os dois quadros não para aí: como no *Juramento dos Horácios*, os braços estendidos que se dirigem a um único homem localizado ao centro provocam um sentimento de multilocução unânime.

Na memória coletiva, a representação desse "solene juramento" é a de uma multilocução. Mas o acontecimento é muito recente, e David não pode ignorar que, na realidade, não houve multilocução. O texto foi lido e o presidente e os secretários prestaram juramento. Os deputados somente assinaram o documento. Quanto ao juramento, ele próprio deriva de um texto escrito em 3ª pessoa:

> A Assembleia Nacional,
> Considerando que, convocada para estabelecer a Constituição do Reino, operar a regeneração da ordem pública e manter os verdadeiros princípios da Monarquia, nada pode impedi-la de prosseguir suas deliberações em qualquer lugar que ela seja forçada a se estabelecer, e enfim onde quer que seus membros estejam reunidos, lá é a Assembleia Nacional;
> Determina que todos os membros desta Assembleia prestarão, neste momento, juramento solene de nunca se separar, e de se reunir onde quer que as circunstâncias o exigirem, até que a Constituição do Reino seja estabelecida e firmada sobre fundamentos sólidos, e que o referido juramento, sendo prestado, todos os membros, e cada um em particular, confirmarão com a sua assinatura essa firme resolução.

O que torna essa resolução propriamente constituinte é que ela mesma institui o quadro que a legitima. Esse texto de natureza jurídica ostensiva estabelece os fundamentos de uma prestação de juramento, do qual ele determina o conteúdo, dado sob a forma de discurso indireto: "prestarão, neste momento, juramento solene de nunca [...]". Foi, então, necessário converter essa passagem em um juramento que pudesse ser compatível no estilo direto na primeira pessoa.

> Nós juramos jamais nos separarmos da Assembleia Nacional, e nos reunirmos onde quer que as circunstâncias o exigirem, até que a constituição do reino seja estabelecida e firmada sobre fundamentos sólidos.

*A Gazeta Nacional* publicada no dia seguinte insiste no fato de que é "o mesmo juramento" para "todos os membros", mas o jornalista não chega a evocar uma multilocução: "Todos os membros prestam o mesmo juramento diante do presidente".[5] Hoje, o site oficial do Castelo de Versalhes não mais especifica as modalidades dessa prestação de juramento coletivo:

> Encontrando-se a porta fechada em 20 de junho, os deputados se dirigem à sala próxima à que praticavam *jeu de paume*[6] e prestam o famoso *Juramento do Jeu de Paume*:
> "Nós juramos jamais nos separarmos, e nos reunirmos onde quer que as circunstâncias o exigirem, até que a Constituição do reino seja estabelecida e firmada sobre fundamentos sólidos".[7]

Na tela de David, há um detalhe importante: a presença, na parte superior, de cortinas em movimento e, por trás de janelas abertas, de pessoas que não são deputados e que contemplam a cena. De acordo com as diretrizes da pintura clássica, o movimento das cortinas permite mostrar a invisível presença do vento: o sopro do novo espírito que anima a Assembleia. Quanto aos personagens que olham do alto, eles lembram que o grupo que profere a multilocução é apenas a representação de uma imensa comunidade: "o povo francês".

Os dois quadros de David e o de Renggli põem em evidência a gestualidade de três colocutores. Essa teatralização é tão necessária quanto o enunciado que foi proferido e fixado anteriormente, que é uma palavra que, de certa forma, está morta. Cabe aos colocutores mostrar que eles não repetem uma fórmula, mas que carregam esse espírito novo do qual se apropriam com entusiasmo, como se tivessem enunciado espontaneamente e pela primeira vez. O engajamento mostrado pelos corpos atesta que os colocutores "aderem" nos dois sentidos da palavra: eles fazem parte de uma comunidade e acreditam nos valores que a fundamentam. Encontramos aqui, em um contexto muito diferente, o que Ducrot diz sobre as interjeições, cuja enunciação exige um engajamento físico do locutor:

> Ao dizer *Ai de mim!* ou *Ah!* colore-se sua própria fala de tristeza ou de alegria: se a fala dá a conhecer estes sentimentos, é na medida em que é, ela própria, triste ou alegre. A alguém que se contenta em dizer "Estou muito triste" ou "Estou muito alegre", pode-se eventualmente fazer notar que ele não tem a aparência, tomando-o na sua atividade de fala, nem triste nem alegre. Isto porque o sentimento, no caso dos enunciados declarativos, aparece como exterior à enunciação como um objeto da enunciação, ao passo que as interjeições o situam na própria enunciação – já que esta é apresentada como o efeito imediato do sentimento que ela expressa (1984, p. 200 / 1987, 188).*

Quando não se trata de juramentos fundadores, mas de prestações de juramentos coletivos rotineiros ligadas a certas profissões, em regra geral, evita-se a multilocução. Cada participante, na chamada do seu nome,

---

\* N.T.: Utilizamos aqui a tradução de Eduardo Guimarães: DUCROT, Oswald. *O dizer e o dito.* Campinas: Pontes, 1987.

contenta-se em pronunciar o mesmo juramento (para os advogados franceses, por exemplo: "Eu juro como advogado exercer minhas funções com dignidade, consciência, independência, probidade e humanidade") ou dizer "Eu juro", depois que alguém tenha feito a pergunta "Você jura...?". Essa enunciação está associada a um gesto específico: normalmente a mão direita levantada. O caráter coletivo é reforçado pelo uso de um mesmo uniforme, quando isso é possível. Se as instituições em questão não recorrem à multilocução, é sem dúvida para não absorver os indivíduos em um multilocutor, para dar ênfase não à fusão no coletivo, mas à adesão de cada novo ingressante às normas compartilhadas.

## TRÊS SITUAÇÕES DE MULTILOCUÇÃO

Acabei de mencionar dois exemplos de juramentos, ou seja, de enunciações "promissivas" (Searle, 1969) em que o mundo se ajusta às palavras. Porém, a multilocução pode servir somente para reforçar o sentimento de pertencimento à comunidade: produzindo coletivamente um enunciado, não se trata de modificar a realidade, mas de, por meio do compartilhamento da mesma enunciação, mostrar que formamos um grupo, que compomos um corpo. Essa distinção se cruza com outra: aquela entre as multilocuções faladas e as cantadas. Em poucas palavras, as multilocuções "promissivas" são necessariamente faladas, enquanto as que confirmam o pertencimento ao grupo podem ser cantadas.

As multilocuções se apresentam por toda a sociedade, tanto por meio de formas elaboradas como através de formas muito elementares: como quando o animador de um grupo de jovens franceses grita, antes da refeição, "*Bon ap-, bon ap-*" e o grupo unânime responde "*pétit*", ou quando o chefe dos escoteiros diz "Escoteiros, sempre..." e espera um "...alerta" multilocutório de seu auditório. Não é possível apresentar uma lista, nem mesmo propor uma classificação razoável que seja operacional. Somos obrigados todas as vezes a avaliar os desafios em função do contexto em que elas aparecem. Vou apresentar rapidamente alguns exemplos retirados de campos que envolvem diferentes tipos de comunidades: a política, a religião e o esporte.

## Os manifestantes

Há um grande contraste entre as multilocuções ligadas a coletividades estáveis e bem estruturadas e as que provêm de coletividades "fracas", esses agrupamentos transitórios que são as manifestações. Um partido político, um regimento ou uma equipe de futebol podem se intitular a "mesma" entidade ao longo dos anos, mesmo que seus membros não parem de se renovar. Mas uma manifestação é da ordem do acontecimento. Para ser bem-sucedida, ela deve converter um conjunto de indivíduos em um grupo animado por um mesmo "espírito", transformando-o em uma pessoa coletiva. Os enunciados compartilhados têm aqui um papel essencial. Enquanto uma forte instituição pode ser associada a frases emblemáticas atemporais, "lemas", uma manifestação está associada a "*slogans*" comuns adaptados às circunstâncias, cuja função é de unificar imaginariamente os participantes. Em um nível superior, os diversos *slogans* que coexistem em uma mesma manifestação são referidos a uma comunidade que os transcende: as vítimas de tal catástrofe, os estudantes que recusam um projeto de lei, o povo enfurecido etc. Essa comunidade deriva sua autoridade de um Destinador no sentido que dá a esse termo a semiótica greimasiana[8] ("a Justiça", "a Esquerda", "a Liberdade", "a Pátria"...). Essa ancoragem em um Destinador é essencial para um corpo transitório cuja unidade é, por natureza, frágil.

Esses *slogans* podem estar inscritos em cartazes ou em faixas, mas também podem ser multilocuções: *slogans* entoados coletivamente. Os colocutores se colocam, assim, como constituintes de um mesmo multilocutor por meio do compartilhamento dos mesmos enunciados, bem como na exibição de um *ethos* que mostra um engajamento pleno face ao exterior hostil contra o qual se reúne o grupo. Em geral, os *slogans* implicam, portanto, um *ethos* contestador, associado mais frequentemente a construções específicas: "Não a X", "Abaixo Y", "Pare W"..., de um lado; "Viva X", "Por um Z"..., de outro lado. Esses *slogans* são com frequência retomados nas faixas, na forma escrita. Nesse caso, o caráter coletivo da responsabilidade resulta do fato de que cada faixa surge da multidão, carregada por várias pessoas. Como é difícil assegurar o engajamento corporal e prosódico dos participantes, os organizadores recorrem com frequência a alto-falantes que propõem uma espécie de substituto de uma multilocução falha ou que sustentam a voz dos manifestantes. Sem dúvida, o alto-falante emite a fala de um locutor individual, mas a potência do som e a distorção que sofre a voz "dessingularizam" essa enunciação.

Os *slogans* multilocutórios são típicos de manifestações que podem ser consideradas clássicas. Mas vemos cada vez mais encontros em que a multilocução se torna marginal, até mesmo inexistente, e onde um grande número de participantes carrega enunciados escritos que eles mesmos escreveram e que não se enquadram nos moldes dos enunciados de protesto habituais. Eles são colocados em cartazes individuais fixados ou colados nas roupas; às vezes, eles são diretamente escritos com pincel-marcador em camisetas brancas, ou até mesmo na pele. Essa prática, que torna mais difícil a conversão da multidão em uma comunidade que se apresenta como unânime, é consideravelmente facilitada pelas novas tecnologias de comunicação. Manifestar é, de fato, tornar manifesta uma convicção para o maior público possível. Ora, é isso que torna a imagem dominante, e a visibilidade depende da maneira como se estabelece a relação entre o enunciado e os espectadores: graças às tecnologias digitais, os manifestantes têm acesso a um espaço que ultrapassa o dos meios tradicionais. Basta um simples celular para alimentar as redes sociais com fotos e vídeos. Atualmente, todo enunciado, qualquer que seja o seu tamanho, pode ter um impacto mais importante do que as multilocuções entoadas em voz alta. Mas esse novo recurso tem um custo: o sentimento de pertencimento dos participantes é consideravelmente enfraquecido.

## As orações

Essas multilocuções que são as orações coletivas constituem um dos pilares das religiões, em particular daquelas fundadas em uma tradição escrita. Existem de todos os tipos, e para todo tipo de circunstâncias.[9] Para essas instituições que atravessam os séculos, e cujos membros estão dispersos no espaço, a repetição coletiva dos mesmos enunciados no interior dos ritos permite preservar a perenidade imaginária do corpo social através de um corpo verbal, um *corpus* sacralizado de enunciados estáveis. Um corpo social que abarca os fiéis presentes na cerimônia, bem como todos aqueles, vivos e mortos, que compartilham essa fé.

Algumas dessas recitações repousam sobre um Eu "participativo" (Maingueneau, 2020): o "Eu" proferido em comum designa indivíduos distintos enquanto os unifica por pertencerem a uma mesma comunidade. Estudei, nessa perspectiva, a oração "Eu confesso a Deus", que faz parte do ritual da missa católica, em que cada colocutor reconhece que pecou. A atitude é muito diferente em outra oração da missa, o "credo" – que hoje se tornou "Eu creio em Deus": os colocutores não se apresentam como pecadores arrependidos, mas como fiéis que aderem à doutrina católica, cujos pontos essenciais essa oração condensa.

> Creio em um só Deus,
> Pai todo-poderoso,
> Criador do céu e da terra
> De todas as coisas visíveis e invisíveis.
> Creio em um só Senhor, Jesus Cristo,
> Filho Unigênito de Deus,
> nascido do Pai antes de todos os séculos:
> Deus de Deus, Luz da Luz,
> Deus verdadeiro de Deus verdadeiro.
> Gerado, não criado, consubstancial ao Pai.
> Por Ele todas as coisas foram feitas,
> E por nós, homens, e para nossa salvação desceu dos céus
> E encarnou pelo Espírito Santo,
> no seio da Virgem Maria,
> e Se fez homem.
> Também por nós foi crucificado sob Pôncio Pilatos,
> padeceu e foi sepultado.
> Ressuscitou ao terceiro dia,
> conforme as Escrituras,
> e subiu aos céus,
> onde está sentado à direita do Pai.
> De novo há de vir em sua glória,
> para julgar os vivos e os mortos,
> e o seu reino não terá fim.
> Creio no Espírito Santo,

> Senhor que dá a vida,
> e procede do Pai e do Filho,
> e com o Pai e o Filho
> é adorado e glorificado:
> Ele que falou pelos Profetas.
> Creio na Igreja una, santa,
> católica e apostólica.
> Professo um só batismo
> Para remissão dos pecados.
> E espero a ressurreição dos mortos,
> e vida do mundo que há de vir.
> Amém.*

O caráter multilocutório da enunciação tem aqui um papel crucial. Dizer todo o enunciado em conjunto é, de fato, afirmar-se como uma comunidade específica, enumerando os pontos da doutrina que traçam suas fronteiras. A Igreja se define, então, como a congregação daqueles que podem dizer conjuntamente esse "credo".

Seja confessando que se é pecador ou mostrando que se adere a uma doutrina, os colocutores devem assumir o conteúdo de cada uma das frases do texto que eles recitam. Na realidade, produz-se uma tensão entre a dimensão ritual da multilocução e o conteúdo das orações. Em princípio, o objetivo do "credo" é definir a ortodoxia: um herege é aquele que contesta este ou aquele ponto.[10] Mas essa função é largamente ignorada pela imensa maioria dos fiéis, que a percebem antes de tudo como um elemento do ritual da missa. Isso é particularmente evidente quando esse ritual é realizado em uma língua que não é compreendida pelos fiéis, como o latim, até o Concílio Vaticano II.

Além disso, todo ritual religioso tem uma função mais arcaica: afirmar o pertencimento a um coletivo transcendente, de maneira a esconjurar uma angústia. Isso aparece fortemente em situações de extremo perigo, em que os indivíduos se reúnem e recitam orações. Por meio de uma oração comum, os colocutores são absorvidos no coletivo ancorando-se em uma história

---

* N.T.: Utilizamos aqui a versão em português do site Catecismo da Igreja Católica. Disponível em: https://www.vatican.va/archive/cathechism_po/index_new/p1s1c3_142-184_po.html#CREDO. Acesso em: 13 ago. 2024.

que lhes confere uma identidade. Na série de terror *The Purge*,[11] uma noite por ano, os cidadãos têm o direito de matar quem quiserem. No primeiro episódio da primeira temporada, os membros de uma seita ("The Children") morrem voluntariamente para ter acesso ao Paraíso; eles embarcam em um ônibus que circula pela cidade e que, em intervalos regulares, faz paradas para que os membros, um por um, se entreguem aos assassinos. Entre duas paradas, vestidos com uma espécie de manto de sacrifício, eles repetem incansavelmente a seguinte oração:

> Prepare my soul
> The Giving is near
> The Invisible waits
> Purify my flesh
> Prepare my soul
> The Giving is near
> The Invisible waits
> Prepare my flesh
> Prepare my soul
> The Giving is near
> The Invisible waits
> Purify my flesh
> Prepare my soul*

Ante a iminência da destruição do corpo físico, eles mobilizam um corpo falante amplificado, o da comunidade, que, por meio da enunciação, estabelece uma relação com o Destinador que o funda ("o Invisível") e recorda as grandes falas da história que justificam tal sacrifício. Através das múltiplas repetições com que ela é tecida, a oração se torna um mantra, uma ladainha. Uma vez que os participantes enfrentam o extraordinário:

> A ladainha é um marcador de entrada no extraordinário. Esse extraordinário se apresenta no plano das circunstâncias, excepcionais, das instâncias enunciativas, içadas a um *status* "majestoso", e de atos de linguagens a

---

* N.T.: Prepare minha alma / A Doação está próxima / O Invisível espera / Purifique minha carne / Prepare minha alma / A Doação está próxima / O invisível espera / Prepare minha carne / Prepare minha alma / A Doação está próxima / O invisível espera / Purifique minha carne / Prepare minha alma.

serem cumpridos, necessariamente solenes. A amplificação da ladainha ou semiladainha reflete a impossibilidade do locutor de se satisfazer com uma predicação singular (Prak-Derrington, 2021, p. 216).[12]

Mas também porque a ladainha dá corpo à comunidade que a recita: ao repetirem todos o mesmo enunciado, os participantes asseguram sua conversão em elementos do corpo amplificado do multilocutor.

## O haka

Como os ritos religiosos, o esporte coletivo, sobretudo quando envolve equipes nacionais, é propício à multilocução. Tal como os Horácios e os Curiácios,* essas equipes são grupos constituídos de alguns indivíduos por meio dos quais uma comunidade consegue representar sua unidade e exaltá-la. Essa multilocução pode ser exercida em dois níveis complementares: por um lado, através da enunciação da comunidade que apoia a equipe (pensamos aqui sobretudo nos cantos e nos *slogans* dos torcedores), por outro lado, no âmbito da equipe, que deve constantemente fortalecer a coesão com gestos e palavras apropriadas.

Antes de uma partida internacional, é costume tocar os dois hinos nacionais; os jogadores, alinhados, seguram-se pelo ombro e são incentivados a cantar a letra, provavelmente com os compatriotas presentes na plateia. Nesse caso, produz-se uma convergência de dois tipos de multilocução pela adesão do público e da equipe a um enunciado que todos compartilham.

Excepcionalmente, algumas equipes acrescentam aos hinos multilocuções faladas. É o caso do famoso "haka", oriundo da cultura maori, executado antes de cada partida pelos "All Blacks", jogadores de rúgbi da equipe da Nova Zelândia.

---

\* N.T.: Durante o reinado de Túlio Hostílio (c. 670 a.C.), os romanos declararam guerra contra os albanos, seus parentes próximos. Para evitar derramamento de sangue, ambos os reis decidiram que trigêmeos de cada lado lutariam entre si. Os irmãos Horácios representaram Roma, enquanto os Curiácios lutaram por Alba Longa. Na batalha, dois Horácios morreram, e Público, o sobrevivente, derrotou os três Curiácios, matando-os um a um. Ao retornar a Roma, Público foi celebrado, mas matou sua irmã Camila, que chorava por estar noiva secretamente de um dos Curiácios, afirmando que mulheres romanas não devem lamentar pelo inimigo. Disponível em: https://portal-dos-mitos.blogspot.com/2016/12/batalha-entre-trigemeos-horacios-contra.html. Acesso em: 14 ago. 2024.

Esse ritual dura aproximadamente um minuto e meio. Os jogadores, trajados completamente de preto, estão espalhados por várias linhas, na forma de um corpo de balé clássico. O haka que eles recitam tem duas funções: transformar uma diversidade de indivíduos em um "superjogador", o time, mas também impressionar o adversário. A multilocução é indissociável de uma coreografia: assim, o desejo de constituir um corpo se manifesta pela sincronização entre palavras e gestos, mas também pela sincronização das atuações de diversos atores. No entanto, essa multilocução não é integral: a fala coletiva é iniciada pela voz de um guia (o "líder") que não deve aparecer como o chefe do grupo (que, aliás, não é o capitão), mas como um jogador prototípico.

O texto do haka normalmente executado é o "Ka mate", que a lenda atribui a um chefe maori do início do século XIX, Te Rauparaha. Mas mesmo que se suponha que esse haka tenha um autor, ao menos mítico, para cumprir plenamente a sua função, ele deve aparentar não ter outro autor senão a instituição dos All Blacks, que se perpetua de uma partida para outra.

| | |
|---|---|
| Líder:<br>Taringa Whakarongo!<br>Kia Rite! Kia Rite! Kia Mau!<br>Hi!<br>Ringa Ringa Pakia<br>Waewae takia Kia kino nei hoki<br><br>Toda a equipe:<br>Kia kino nei hoki<br>A Ka mate! Ka mate!<br>Ka ora! Ka ora!<br>A Ka mate! Ka mate<br>Ka ora! Ka ora!<br>Tenei te tangata puhuruhuru<br>Nana nei i tiki mai, whakawhiti te ra<br><br>A upane ka upane!<br>A upane ka upane whiti te ra!<br><br>Hi! | Líder:<br>Escutem!<br>Preparem-se! Alinhem-se! Em posição!<br>Sim!<br>Batam, batam as mãos nas coxas<br>Batam os pés o mais forte que vocês puderem<br><br>Toda a equipe:<br>O mais forte que vocês puderem<br>É a morte! É a morte!<br>É a vida! É a vida!<br>É a morte! É a morte!<br>É a vida! É a vida!<br>Vejam o homem peludo<br>Que foi procurar o sol, e o fez brilhar novamente<br>Enfrentem! Enfrentem as fileiras!<br>Enfrentem! Enfrentem as fileiras diante do sol que brilha<br>Sim! |

Esse tipo de multilocução é falada, mas se distingue do juramento ou da oração coletiva porque implica uma distância entre o compromisso dos colocutores e o conteúdo do enunciado que eles proferem. Os All Blacks não são, de fato, guerreiros maoris do século XIX e, frequentemente, não são todos maori, e, entre os que são, poucos falam essa língua. A execução do haka repousa, assim, em uma tripla discrepância: não apenas em relação à língua vernácula dos jogadores, mas também em relação às circunstâncias pelas quais são executados os hakas na cultura maori e em relação ao conteúdo do texto. Essa discrepância tem o efeito de sacralizar a prática, de fazê-la elemento de uma antiga herança coletiva. Encontramos essa situação, em menor grau, com os hinos nacionais, que geralmente foram criados em contextos históricos muito diferentes do mundo contemporâneo. A esse respeito, basta pensar no texto de "La Marseillaise".* Encontramo-nos, então, diante de duas possibilidades: ou mantemos o texto original do hino, tratando-o como monumento legado pelo passado, ou o modificamos para que seja compatível com a evolução da sociedade; foi o caso do *Brabançonne*, o hino nacional belga, que foi fortemente reformulado em 1860.

Para a grande maioria dos fiéis que, na missa, recitavam orações em latim, esses textos eram ininteligíveis, mas eles, de alguma forma, ancoravam sua confiança no clero, para o qual cada frase tinha um sentido perfeitamente adequado ao contexto e que exigia a adesão dos colocutores. Para o haka, os colocutores não são chamados a aderir, mesmo por delegação, ao conteúdo do texto, mas, sobretudo, ao "espírito" que o anima, que eles partilham com os ancestrais míticos. Nesse caso, a ligação frouxa entre o conteúdo do texto e a situação de comunicação é compensada pela dramatização desse compromisso. Por meio de sua atitude e de sua maneira de dizer, cada colocutor deve encarnar de forma exemplar o espírito do haka. Assim como a

---

* N.T.: Hino nacional da França, cujas estrofes iniciais são apresentadas a seguir: 1 Avante, filhos da Pátria, / O dia da Glória chegou. / O estandarte ensanguentado da tirania / Contra nós se levanta. / Ouvis nos campos rugirem / Esses ferozes soldados? / Vêm eles até nós / Degolar nossos filhos, nossas mulheres. / Às armas cidadãos! / Formai vossos batalhões! / Marchemos, marchemos! / Nossa terra do sangue impuro se saciará! / 2 O que deseja essa horda de escravos / de traidores, de reis conjurados? / Para quem (são) esses ignóbeis entraves / Esses grilhões há muito tempo preparados? (bis) / Franceses! Para vocês, ah! que ultraje! / Que elans deve ele suscitar! / Somos nós que se ousa criticar / sobre voltar à antiga escravidão! [...] (Versão em português extraída do site da Embaixada Francesa no Brasil. Disponível em: https://br.ambafrance. org/A-Marselhesa. Acesso em: 14 ago. 2024.

representação pictórica dos juramentos, o corpo deve manifestar empenho de todo o seu ser. Além disso, no haka que é realizado com mais frequência, o "Ka Mate" citado anteriormente, os enunciados que se referem aos gestos são colocados em primeiro plano:

> Preparem-se! Alinhem-se! Em posição!
> Sim!
> Batam, batam as mãos nas coxas
> Batam os pés o mais forte que vocês puderem
> [...]
> Enfrentem! Enfrentem as fileiras!
> Enfrentem! Enfrentem as fileiras diante do sol que brilha.

Antes de tudo, trata-se de "formar corpo" gerindo de modo adequado o seu corpo falante.

## MULTILOCUÇÕES FALADAS E CANTADAS

Na multilocução, a relação entre os colocutores e "seus" enunciados é de uma natureza particular: os colocutores não se apresentam como seus autores, mas como pronunciando e dominando um conjunto de enunciados já proferidos. Essa assimetria é reforçada quando o enunciado é articulado em uma língua estrangeira que tem uma carga mítica: o latim para a Igreja, o maori para o haka... Mas quer se tratando de *slogans*, de hakas, ou de juramentos, as multilocuções tendem a se apresentar como enunciados estruturados por repetições de diversas ordens. É o que Prak-Derrington (2021) agrupa sob o termo de "significância", e que evidencia a dimensão "encarnada" da linguagem. O enunciado se autonomiza, ele toma corpo, o que favorece a memorização e a sincronização dos colocutores no curso da enunciação, bem como no seu engajamento corporal.

Essa tendência é levada ao máximo quando os enunciados são versificados e cantados. De fato, não podemos reservar o conceito de multilocução às enunciações "faladas". Além disso, a distinção entre falado e cantado mostra-se simples demais. Os hakas não são, na realidade, nem cantados nem falados, mas regidos por padrões rítmicos que não são distantes de práticas poéticas como o rap ou as recitações de epopeias nas sociedades antigas. Na mesma linha, podemos citar a prática da memorização das tabuadas de multiplicação. Antigamente, na escola, era costume recitá-las coletivamente na forma de ladainha que obedecia a uma prosódia bem específica. No princípio, essa recitação coletiva visava, sobretudo, a facilitar a memorização, mas, ao procurar sincronizar a sua voz com a de seus colegas e seguir a curva melódica exigida, o aluno mostrava também que pertencia plenamente ao grupo, que ele era um aluno digno desse nome.*

Cantando juntos os textos, os participantes reforçam o sentimento de pertencimento a uma comunidade cuja natureza varia de acordo com o tipo de canto envolvido: canções de marcha para os soldados, cantoria de estudantes, cantos de torcedores, cânticos nas aulas de cultos religiosos... Alguns são estritamente associados a uma comunidade fechada e a atividades precisas, outros revelam uma cultura partilhada difusa: é o caso dos jovens cujos líderes tentam fazê-los cantar durante as viagens de ônibus.

Tais cantos têm autores, que os historiadores muitas vezes conseguem identificar, mas, na multilocução, essa autoria desaparece: a canção, na verdade, pertence ao *Thesaurus* do grupo. A canção "It's a Long Way to Tipperary", por exemplo, foi inicialmente música de teatro de revista escrita em 1912 por J. Judge e H. Williams; mas essa canção de amor mudou de estatuto se tornando uma canção de marcha para soldados britânicos durante a guerra de 1914-1918. Poderíamos dizer o mesmo de outra canção emblemática da Primeira Guerra Mundial, "La Madelon", composta alguns meses antes da guerra por L. Bouquet e C. Robert. Esse tipo de canção permite que os participantes constituam um corpo no contexto de uma atividade, a marcha, que cansa o corpo e abala o ânimo.

Nessas multilocuções, o sentimento de pertencimento relega o conteúdo para um segundo plano. Mas, em um nível mais profundo, muitas vezes, é possível mostrar que ele não é totalmente arbitrário. Essas duas canções emblemáticas da Primeira Guerra Mundial, por exemplo, evocam ambas um corpo

---

* N.T.: Conforme o *Dictionnaire Larousse de la Langue Française* (Lexis) (1979, p. 615), etimologicamente a palavra francesa "élève" ("aluno") provém de "élever" ("construir"), ou seja, o "élève" é aquele que está em construção, elevando-se, o que justifica essa observação do autor.

feminino desejado e inacessível: ele está ausente ou se recusa. A trupe reforça sua unidade por meio de uma multilocução que fala sobre a impossibilidade de uma relação amorosa. De toda forma, a tendência natural dos atores é a de interpretar as canções de forma a torná-las pertinentes na situação de multi-locução. A famosa "Temps des cerises" é uma canção de amor escrita alguns anos antes da Comuna de Paris;* entretanto, circunstâncias alheias ao texto propriamente dito (seu autor, J. B. Clément, participou da Semana Sangrenta e dedicou *a posteriori* sua canção a uma jovem insurgente da Comuna) e a pos-sibilidade de interpretar a isotopia amorosa como uma isotopia política (assim, a evocação de um mundo eufórico se opõe à "ferida aberta", às "lembranças que guardo no coração", às "cerejas de amor [...] caindo [...] como gotas de sangue"...) facilitaram sua transferência ao *Thesaurus* da esquerda francesa.

Se a multilocução cantada predomina tão amplamente, é porque ela mobiliza sobretudo a dimensão afetiva e física, que reforça o sentimento de pertencimento. Contudo, a multilocução falada se impõe aos atos de linguagem "diretivos" e "promissivos", em que o mundo se ajusta às palavras: os colocutores estão engajados enquanto sujeitos responsáveis submetidos a normas de ordem moral. No entanto, não está excluído que o mesmo enunciado possa funcionar nos dois registros. Vimos que era o caso, por exemplo, do "credo" ou do "*confiteor*": eles foram concebidos para serem falados, para que os fiéis aderissem a cada uma de suas frases, mas, durante os séculos, esses textos em latim foram igualmente cantados no interior do ritual da "grande missa".

## CONCLUSÃO

A multilocução é uma enunciação que é, ao mesmo tempo, una e plural. Para Benveniste,

---

\*  N.T.: A Comuna de Paris, que teve início em 18 de março de 1871, foi uma das mais significativas revoltas populares do século XIX. A cidade de Paris foi tomada pelas massas populares. O surgimento da Comuna foi interpretado por vários historiadores como a primeira experiência proletária e popular de autogestão em um momento de ascensão do capitalismo, o que ajudou a fomentar o desenvolvimento da consciência de classe entre os trabalhadores na França (e na Europa Ocidental) durante esse século. Embora tenha durado apenas dois meses, a Comuna de Paris representou um marco crucial na história das lutas proletárias e seu futuro, mesmo sendo vista por alguns historiadores como uma insurreição incompleta.

a unicidade e a subjetividade inerentes a "eu" contradizem a possibilidade de uma pluralização. Se não pode haver vários "eu" concebidos pelo próprio "eu" que fala, é porque "nós" não é uma multiplicação de objetos idênticos, mas uma *junção* entre o "eu" e o "não-eu", seja qual for o conteúdo desse "não-eu". Essa junção forma uma totalidade nova e de um tipo totalmente particular, nos quais os componentes não se equivalem: em "nós" é sempre "eu" que predomina, uma vez que só há "nós" a partir de "eu" e esse "eu" sujeita o elemento "não-eu" pela sua qualidade transcendente. (1966, p. 233 / 1995, p. 256).*

Porém, a multilocução não se situa no nível do sistema da língua. O multilocutor – seja qual for a pessoa linguística utilizada – emerge da fusão das vozes singulares. A "amplificação" que resulta não é a "pessoa amplificada e difusa" de um "nós" (Benveniste, 1966, p. 235 / 1995, p. 258) através da qual um "eu" integra soberanamente o outro: ela permite que um grupo se afirme e confere um lugar para cada um.

Mais amplamente, a multilocução nos obriga a pensar sobre a maneira como as palavras podem constituir e fazer perdurar uma comunidade. Podemos mencionar, certamente, os *Thesaurus* de diversos discursos constituintes (Maingueneau; Cossuta, 1995; Maingueneau, 1999)** sobre os quais repousa uma sociedade e em torno dos quais se reagrupam comunidades restritas de especialistas. Podemos também mencionar os múltiplos gêneros do discurso político. Mas, para além desses discursos, de certo modo dominantes, que concernem à "sociedade" como um todo, existe uma infinidade de práticas multilocutórias que visam a fortalecer a coesão de comunidades locais, transitórias ou duráveis.

Mesmo quando se trata de uma enunciação de um único locutor, estabelece-se uma ligação essencial entre voz e comunidade, desde que a fala exceda ao registro das interações ordinárias:

> A voz decerto une; só a escritura distingue eficazmente entre os termos daquilo cuja análise ela permite. No calor das presenças simultâneas em performance, a voz [...] não tem outra função nem outro poder senão exaltar essa comunidade (Zumthor, 1987, p. 159 / 1993, p. 143).***

---

* N.T.: Utilizamos aqui a tradução de Maria Da Glória Novak e Luiza Neri publicada em: BENVENISTE, E. *Problemas de linguística geral I.* 4a ed. Campinas: Pontes/Ed. Unicamp, 1995.

** N.T.: Texto publicado no Brasil como: "Os discursos constituintes", em MAINGUENEAU, D. *Cenas da enunciação.* Trad. Nelson Barros da Costa. Organização de Sírio Possenti e Maria Cecília Pérez Souza-e-Silva. São Paulo: Parábola, 2008.

*** N.T.: Utilizamos aqui a tradução de Jerusa Pires Ferreira publicada em: ZUMTHOR, P. *A letra e a voz*: a literatura medieval. São Paulo: Companhia das Letras, 1993.

Essa "exaltação" é levada ao seu paroxismo na multilocução, que opera a integração dos corpos individuais no corpo imaterial da comunidade. Essa incorporação dos participantes se dá por meio do compartilhamento de um corpo textual: um enunciado estabilizado e memorável, com um significante fortemente estruturado pelas repetições. Nessas enunciações oferecidas ao espetáculo, o corpo falante amplificado não se dirige tanto aos destinatários imediatos, em carne e osso, mas a um sobredestinatário* (Bakhtin, 1984): a instituição enquanto tal é movimentada pelos valores que transcendem o aqui e o agora. Uma forma de resistir às forças de decomposição que ameaçam toda coletividade.

*Tradução: Maria Nielma Gonçalves Belo*

## Notas

[1] O termo "co-locutor" é utilizado por alguns linguistas para designar o que outros chamam de "alocutor". Desse modo, eles pretendem, em uma perspectiva interacionista, destacar que este não é passivo na interação. Aqui, empregamos "colocutor", sem hífen, para o indivíduo que participa de uma multilocução.

[2] Disponível em: https://en.wikipedia.org/wiki/R%C3%BCtlischwur. Acesso em: 15 maio 2022.

[3] Disponível em: https://fr.wikipedia.org/wiki/Le_Serment_des_Horaces. Acesso em: 12 set. 2021.

[4] Disponível em: https://fr.wikipedia.org/wiki/Serment_du_Jeu_de_paume. Acesso em: 26 fev. 2021.

[5] *Gazette Nationale, ou le Moniteur Universel*, n°10, 20-24 jun. 1789, p.1.

[6] Disponível em: https://www.chateauversailles.fr/decouvrir/domaine/salle-jeu-paume. Acesso em: 15 jan. 2021.

[7] Disponível em: https://www.chateauversailles.fr/decouvrir/histoire/grandes-dates/serment-jeupaume#lacte-fondateur-de-la-democratie-franaise. Acesso em: 15 jan. 2021.

[8] "Frequentemente dado como pertencendo ao universo transcendente, o Destinador é aquele que comunica ao Destinatário-sujeito (do âmbito do universo imanente) não somente os elementos da competência modal, mas também o conjunto dos valores em jogo" (Greimas e Courtès, 1979, p. 95 / 1989, p. 115). (N.T.: Para essa nota de rodapé do autor, utilizamos a tradução de Alceu Dias Lima *et al.* publicada em: GREIMAS, A. J; COURTÉS, J. *Dicionário de semiótica*. São Paulo: Cultrix, 1989).

[9] Sobre a oração cristã em um quadro litúrgico, ver por exemplo Dumas (2022). Sobre a oração em geral, ver Meslin (2003).

[10] A esse respeito, é significativo que o texto do "Credo de Niceia", que originou o "credo" atual, tenha sido redigido para pôr fim às divergências doutrinárias dentro do cristianismo. O imperador Constantino reuniu os bispos do Ocidente e do Oriente em 325 para estabelecer um dogma comum. O texto não se contentou em enunciar a base comum das crenças, ele acabaria designando como "amaldiçoadas" as posições consideradas heréticas: "Os que dizem: Houve um tempo em que não era: antes de nascer, não era; ele foi feito como seres que foram tirados do nada, ele é de uma substância, de uma essência diferente, ele foi criado; o Filho de Deus é mutável e sujeito a mudança, a Igreja católica e apostólica os amaldiçoa".

[11] Série americana de 20 episódios criada por James De Monaco e exibida de 4 de setembro de 2018 a 17 de dezembro de 2019, na USA Network.

[12] Sobre a ladainha, ver também Rabatel (2015).

---

* N.T.: Traduzimos o termo "*surdestinataire*" por "sobredestinatário" seguindo a terminologia utilizada no *Dicionário de Análise do Discurso* (Charaudeau; Maingueneau, 2008).

# Referências

Bakhtine, M. (1984). *Esthétique de la création* verbale. Paris: Gallimard.

Benveniste, E. (1966). *Problèmes de linguistique* générale. Paris: Gallimard.

Ducrot, O. (1984). *Le Dire et le dit*. Paris: Minuit.

Dufiet, J-P. (2005). L'énonciation chorique. In.: Betten, A.; Dannerer, M. (Eds.). *Dialogue Analysis IX: Dialogue in Literature and the Media, Part 1: Literature: Selected Papers from the 9th IADA Conference, Salzburg 2003. Part 1: Literature*. Berlin & Boston: Niemeyer, p. 383-394.

Dumas, F. (2022). La voix de l'homme qui s'adresse à Dieu dans la prière: une analyse sémiodiscursive. *Argumentum. Journal of the Seminar of Discursive Logic, Argumentation Theory and Rhetoric* 20: 1, p. 61-78.

Greimas, A-J; Courtès, J. (1979). *Sémiotique. Dictionnaire raisonné de la théorie du langage*. Paris: Hachette.

Issacharoff, M. (1985). *Le spectacle du discours*. Paris: Corti.

Kerbrat-Orecchioni, C. (1984). Pour une approche pragmatique du dialogue théâtral. *Pratiques*, 41, p. 46-62.

Maingueneau, D. (1990). *Pragmatique pour le discours littéraire*. Paris: Dunod.

Maingueneau, D.; Cossutta, F. (1995). L'Analyse des discours constituants. *Langages*; 29 (117): 112- 125.

Maingueneau, D. (1999). Analysing self-constituting discourses. *Discourse Studies*, vol.1, 2, p. 175-200.

Maingueneau, D. (2012). *Les phrases sans texte*. Paris: Colin.

Maingueneau, D. (2020). Je et identité collective. In.: Paissa, P.; Koren, R. (Eds.). *Du singulier au collectif: construction(s) discursive(s) des identités collectives dans les débats publics*. Limoges: Lambert-Lucas), p. 25-38.

Maingueneau, D. (2021). L'ethos collectif représenté. In.: Amossy, R.; Orkibi, E. (Eds.). *Ethos collectif et identités sociales*. Paris: Garnier, p. 53-71.

Maingueneau, D. (2022). *L'Ethos en analyse du discours*. Louvain-la-Neuve: Academia.

Meslin, M (Ed.). (2003). *Quand les hommes parlent aux dieux. Histoire de la prière dans les civilisations*. Paris: Bayard.

Prak-Derrington, E. (2021). *Magies de la répétition*. Lyon: ENS Éditions.

Rabatel, A. (2015). Des répétitions dans le discours religieux: l'exemple des litanies. *Le Discours et la Langue. Revue de linguistique française et d'analyse du discours* 7: 2, p. 23-38.

Searle, J. (1969). *Speech Acts. An Essay in the Philosophy of Language*. Cambridge: Cambridge U. P.

Ubersfeld, A. (1977). *Lire le théâtre*. Paris: Belin.

Zumthor, P. (1987). *La lettre et la voix: de la littérature médiévale*. Paris: Seuil.

# *SLOGANS* E CANDIDATOS EM CARTAZES

Tradicionalmente, o *slogan*\* é um objeto de estudo privilegiado para analistas do discurso, não apenas por suas propriedades linguísticas notáveis, mas também em razão do importante papel que ele desempenha em domínios de grande relevância, como a política e a publicidade. Nessa contribuição, tratarei apenas de um uso muito particular do *slogan* político: quando, em cartazes, panfletos ou promessas de campanha,\*\* ele se associa à fotografia de um candidato à eleição.[1] Não procederei ao estudo sistemático de um vasto *corpus*, mas farei uma reflexão a partir de alguns exemplos recorrendo a duas problemáticas que desenvolvi recentemente: a das aforizações (Maingueneau, 2012)\*\*\* e a dos enunciados aderentes (Maingueneau, 2021).\*\*\*\* Para não

---

\* N.O.: Texto publicado originalmente na revista *Nordic Journal of Francophone Studies/ Revue Nordique des Études Francophones* (v. 6, n. 1, 2023).

\*\* N.T.: Trata-se, no contexto da França, de uma espécie de "panfleto" político que é distribuído aos votantes antes da eleição.

\*\*\* N.T.: Obra publicada no Brasil como: MAINGUENEAU, D. *Frases sem texto*. Trad. Sírio Possenti *et. al.* Parábola: São Paulo, 2014.

\*\*\*\* N.T.: Obra publicada no Brasil como: MAINGUENEAU, D. *Análise de textos de comunicação*. 6. ed. (ampliada). Trad. Maria Cecília Scuza e Silva e Décio Rocha. 6. ed. (ampliada). São Paulo: Cortez, 2013. No entanto, esta obra não contém o capítulo sobre o tema referido pelo autor, presente apenas na quarta edição francesa.

misturar dados oriundos de configurações políticas heterogêneas, tomarei esses exemplos do primeiro turno das eleições presidenciais francesas de 2017 e de 2022, focando sobretudo nas eleições de 2017.

## UM TIPO PARTICULAR DE *SLOGANS*

Durante as campanhas eleitorais, os cidadãos são confrontados com diferentes gêneros de iconotextos (Nehrlich, 1990), em que a foto do candidato é associada a um *slogan*. É o caso em particular dos cartazes oficiais dos candidatos à eleição presidencial francesa que são colocados diante de cada cabine de votação e colados nas ruas pelos militantes: cada nome próprio é acompanhado da foto de um rosto e de um *slogan* que se pode dizer "icônico", no sentido de que ele faz parte do cartaz, que ele não pode ser apreendido independentemente da imagem.

A maior parte desses "*slogans* icônicos" são aforizações primárias completamente típicas. Lembro que opus dois regimes de enunciação, o aforizante e o textualizante (Maingueneau, 2012), o que me levou a distinguir aforizadores e locutores comuns. Essa problemática se apoia sobre a ideia segundo a qual a enunciação de uma frase fora de um texto não é da mesma ordem do tipo de enunciação no qual as frases são integradas em textos, traços de uma atividade discursiva, de um gênero. No interior de uma enunciação aforizante, é necessário, no entanto, distinguir aquelas que são "primárias", ou seja, aquelas que foram concebidas para serem autônomas (*slogan*, lema, provérbio…), e as que são "secundárias", isto é, que foram extraídas de um texto, monologal ou dialogal. As aforizações primárias implicam uma polifonia em que o locutor apresenta o ponto de vista de um enunciador que possui autoridade (a Sabedoria das Nações para os provérbios, por exemplo) ao mesmo tempo que mostra que partilha desse ponto de vista. A aforização secundária, por seu turno, é uma citação que provém do estilo direto. Muitas das aforizações secundárias que circulam na mídia são atribuídas a indivíduos notórios: personagens históricos, atores, esportistas…: "Penso, logo existo" (Descartes), "Eu tenho um sonho" (M. Luther King), "Viva Québec livre!" (general De Gaulle) etc. Mas podem igualmente ser aforizadores – ou seja, enunciadores de uma aforização – todos aqueles cujas palavras são consideradas importantes em determinados momento e lugar: suas frases aparecem, por exemplo, nas manchetes da imprensa caso estejam ligados, de uma maneira ou de outra, a eventos marcantes.

O *slogan* de Macron-2017 ("A França deve ser uma oportunidade para todos") se apresenta como uma aforização secundária: está posta entre aspas. Mas isso não é habitual nesse tipo de *corpus*, que privilegia massivamente as aforizações primárias. É o caso, em 2017, de *slogans* de concorrentes do futuro presidente.

ÉLECTION PRÉSIDENTIELLE 23 AVRIL & 7 MAI 2017.

# Macron Président
"La France doit être
une chance pour tous."

Independentemente do material eleitoral, a presença de uma frase entre aspas ao lado da imagem de seu aforizador é algo banal. Basta pensar nas inúmeras montagens fotográficas em que Martin Luther King está associado a sua frase emblemática, posta entre aspas: "*I have a dream*" ("Eu tenho um sonho"). Mas a aforização de Macron, a despeito das aspas, não é uma verdadeira aforização secundária, uma frase extraída de um texto, enquanto a de Martin Luther King provém de seu célebre discurso do 28 de agosto de 1963 diante do Memorial Lincoln, em Washington.

A presença, atípica, de uma aforização secundária em um cartaz de Macron pode se explicar pelo fato de que essa frase constitui, na realidade, um *slogan* que está subordinado a outro, "Macron presidente", escrito logo acima, em negrito e em caracteres maiores. Pode-se, então, enxergar aí um traço argumentativo implícito: Macron deve ser presidente PORQUE ele quer que a França seja uma oportunidade para todos. É possível, por outro lado, propor a hipótese de que esse *slogan* se esforça para cumular os poderes da verdade geral e os da citação. "A França deve ser uma oportunidade para todos" é, com efeito, uma generalização cujas propriedades Ali Bouacha (1993, p. 51-52) assim resume: "1. verdadeiro para todo X: quantificação; 2. sempre verdadeiro: aspectualização; 3. necessariamente verdadeiro: modalização". Ao contrário do que se poderia pensar, esse tipo de enunciado não remete a um "discurso sem sujeito", mas a um "discurso de todos os sujeitos"; construído para conquistar a adesão do outro e enunciado para ser repetível, trata-se "do lugar de um superinvestimento dos sujeitos em questão". O desejo de apresentar o *slogan* como uma citação pode ser explicado pela maneira como o candidato é posto em cena nessa campanha e nesse cartaz: um líder jovem e dinâmico que inspira, que diz as palavras mobilizadoras de energias para avançar rumo a um futuro aberto à modernidade. Esse esquema dinâmico deu, inclusive, nome ao partido político que o apoia: "La République en Marche" ("A República em Marcha"), cujos membros são comumente designados na mídia como "marchadores". Colocando a frase entre aspas, torna-se palpável essa vontade pessoal de transformação pela "*leadership*"\* de um indivíduo, bem assinalada pelo verbo modal "deve" e

---

\*   N.T.: Capacidade de liderar.

a presença, por trás do candidato, de outras pessoas que o seguem como a um guia. Além disso, uma vez eleito, Macron, em sua primeira entrevista à televisão (em 15 de outubro de 2017), introduziu no discurso político francês uma metáfora que iria nessa direção e que despertou inúmeras críticas: "Se começarmos a jogar pedras sobre os primeiros da equipe do cabo de guerra, toda a equipe cairá".

As coisas mudaram muito no cartaz de 2022: o candidato não parece mais marchar e os que estão situados atrás dele estão muito mais próximos e mais nítidos.

Aqui também, há dois *slogans* ("Nós todos" e "Emmanuel Macron com vocês"), que são convergentes: nos dois casos, trata-se de reunir dois elementos separados por uma fronteira: Macron/os franceses. Pode-se ver aí uma resposta implícita a um enunciador, no sentido de Ducrot (1984), que sustentaria o ponto de vista segundo o qual Macron estaria isolado da população, que ele pertenceria a uma elite descolada da realidade. O primeiro *slogan* de 2017, "Macron Presidente", foi substituído por "Emmanuel Macron com vocês", que está escrito em caracteres menores abaixo de "Nós todos". O acréscimo do prenome visa a suscitar a empatia, segundo um princípio atestado na narração romanesca. Pode-se igualmente perceber que a foto está mal enquadrada, como se ela tivesse sido tirada por um transeunte encontrado por perto. Essas mudanças têm o efeito de suscitar uma reinterpretação das pessoas que se encontram atrás do candidato: se elas estão próximas e mais nítidas é porque elas não seguem um líder, já que fazem parte da mesma comunidade que ele. Nem "Nós todos", nem "Emmanuel Macron com vocês" incluem, aliás, um verbo modal, nem mesmo qualquer verbo. Nesse apagamento de toda agentividade e de toda modalidade, trata-se de acessar imaginariamente um além do conflito político, a evidência primeira que funda a política: a existência de uma comunidade reunida e um pertencimento do dirigente a essa comunidade.

"Nós todos" se distingue de "A França deve ser uma oportunidade para todos" por outra característica, de ordem enunciativa: "A França deve ser uma oportunidade para todos" – como, aliás, "Macron Presidente" – é uma frase que, de direito, poderia ser dissociada da imagem do candidato: ser enunciada oralmente, figurar em uma blusa ou em um cartaz colado em uma parede. Não é o caso de "Nós todos", que, devido a seu caráter nominal e à presença de um dêitico, é indissociável de um referente visível na imagem. Esse tipo de enunciado não corresponde ao *slogan* político prototípico; ele nem seria categorizado como *slogan* se não figurasse em um cartaz eleitoral. O mesmo ocorre com o enunciado de Marine Le Pen (2022): "Mulher de Estado" funciona como um predicado cujo tema é a pessoa representada na imagem.

Esse tipo de predicação é comum nas publicidades dos espetáculos e dos livros (Maingueneau, 2014). Um cartaz pode, assim, mostrar a capa de um romance seguida de enunciados como "Uma história inesquecível" ou "O livro de suas férias". Esses dois grupos nominais são interpretados pelo leitor como predicados cujo sujeito implícito (Lefeuvre, 1999), suporte da predicação, deve ser buscado no contexto imediato. Apoiando-se no conteúdo do predicado, o leitor é levado a selecionar como suporte da predicação o romance ou o candidato representado logo acima. Esse procedimento, no entanto, é sensivelmente diferente da aforização canônica, que, certamente, é uma citação, mas que pretende dar a ver ou ouvir de maneira imediata o que disse o aforizador. Aqui essa ilusão constitutiva da aforização está dissipada: a intervenção de profissionais da comunicação que conceberam o iconotexto é evidente. Com tais grupos nominais com função de predicados, já não se trata, portanto, de um enunciado que poderia ser assumido pelo candidato. A frase averbal se apresenta como um pré-construído, o traço de uma aforização prévia completa ("Marine Le Pen é uma mulher de Estado") manifestada por um enunciador distinto da candidata. Podemos falar de uma aforização-eco, em que a frase averbal se apresenta como o traço de uma aforização completa, que o leitor constrói a partir desse traço.

O cartaz de Jean-Luc Mélenchon (2017) oferece outro exemplo. Ativando um processo metonímico, poder-se-ia interpretar "A força do povo" como um predicado cujo tema é o referente icônico ao lado. Essa frase averbal também se apresenta como o traço de uma aforização prévia completa ("Mélenchon é/encarna /é sustentado por... a força do povo") que é assumida por um enunciador distinto do candidato, mas que partilha seu ponto de vista.[2]

A predicação pode recair não sobre o candidato, mas sobre a própria candidatura, à qual o *slogan* pretende dar sentido. Diversos *slogans* de adversários de Mélenchon exploram essa possibilidade: "Chegou a hora" (J. Lassalle, 2017), "Uma escolha histórica" (F. Asselineau, 2017), "A urgência anticapitalista" (Poutou, 2022), "Para que a França continue sendo a França" (Zemmour, 2022). O *slogan* de Lassalle não é um predicado atribuído ao candidato, mas, por metonímia, a sua candidatura: ela estaria ocorrendo em um momento oportuno; é o caso também do *slogan* de Asselineau, cuja candidatura põe os cidadãos diante de uma escolha histórica, e de Pontou, para quem a eleição é uma resposta à urgência. Quanto ao de Zemmour, ele responde a uma questão implícita: "Por que Zemmour é candidato?".

Encontramos nesse *corpus* outro *slogan* que não pode ser enunciado oralmente, mas que não tem valor predicativo. É o que figura, por exemplo, nas promessas de campanha de Nicolas Dupont-Aignan (2022), "Escolher a liberdade", ou naquelas de Marine Le Pen (2017), "Recolocar a França em ordem".

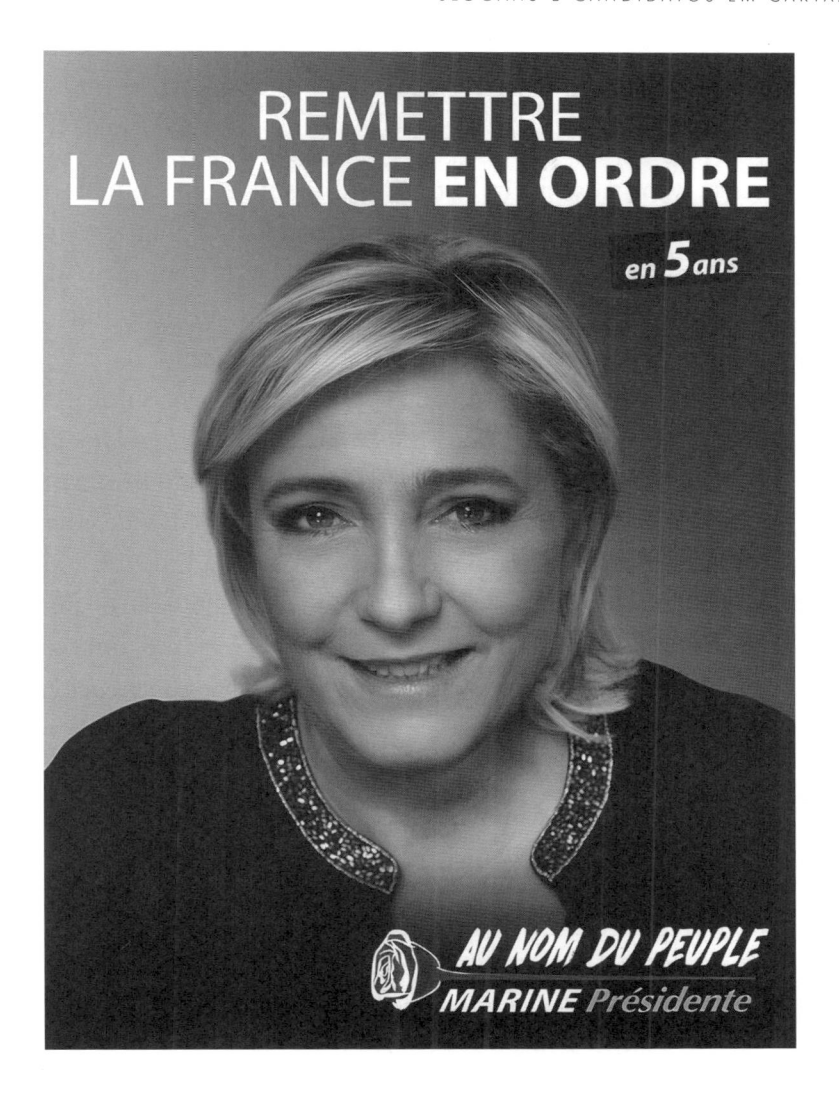

Os *slogans* no infinitivo são comuns no discurso político francófono. Nessa eleição de 2017, quatro candidatos optaram por ele; além de Marine Le Pen, foi o caso de Benoît Hamon ("Fazer bater o coração da França"), de Jacques Cheminade ("Libertar-se da ocupação financeira"), de Nathalie Arthaud ("Fazer ouvir a classe trabalhadora"). Eram apenas dois em 2022: N. Dupont-Aignan e Yannick Jadot ("Enfrentar").

Esse tipo de construção possui duas características que favorecem seu emprego como *slogan* icônico a serviço de uma eleição política:

a. Em francês, como em numerosas outras línguas, a asserção, ou seja, a enunciação de um estado de coisas como verdadeiro ou falso está ligada ao emprego do modo indicativo associado a um sujeito expresso. Uma frase no infinitivo, sem sujeito expresso nem inflexão temporal, é uma construção marcada de valor não assertivo que pode, conforme os contextos, ser interpretada como anseio ou injunção... Mas, em todos os casos, trata-se de instituir uma distância entre o real e um estado de coisas não realizado.

b. A falta de sujeito expresso não significa ausência de sujeito, mas sua não especificação. Portanto, a responsabilidade do *slogan* no infinitivo pode ser atribuída não apenas ao candidato, mas também a qualquer cidadão que partilha suas convicções. Esse dispositivo de enunciação que permite um "deslizamento" da responsabilidade de um enunciado entre o candidato e uma coletividade é uma manifestação de um aspecto constitutivo do ato da candidatura: para ser legítimo, um candidato deve aparecer ao mesmo tempo como um indivíduo excepcional, um líder, e encarnar uma vontade e um ponto de vista coletivos, se apresentar como o representante singular de um Destinador, a instância que transmite seus valores ao candidato e à comunidade que o apoia.

Não surpreende que essa seja uma construção comum nos lemas: na França, o 18º Regimento de Artilharia, por exemplo, tem por lema "Antes morrer", e o 35º, "Morrer cantando". Quanto ao "Enfrentar", de Yves Jadot (2022), esse é também o lema da École de l'Air. Diante de nossos iconotextos eleitorais, portanto, poder-se-ia falar, nesses casos, de "*slogans*-lemas".

## O SUPORTADOR ICÔNICO

Distingui três funcionamentos: 1) O das aforizações autônomas, que poderiam ser enunciadas oralmente independentemente da imagem do candidato ("A França deve ser uma oportunidade para todos"); 2) O das aforizações-eco ("Mulher de Estado"); 3) O dos "*slogans*-lemas" ("Enfrentar"). Mas em todos os casos se encontram associados, em uma imagem que os engloba, a fotografia de um indivíduo e um enunciado que visa a justificar sua candidatura. Essa associação entre uma imagem de candidato e um enunciado pode ser apreendida através da problemática dos "enunciados aderentes" (Maingueneau, 2020; 2021).

Os enunciados aderentes, lembremos, são enunciados escritos, contíguos a um suporte não verbal ao qual estão integrados. Esse suporte é, mais comumente, um objeto (uma mesa, uma embalagem de queijo, uma pintura…), às vezes um lugar (uma sala, uma rua…); mas pode ser também um ser humano. Quando falamos de enunciados "contíguos a um suporte" e não "sobre" um suporte, levamos em conta o fato de que a aderência, a despeito das imagens que esse termo evoca espontaneamente, recobre relações de diversos tipos:

1. Aquela em que o enunciado aderente está fixado sobre um suporte; é a situação mais comum.
2. Aquela em que o enunciado aderente e seu suporte estão em objetos distintos próximos um do outro: no caso de uma etiqueta colocada ao lado de uma escultura em um museu, percebem-se signos escritos sobre um primeiro suporte – um papel inserido em um retângulo de plástico transparente – que ele mesmo está contíguo a um segundo suporte, a escultura.
3. Aquela em que o enunciado aderente é englobado por seu suporte; seria o caso, por exemplo, de uma placa "Paisagem de Provence", nas margens de uma rodovia.

A relação de aderência não se reduz a uma simples contiguidade material. Um folheto eleitoral colado de modo grosseiro em um poste pode muito bem estar aderido fisicamente a ele, mas não constitui um enunciado aderente. Não existe, de fato, aí uma relação de integração entre esse cartaz e o objeto sobre o qual ele está colado. Certamente, o cartaz tem efeitos sobre o poste – mesmo porque ele muda sua aparência –, mas não foi concebido especificamente para esse tipo de objeto. Por outro lado, a embalagem de um vinho está integrada às garrafas; as placas de carro, aos automóveis; as placas com os nomes das ruas, às ruas… Essa integração é ao mesmo tempo material (a etiqueta tem uma forma adaptada a seu suporte) e semântica (o que está escrito na etiqueta concerne ao vinho na garrafa).

Quando os enunciados aderentes têm por suporte seres humanos, pode-se tratar de suportadores,* que, como é o caso nas imagens que estudamos, manifestam uma adesão ao enunciado aderente. Eles se distinguem de simples portadores, que exibem um enunciado porque pertencem a uma determinada organização. A natureza desse "pertencimento" e a dessa "organização" são, entretanto, diversas. O empregado do supermercado que exibe em seu colete "Posso ajudar?" ou a pessoa cujo uniforme é ornado com o bracelete "Polícia" diferem consideravelmente do prisioneiro de uma penitenciária americana com um número de registro em seu uniforme laranja. Os primeiros são portadores que podemos chamar "contratuais": os enunciados aderentes inscritos sobre suas roupas não lhes dizem respeito pessoalmente, mas apenas enquanto membros de uma organização a qual eles não são obrigados a pertencer. Ao contrário, os segundos são "assujeitados" a enunciados degradantes e que os implicam pessoalmente: eles vestem esse uniforme e tais enunciados porque a sociedade os julgou culpados.

Os enunciados aderentes dos "suportadores" indicam um apoio a um indivíduo (um candidato, por exemplo), a um coletivo (um partido, uma equipe esportiva, um sindicato, uma associação…), a uma causa. Podem estar inscritos em roupas (blusa, jaqueta ou boné), em braceletes, em cartazes colados na ponta de uma vara, em bandeirolas carregadas por várias pessoas, em bandeiras. Encontram-se igualmente combinações dos dois procedimentos: cartazes colados ou presos na roupa. Em alguns casos, nem se encontram sobre um vetor e são inscritos diretamente sobre o corpo: pintados, escritos com caneta ou sob a forma de adesivos.

Os *slogans* icônicos dos candidatos às eleições não correspondem a esse modelo, uma vez que não são portados pelo suportador ou fixados em seu corpo, e sim colocados ao lado de uma fotografia do candidato suporte no interior de um iconotexto. Poderíamos falar, nesse caso, de "suportador icônico". Esse termo pode ser entendido de duas formas: trata-se de um suportador imagético, da imagem de um suportador; mas trata-se também de um suportador que é representado como um ícone, nos dois sentidos que esse termo tem hoje: um ser único e exemplar, um modelo para uma comunidade, mas também um ser cristalizado em uma pose atemporal e significativa.

---

* N.T.: O autor lança mão de uma palavra-valise que combina *"supporter"* ("apoiar", "torcer") e *"porteur"* ("portador"). *"Supporteur"* também significa "torcedor" em francês.

Geralmente, em uma manifestação, o enunciado aderente é independente da aparência física do suportador. Mas nem sempre é o caso. Tem havido cada vez mais manifestações que tendem a ser performances em que um pequeno número de suportadores se vestem e executam gestos em harmonia com os enunciados que exibem. Particularmente, podemos pensar nas intervenções das militantes Femen, que se assemelham a espetáculos. Mas mesmo nesse caso, o suportador não pode controlar as circunstâncias nas quais se desenrola a manifestação. Tudo é muito diferente no caso de nossos iconotextos: a representação do corpo dos suportadores icônicos e o contexto em que eles aparecem são totalmente controlados pelas equipes de campanha dos candidatos. O corpo, o enunciado e o fundo sobre o qual eles se destacam são concebidos para impor certo universo de sentido. Se comparamos, por exemplo, os cartazes, já apresentados anteriormente, de Marine Le Pen de 2017 e 2022, vemos imediatamente que existe uma relação estreita entre a cor do plano de fundo e o *slogan*.

Nos dois cartazes originais, encontramos o azul – na França é a cor tradicional da direita – ao mesmo tempo no plano de fundo e nas roupas; a onipresença dessa cor é igualmente justificada pelo prenome da candidata (Marine), ostensivamente destacado em detrimento do sobrenome, que não é mencionado. O azul é, no entanto, nitidamente mais escuro em 2022 do que em 2017 e, de uma campanha para a outra, a gola extravagante sumiu; pode-se pensar que isto está relacionado com o novo *slogan*: "Mulher de Estado", que demanda um *ethos* de sobriedade e seriedade.

Nos cartazes originais de Emmanuel Macron (2017) e de Jean-Luc Mélenchon (2017), a cor azul é também dominante, mas ela se inscreve em universos bem diferentes.

Em Macron, são as roupas e a faixa inferior do cartaz que estão em azul; no plano de fundo, percebe-se uma paisagem urbana onde aparecem casas, árvores e uma parte do rosto de três pessoas de aparência jovem. O candidato não olha diretamente para a câmera: seu olhar está virado para um além (o futuro?). O terno, a camisa clara, a gravata sem estampa lhe conferem um *ethos* ao mesmo tempo sério de um homem político de credibilidade e de um empresário. A imagem dos que o apoiam está embaçada: é sem dúvida uma maneira de lhes conferir certa generalidade, mas também de significar a distância entre o líder que abre os caminhos, na linha de frente, e as pessoas comuns que ele arregimenta e seguem o seu rasto.

No cartaz original de Mélenchon, o plano de fundo é azul, como o de Marine Le Pen, mas é o azul do céu. O elemento mais saliente é a letra grega "*phi*" escarlate, colocada embaixo da foto do candidato; ela é, ao mesmo tempo, homófona do nome do partido (FI = "France Insoumise", "França Insubmissa") e uma alusão à Grécia antiga, que se supõe ter inventado a democracia. A cor vermelha permite, além disso, reativar um ideal revolucionário que o cartaz evoca de dois modos: 1) associada ao azul e ao branco, é uma das cores da bandeira da Revolução Francesa, 2) considerada isoladamente, é a cor das bandeiras da extrema esquerda. O candidato não porta gravata;[3] isso corrobora o sentido do *slogan*: está fora de questão trazer um sinal que o apresentaria como um político profissional, descolado desse "povo" cuja "força" deve animá-lo. Essa interpretação política da ausência da gravata foi, aliás, explicitada anos depois, em 27 de junho de 2017, dia do retorno das férias do Parlamento, quando alguns deputados do A França Insubmissa se recusaram a colocar a gravata: "é o povo que entra na Assembleia Nacional. Pelo menos é assim que a entendemos simbolicamente. Há códigos que se quer impor", declarou o deputado insubmisso Alexis Corbière.[4]

Ainda que os universos ideológicos variem consideravelmente de um iconotexto para outro, uma coisa resta constante: o "corpo" representado no iconotexto não é apreendido em sua totalidade, mas reduzido a sua parte nobre: a cabeça e o que está acima do busto. Isso não tem nada de surpreendente; esse fenômeno se observa também para as aforizações secundárias, as frases citadas em estilo direto, que na imprensa são regularmente associadas a fotos de locutores dos quais só se vê a parte superior do corpo; de fato, é o rosto que permite a identificação de um indivíduo como distinto de outros, e ele é também a sede do pensamento e da boca, a fonte da fala (Maingueneau, 2012).

Em nossos iconotextos eleitorais, o corpo do suportador icônico partilha, além disso, um traço com o *slogan* icônico: ambos foram destacados. O *slogan* é duplamente destacado: de qualquer situação de enunciação e de qualquer texto; por sua vez, o corpo ao qual ele é contíguo é apenas uma parte do indivíduo em questão e se encontra destacado de qualquer contexto particular. Esse duplo destacamento permite integrá-los nos iconotextos de uma campanha eleitoral, ou seja, um campo onde se enfrentam atores que se apresentam como se encarnassem valores que transcendem o momento presente.

Nos cartazes ou nas promessas eleitorais oficiais da eleição presidencial, o destacamento do corpo é feito geralmente de maneira elementar: a imagem mostra apenas o candidato, ele mesmo reduzido a seu rosto de perto olhando na direção dos eleitores. Quando saímos desse tipo de material muito restritivo, as coisas podem tomar um rumo mais sutil, como mostra, por exemplo, o folheto abaixo em prol de uma candidata às eleições legislativas de junho de 2022, a ex-deputada Delphine Batho – ex-ministra socialista da Ecologia, Desenvolvimento Sustentável e Energia – que concorria na 2ª circunscrição do departamento de Deux-Sèvres com a legenda de uma aliança de esquerda (a "Nova União Popular Ecológica e Social" (Nupes)):

*A priori*, é compreensível que uma eleição de uma deputada acentue mais os aspectos locais, e não somente valores abstratos. Nesse panfleto, o cenário é muito mais consistente do que nos cartazes dos painéis eleitorais: pode-se discernir uma verdadeira paisagem. Quanto à candidata, ela se encontra ao lado de uma mulher idosa, cujas costas estão visíveis em primeiro plano. Além disso, seu corpo não está reduzido à cabeça e à parte superior do tronco. No entanto, tudo é feito para dessingularizar esse contexto. A pessoa do primeiro plano está não somente sem rosto, mas borrada, assim como o conjunto da paisagem. Apenas a candidata está nítida. Além disso, ela não olha para a mulher que está diante dela: seus olhos se perdem na distância, virados para um além que pode ser interpretado como o ideal que anima sua candidatura. Por fim, suas roupas foram concebidas para não chamar atenção para seu corpo; ela veste um tipo de gabardina unissex bege, cor que está sem dúvida em harmonia com as convicções de uma ecologista ligada à terra.

Esse corpo de suportadora icônica contrasta com o corpo que se poderia chamar profano que aparece no resto do documento. Quando desdobramos o folheto, vemos, de fato, aparecer outra imagem, uma foto em que a candidata está visitando um centro de vacinação.

Essa foto sem *slogan* icônico mostra um corpo não destacado, mas preso a circunstâncias: a candidata está inscrita no mundo comum; seu corpo é percebido quase integralmente, em meio a um círculo de pessoas que estão tão nítidas quanto ela; ela está mascarada devido à pandemia de Covid e se dirige a um interlocutor.

A diferença é clara entre seu estatuto de suportadora icônica e o de mulher engajada no mundo comum. Mas esses dois corpos não podem se ignorar completamente. Os atores políticos, de fato, são forçados a não se distanciar demais da representação midiática que eles construíram, sobretudo durante a campanha eleitoral. O deputado de A França Insubmissa, Alexis Corbière, fez uma observação significativa a esse respeito quando justificou sua recusa em usar a gravata: "Eu fiz campanha sem gravata e não tinha gravata em meus cartazes".

Nas reuniões organizadas para apoiar os candidatos, são grandes os esforços para lhes associar visualmente a seus *slogans*. Estes podem ser escritos sobre o púlpito onde eles discursam, ou aparecer em letras imensas em uma tela ou em um painel colocado atrás deles. Mas acontece também de o candidato fixar seu próprio *slogan* sobre seu corpo, tal qual um suportador, fixado ou inscrito em sua camiseta ou em seu boné. Lembremos Donald Trump, que, durante suas duas campanhas eleitorais, usava frequentemente um boné de baseball, geralmente de cor vermelha, onde estava escrito "*MAKE AMERICA / GREAT AGAIN*" ("Torne a América / grande novamente"), na frente e ao lado figurava a bandeira estrelada dos EUA Esse boné não pode ser isolado do conjunto do figurino de campanha de Trump, que estava frequentemente vestido com roupas azuis e camisas brancas impecáveis, a princípio dificilmente compatíveis com o caráter popular de um boné de baseball em cores berrantes. Mas o vermelho do boné associado ao branco e ao azul das roupas são as cores da bandeira americana: o candidato encarnava assim a América. Essa mistura de códigos coadunou com o sentido do populismo, que tem por objetivo dissolver as diferenças sociais no pertencimento ao mesmo povo.

## CONCLUSÃO

Habitualmente, concebemos o corpo falante ou como um corpo que enuncia, que ativa um *ethos* discursivo, ou como um corpo físico suscetível de se calar ou de tomar a palavra; dito de outra forma, seja como um "Locutor-L", seja como um "Locutor-λ", para retomar os termos de Ducrot (1984). Mas o que nos mostram os suportadores icônicos é um corpo que compõe uma unidade com uma fala: um corpo fiador de uma fala que, em retorno, molda um corpo à sua medida. O *slogan* icônico torna evidente a ambiguidade constitutiva da relação que o candidato mantém com "seu" *slogan*: de um lado, ele se põe como a sua fonte, ele é aquele que disse a palavra mestra, a palavra que motiva toda uma campanha; de outro, ele deve aparecer como dominado por essa palavra cuja responsabilidade é, na verdade, atribuível a uma instância que o ultrapassa e o legitima. Essa ambiguidade é resolvida no cartaz eleitoral, já que o corpo e o enunciado são eles próprios constituintes de uma unidade semiótica que engloba a ambos. Produz-se assim uma apropriação recíproca dos dois constituintes. Macron se apropria do "Nós todos", fazendo dele a expressão de seu posicionamento político; mas, em troca, esse *slogan* também se apropria do candidato Macron, ele o absorve para colocá-lo completamente a serviço desse pensamento.

Esse corpo não é, portanto, o de um locutor: nenhum candidato é sequer mostrado falando. Trata-se de um corpo abstrato, reduzido à sua parte nobre, um corpo estático que, em um espaço destacado do cotidiano, encarna os valores que escapam ao *hic et nunc* da eleição. O político implica, de fato, uma rejeição de um corpo orgânico em prol de um corpo investido pela linguagem e que tem uma dupla função: representar uma comunidade e sustentar uma visão de mundo.

*Tradução: Nelson Barros da Costa*

# Notas

[1]  Sobre os *slogans* de campanha eleitoral, pode-se também consultar Fall (2011), Carle (2017), Houessou (2020) e sobretudo Woch (2009). Sobre o *slogan* político de modo geral, ver Reboul (1975).

[2]  Percebe-se a mesma lógica no *slogan* de Valérie Pécresse (2022): "A coragem de fazer".

[3]  Essa escolha é ainda mais interessante quando se sabe que, no dia a dia, Mélenchon usa, em geral, uma gravata.

[4]  Disponível em: https://www.huffingtonpost.fr/2017/06/27/jean-luc-melenchon-et-plusieurs-insoumis-ne-portent-pas-de-crava_a_23003930/. Acesso em: 15 maio 2022.

# Referências

Ali Bouacha, M. (1993). Énonciation, argumentation et discours: le cas de la généralisation. *SEMEN*, 8, p. 41-62. DOI: https://doi.org/10.4000/semen.3985.

Carle, Z. (2017). *Poétique du slogan révolutionnaire*. Tese de Doutorado, Université Sorbonne Paris Cité.

Ducrot, O. (1984). *Le Dire et le dit*. Paris: Minuit.

Fall, A. M. (2011). *Le slogan comme représentation de la société politique. L'élection présidentielle française de 2002*. Tese de Doutorado, Université Lyon 3.

Houessou, D. (2020). Le slogan de campagne entre effet de style et argumentation: les législatives ivoiriennes de 2016. *Argumentation et Analyse du Discours*, 24. DOI: https://doi.org/10.4000/aad.4191

Lefeuvre, F. (1999). *La phrase averbale en français*. Paris: L'Harmattan.

Maingueneau, D. (2012). *Les phrases sans texte*. Paris: Armand Colin.

Maingueneau, D. (2020). Os enunciados aderentes. *DELTA*, v. 36, n. 3, p. 1-22. Disponível em: https://www.scielo.br/j/delta/a/J3zZSJpzLnFLLRrn8jh6hgp/?lang=pt. Acesso em: 26 dez. 2024.

Maingueneau, D. (2021). *Analyser les textes de communication*. 4. ed. Paris: Armand Colin.

Nehrlich, M. (1990). Qu'est-ce qu'un iconotexte?. In: A. Montandon (Ed.). *Iconotextes*. Clermont-Ferrand: C.R.C.D-Ophrys, p. 256-302.

Reboul, O. (1975). *Le slogan*. Paris: PUF.

Woch, A. (2009). *Le slogan électoral français, italien et polonais*: analyse formelle et pragmatique. Łask: Oficyna Wydawnicza Leksem.

# O AUTOR

**Dominique Maingueneau** é professor emérito de Linguística e Análise do Discurso na Université de Paris (Sorbonne). Publicou diversos livros sobre tais áreas, traduzidos em muitas línguas, como alemão, árabe, chinês, japonês, romeno etc. Pela Editora Contexto, lançou *Dicionário de análise do discurso* (com Patrick Charaudeau) e *Discurso literário*, além de ser coautor de *Fórmulas discursivas*, *Enunciação e discurso*, *Ethos discursivo*, *Discurso e (des)igualdade social*, *Imagens de si no discurso* e *Texto ou discurso?*.

# OS ORGANIZADORES

**Nelson Barros da Costa** é professor titular do Departamento de Letras Vernáculas da Universidade Federal do Ceará (UFC). Doutor em Linguística Aplicada pela Pontifícia Universidade Católica de São Paulo (PUC-SP), fundador e vice-líder do grupo de pesquisa Discurso, Cotidiano e Práticas Culturais – Grupo Discuta.

**Maria das Dores Mendes** é professora adjunta do Departamento de Letras Vernáculas e do Programa de Pós-Graduação em Linguística da Universidade Federal do Ceará (UFC). Doutora e mestra em Linguística por essa mesma universidade, é líder do grupo de pesquisa Discurso, Cotidiano e Práticas Culturais – Grupo Discuta.

**José Wesley Matos** é doutorando em Estudos Linguísticos pelo Programa de Pós-Graduação em Estudos de Linguagem da Universidade Federal de Mato Grosso (UFMT). Mestre em Linguística pela Universidade Federal do Ceará (UFC), é membro do grupo de pesquisa Discurso, Cotidiano e Práticas Culturais (Grupo Discuta) e do Núcleo de Estudos em Análise do Discurso e Ethos – NEADE (UNIR/ UFMT).

# CADASTRE-SE

EM NOSSO SITE,
FIQUE POR DENTRO DAS NOVIDADES
E APROVEITE OS MELHORES DESCONTOS

---

## LIVROS NAS ÁREAS DE:

História | Língua Portuguesa
Educação | Geografia | Comunicação
Relações Internacionais | Ciências Sociais
Formação de professor | Interesse geral

ou
editoracontexto.com.br/newscontexto

Siga a Contexto
nas Redes Sociais:
@editoracontexto

**GRÁFICA PAYM**
Tel. [11] 4392-3344
paym@graficapaym.com.br